从零开始学

基金

财富
增值版

投资交易

曾　增——编著

中国铁道出版社有限公司
CHINA RAILWAY PUBLISHING HOUSE CO., LTD.

内 容 简 介

本书采用理论知识与实例相结合的方式，对如何选择、分析、购买基金进行深入讲解。

通过学习本书，可以让对基金一无所知的投资者快速掌握基金投资相关知识；也可以在股市震荡时通过炒基金获益。

本书结构清晰、案例丰富、实战性强，特别适合广大基金投资初学者、爱好者入门学习，同时，也适合基金投资从业者、研究者阅读参考，此外，也可作为各大、中专院校金融类专业的学习教材使用。

图书在版编目（CIP）数据

从零开始学基金投资交易:财富增值版/曾增编著.—北京：
中国铁道出版社有限公司，2020.6
ISBN 978-7-113-26828-2

Ⅰ.①从… Ⅱ.①曾… Ⅲ.①基金-投资 Ⅳ.①F830.59

中国版本图书馆CIP数据核字（2020）第066568号

书　　名：从零开始学基金投资交易（财富增值版）
　　　　　CONG LING KAISHI XUE JIJIN TOUZI JIAOYI (CAIFU ZENGZHIBAN)
作　　者：曾　增

责任编辑：张亚慧　　　　　　读者热线：(010)63560056
责任印制：赵星辰　　　　　　封面设计：宿　萌

出版发行：中国铁道出版社有限公司（100054，北京市西城区右安门西街8号）
印　　刷：三河市兴达印务有限公司
版　　次：2020年6月第1版　2020年6月第1次印刷
开　　本：700 mm×1 000 mm 1/16　印张：17.25　字数：254千
书　　号：ISBN 978-7-113-26828-2
定　　价：59.00元

牛市来临时，周围所有的亲戚、朋友和同事都在谈论股票。而随着股价涨跌，他们总是悲喜交加，情绪波动极大。由此也可以看出，股市有风险，入市须谨慎。人们在谈论股票时，不少人却在私下买入了基金。

基金同样作为一种投资理财方式，其种类非常丰富，提供给投资者的选择也非常多，可以同时满足不同投资风格的投资者，如下图所示为基金的大致分类。

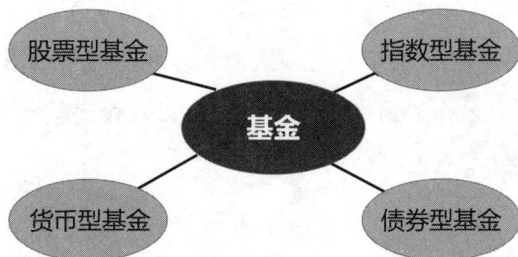

股票型基金可以为投资者带来不低于直接进行股票投资的收益，当然也需要承担一些风险。但是股票型基金的基金经理都是专业的投资人员，他们拥有广阔的信息渠道，比新入市的投资者更有优势。

债券型基金能给投资者带来稳定的收益，它是风险极低的一种基金。该类型的基金收益比银行存款利润高出不少，且存在一类偏股票型债券基金，在股票市场处于牛市时，控制风险的同时还能享受股市上涨带来的红利。

货币型基金日益成为普通大众理财的工具，将闲置资金在货币型基金中自由转入转出，存续时间长还能获得比银行存款更高的收益，时间短也能保证资金的安全，其极高的流通性和变现性是最突出的优点。

指数型基金则是将基金资产用于跟踪某一目标指数，根据其权重买入一篮子股票。指数型基金同样面临极大的市场风险，只有在对市场行情的长期趋势有明确的分析后，才会有投资者选择这类被动型的投资基金。

本书旨在为那些止步于股市投资的高风险又拥有理财意识的投资者提供帮助，对如何选择基金、买卖基金进行详细、深入的讲解。

全书总共有 12 章，其内容包括以下 3 个部分。

- 第一部分（第 1 ~ 3 章）：这部分主要介绍了基金的基础知识，投资者如何选择适合自己的基金，以及如何开始购买基金。

- 第二部分（第 4 ~ 10 章）：这部分主要结合实践，对市场中较为热门的基金进行介绍，例如股票型基金的特点与分析方法；LOF 基金与 ETF 基金的原理与套利方式；保本基金与债券基金、指数型基金以及封闭式基金的内容、特点、分类以及投资技巧等。

- 第三部分（第 11 ~ 12 章）：这部分介绍了所有类型的基金所要面临的风险、如何降低风险以及正确的基金投资方法等内容。

投资者在阅读完第一部分的内容后，可以在第二部分中选择自己感兴趣、有可能会进行购买的基金类型，进行更深入和专业的了解。但第三部分是建议所有投资者都详细阅读和学习的，因为这部分揭示了基金面临的风险。市场中所有的投资都会面临风险，基金也不例外。

本书结构清晰，案例丰富，实战性强，特别适合广大初学者、爱好者进行基金投资入门，同时，也适合基金投资的从业者、研究者阅读参考，此外，也可作为各大、中专院校金融类专业的培训教材使用。

编 者

2020 年 3 月

目录
CONTENTS

第 **1** 章

初步了解基金

经济快速发展，居民可支配收入逐年增加。所以生活中有理财意识的一些人会用闲置的资金进行投资。而基金是多种投资途径中的一种，风险相较于股票投资更小，收益较银行存款更高，是一种较为安全可靠的投资方式，受到广大投资者的青睐。近年来，我国的基金行业蓬勃发展，给投资者带来更多的基金产品。

1.1 必须掌握的基金知识

基金作为一种投资理财方式，受到越来越多投资者的青睐。基金与股票、债券、期货、外汇等投资形式有着很大的区别，它是一种间接投资工具。下面我们一起来认识一下基金。

NO.001 什么是基金

现在市面上的基金产品繁多，通过学习基金相关知识，可以帮助投资者区分基金产品类型，选择适合自己的基金。

基金是指通过发售基金份额，将众多投资者的资金集中起来，形成独立财产，由基金托管人托管，基金管理人管理，以投资组合的方式进行证券投资的一种利益贡献、风险共担的集合投资方式。

基金通过发行基金份额来募集资金，个人投资者和机构投资者都可以通过购买基金份额来参与基金投资。基金所募集的资金在法律上是独立的，由最初选定的基金托管人负责保管，由委托的基金管理人进行分散投资。

基金投资的最终收益在扣除相关费用后全部归基金投资者所有，依据基金投资者的基金份额多少进行分配。

投资者在购买基金时都会订立基金合同，基金管理人、基金托管人和基金投资者的权利义务在基金合同中都会详细约定。

基金公司在发售基金份额时都会向投资者提供一份招募说明书，主要用于说明基金运作的多个方面，如基金的投资目标与理念、投资范围和对象、投资策略、基金费用以及收益分配原则等。所以基金合同和招募说明书是基金设立的两个重要法律文件。

世界上不同国家和地区对基金的称谓有所不同。在我国称为证券投资基金，简称基金；在美国称为共同基金；在英国称为单位信托基金；在欧洲一些国家

称为集合投资基金或集合投资计划；在日本则称为证券投资信托基金。如图 1-1
所示为基金概念示意图，通过图形可以更好理解基金的相关概念。

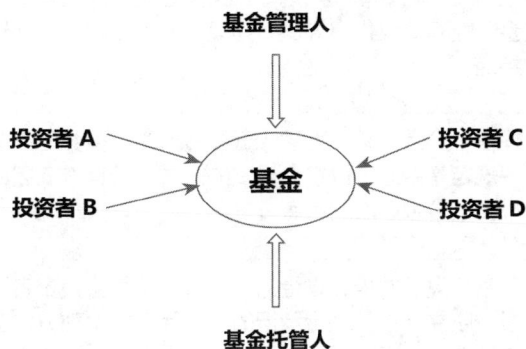

基金管理人

投资者 A → 基金 ← 投资者 C

投资者 B → 基金 ← 投资者 D

基金托管人

图 1-1　基金概念示意图

　　基金正因为有专业的基金公司管理，可信赖的银行托管，所以才具有风险
相对较低，收益率相对较高的优点，这也是广大投资者选择基金的主要原因。

NO.002　基金的五大特点

　　基金是一种适合大众的理财方式，基金投资不需要预测市场，也不需要投
资者时刻关注市场变化。基金的五大特点如图 1-2 所示。

集合理财
专业管理

组合投资
分散风险

利益共享
风险共担

严格监管
信息透明

独立托管
资金安全

图 1-2　基金的五大特点

接下来我们对证券投资基金的五大特点进行详细介绍，如图 1-3 所示。

1 集合理财，专业管理。基金是将众多投资者的资金集中起来，委托基金管理人进行共同投资，表现出一种集合理财的特点。资金集合在一起，有利于发挥资金的规模优势，降低投资成本，且基金公司有专业投资人员，强大的信息系统，表现出专业管理的特点

2 组合投资，分散风险。为了降低投资风险，多数国家会在法律法规中规定基金必须以组合投资的方式进行运作，因此形成了组合投资，分散风险的特点

3 利益共享，风险共担。基金的所有权属于基金投资者，因此基金的投资收益在扣除基金承担的费用后，剩余部分由全体基金投资者共享；投资过程中产生的风险也由全体投资者共同承担

4 严格监管，信息透明。基金监管机构对基金行业实行严格的监管，对各种有损于投资者利益的行为进行严厉打击。在监管过程中，还要求基金公司进行及时、准确、充分的信息披露。这些都是为了保障投资者的利益

5 独立托管，资金安全。基金的最后一个特点就是基金财产由独立的基金托管人保管，不会出现基金管理人负责投资操作的同时还负责保管资金。这样相互制约、相互监督的机制有利于保障投资者的利益

图 1-3　基金五大特点的具体介绍

实例分析

陈女士的基金理财计划

　　陈女士大学毕业不久，初入职场的她一方面因为工资较低，另一方面因为对资金缺乏管理意识，所以出现资金不够开支的情况，甚至有些入不敷出。为了改变这一现象，陈女士在朋友的建议下开始了自己的理财计划。

　　因为对理财缺乏专业的了解，且工作过于繁忙没有太多的时间去学习，所以在朋友的一再推荐和自己的了解下，陈女士选择了基金理财。陈女士了解到基金具有下列优势。

1. 基金投资是交由专业的基金经理人打理，投资的方式比较适合她这种投资小白。

2. 基金理财的门槛较低，其中的货币基金甚至可以1元起购，随买随取，类似于银行存款，收益却高于银行活期存款，比较适合她这种存款不多却有心理财的投资者。

3. 基金投资的资产全部由独立的基金托管人保管，在很大程度上保证了投资资金的安全性。

4. 基金投资以组合投资的方式运作，即将基金资产分别投资于股票、债券以及货币市场，这样的投资方式大幅降低了投资风险。

5. 基金投资还可以采取定投的方式，每月固定投资，这样带有强制储蓄特点的投资方式可以帮助陈女士做到资金的储蓄，避免入不敷出的情况。

陈女士每月到手工资5 000元，除去每月的生活、房租开销，还能结余1 500元左右。因此，陈女士每月定投了3只基金，分别是股票基金450元、债券基金450元、货币基金600元，这样的组合投资可以帮助陈女士在稳健投资的基础上，以期获取更高的收益。陈女士相信，只要长期坚持终究会得到高收益回报。

NO.003 基金公司与托管人

我国的证券投资基金依据基金合同设立,主要当事人包括基金份额持有人,即基金投资者、基金管理人和基金托管人,其他当事人包括基金注册登记机构、基金销售机构等。上述当事人的具体含义如下所示。

◆ 基金持有人：即基金投资者，是基金的出资人、基金资产的所有者和基金投资回报的受益人。

◆ 基金管理人：基金管理人是基金产品的募集者和管理者，负责基金的具体投资操作和日常管理，通常由基金管理公司担任。

◆ 基金托管人：是基金资产的名义持有人，负责基金资产的日常保管、基金资产清算、会计复核以及对基金投资运作的监督。通常由取得托管资格的商业银行担任。

◆ 注册机构：通常由基金管理人、其委托的商业银行或其他机构担任，负责投资者账户的管理与相关服务，基金单位的注册登记以及红利发放等具体服务。

◆ 销售机构：依据法律办理基金认购、申购和赎回的基金管理人，以及取得基金代销业务资格的其他机构。

在所有基金当事人中，基金管理人与基金托管人是互相制约、互相监督的两个行为主体，也是身负职责最多的两个主体。基金管理人的主要职责具体如表1-1所示。

表1-1

序 号	职 责
1	依法募集基金，办理或者委托经国务院证券监督管理机构认定的其他机构代为办理基金份额的发售、申购、赎回和登记事宜
2	办理基金备案手续
3	对所管理的不同基金财产分别管理、分别记账，进行证券投资
4	按照基金合同的约定对基金收益分配方案进行确定，及时向基金份额持有人分配收益
5	进行基金会计核算并编制基金财务会计报告
6	编制中期和年度基金报告
7	计算并公告基金资产净值，确定基金份额申购、赎回价格
8	办理与基金财产管理业务活动有关的信息披露事项
9	召集基金份额持有人大会
10	保存基金财产管理业务活动的记录、账册、报表和其他基金相关资料

续表

序号	职 责
11	以基金管理人的名义，代表基金份额持有人利益行使诉讼权利或者实施其他法律行为
12	国务院证券监督机构规定的其他职责

基金托管人的主要职责如下：

①负责保管基金的所有资产。

②执行基金管理人的投资命令，并负责办理基金名下的资金交割。

③监督基金管理人的投资运作，若发现基金管理人的投资指令违法违规的，可以不予执行，并向中国证监会报告。

④保存基金的会计账册，时间为15年以上。

⑤编制基金业绩报告，提供基金托管情况说明，并向中国证监会和中国人民银行报告。

⑥基金合同或托管协议规定的其他职责。

NO.004 获取基金信息的途径

在生活中，很多投资者都很关心基金的相关信息，比如新基金的发行、某基金的运作情况，还有基金相关政策等。但投资者总苦于找不到渠道去了解这些基金信息。

其实获取基金信息的途径很多，下面是其中几种较为普遍的方式。

（1）通过基金公司获取信息

投资者可以通过基金公司的官方网站获取相关基金的信息。下面以华夏基金为例进行介绍。

实例分析

华夏基金网查看基金相关信息

进入华夏基金官网（http://www.chinaamc.com/），在首页中间部分首先可以看到华夏基金网推荐的热销基金产品信息，在页面的右侧可以看到基金的信息披露内容和业绩排行情况，如图1-4所示。

图1-4　查看热门基金和相关信息

在下方的页面中可以看到"基金产品专区"，投资者可以在该栏目中单击左侧的基金类型选项，根据基金类型选择心仪的基金产品。也可以在上方的搜索框中输入基金代码、基金名称或拼音，单击"搜索"按钮，选择心仪的基金产品，如图1-5所示。

图1-5　选择心仪的基金

（2）通过财经门户网站获取信息

如今的网络信息时代中，出现许多财经类门户网站，提供众多财经信息，其中也包括基金信息，下面以和讯网为例进行介绍。

实例分析

通过和讯网获取基金信息

打开和讯基金网站（http://funds.hexun.com/），页面的中心位置设置了主题基金榜榜单和本周销量榜榜单，榜单中的基金主要展示的是年收益情况，投资者可以将该榜作为基金选择依据，如图1-6所示。

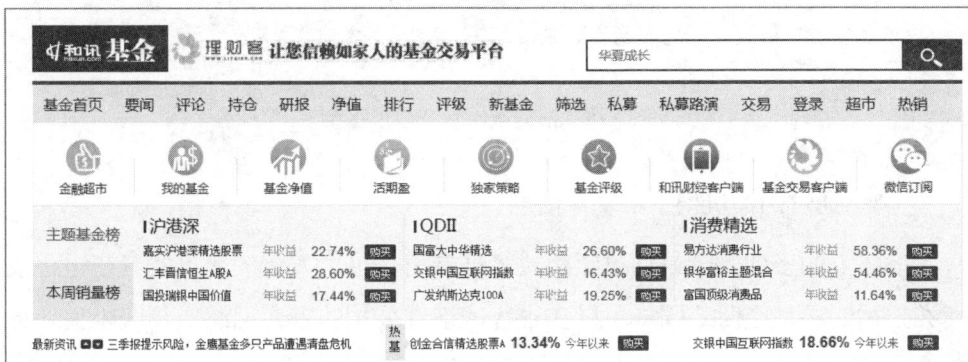

图1-6　基金榜单

页面的下方主要展示的是基金的一些实时新闻，如图1-7所示。进行基金投资相关的操作之前最好进行相关阅读，有助于投资者掌握当前基金行业的发展情况，从而更好地把握基金的未来走势。

图1-7　基金新闻

在首页上方中单击"金融超市"按钮，进入基金选择页面，投资者可以根据页面中的基金筛选条件，选择自己心仪的基金产品，如图1-8所示。

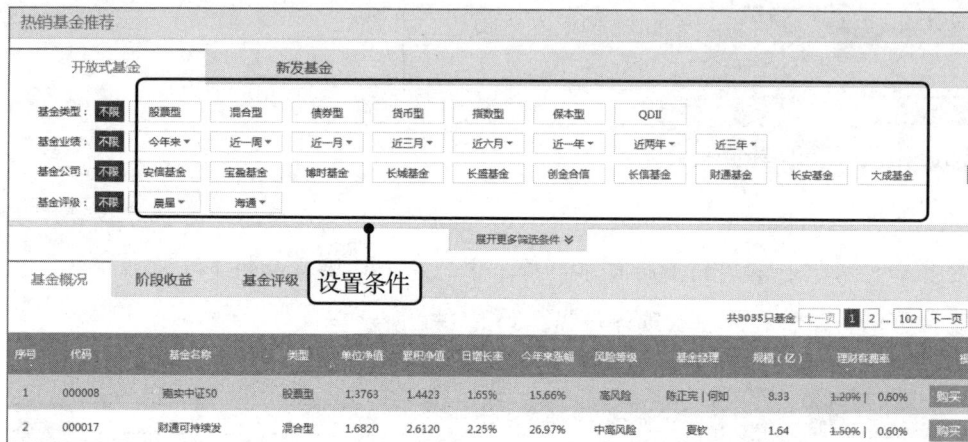

热销基金推荐							

开放式基金　　　　　新发基金

基金类型	不限	股票型	混合型	债券型	货币型	指数型	保本型	QDII
基金业绩	不限	今年来	近一周	近一月	近三月	近六月	近一年	近两年	近三年
基金公司	不限	安信基金	宝盈基金	博时基金	长城基金	长盛基金	创金合信	长信基金	财通基金	长安基金	大成基金
基金评级	不限	晨星	海通

展开更多筛选条件 ≫

基金概况　　阶段收益　　基金评级　　设置条件

共3035只基金 上一页 1 2 … 102 下一页

序号	代码	基金名称	类型	单位净值	累积净值	日增长率	今年来涨幅	风险等级	基金经理	规模（亿）	理财有费率	
1	000008	嘉实中证50	股票型	1.3763	1.4423	1.65%	15.66%	高风险	陈正宪｜何如	8.33	1.20%｜0.60%	购买
2	000017	财通可持续发	混合型	1.6820	2.6120	2.25%	26.97%	中高风险	夏钦	1.64	1.50%｜0.60%	购买

图1-8　根据条件筛选心仪基金

（3）通过购买机构了解基金信息

市面上的多数基金是通过银行或者证券公司进行发售的，投资者在银行或证券公司购买基金时，同样可以在银行或证券公司的官方网站上获取相关基金信息，下面以中国工商银行为例。

实例分析

通过工商银行查看基金信息

登录中国工商银行的官方网站（http://www.icbc.com.cn），在"投资理财"选项中单击"基金"超链接，就进入基金首页。页面分为3个版块，即热门基金推荐、主题基金推荐和基金资讯。投资者可以根据基金首页的指引选择一些感兴趣的基金，并查看基金资讯。在页面中单击"基金超市"按钮，如图1-9所示。

图1-9　单击"基金超市"按钮

　　进入基金产品页面,投资者可以根据相关条件筛选出自己心仪的基金产品,如图1-10所示。

图1-10　筛选心仪的基金产品

　　（4）基金的重要概念

　　初次接触基金的投资者必须了解一些与基金相关的重要概念,这样有利于投资者进行有效的基金投资,避免在基金投资中产生误会,造成多种损失,如表1-2所示。

表1-2

项目	说 明
基金发起人	指发起设立基金的机构，在基金的设立过程中起着重要作用。通常情况下，基金发起人也是基金管理人
基金合同	证券投资基金设立和运作的首要文件，主要包括基金从设立、运作到终止的过程中基金管理人、基金托管人和基金份额持有人之间的权利义务
基金资产总值	包括基金管理人以基金的资产购买的各类证券的价值、银行存款本息总额以及其他形式存在的基金财产的价值总和
发行价格	是指基金发行时由基金发行人确定的向基金投资者销售基金份额的价格
市场价格	是指基金投资者在市场中买卖基金份额的价格
开放式基金的价格	是指基金持有人向基金公司申购或赎回基金份额的价格，通常以基金份额资金净值为基础加上一定手续费计算而来
机构投资者	指符合法律法规的规定，可以进行证券投资基金的、在中国注册登记或经中国政府有关部门批准设立的机构
合格境内机构投资者（QDII）	允许在资本账户没有完全开放的情况下，对海外资本市场进行投资的投资者。QDII通过政府认可的机构来进行投资，即国内居民持有外币通过基金管理公司投资海外证券的机构投资者
合格境外投资者（QFII）	指符合国家规定的可投资于中国境内证券的境外投资者
开放日	指可以办理开放式基金的开户、申购、赎回、销户、挂失、过户等一系列手续的工作日
基金募集期	指基金合同和招募说明书中载明的，并经中国证监会核准的基金份额募集期限，自基金份额发售日起最长不超过3个月
基金托管协议	为明确基金管理人与基金托管人之间的资产托管关系、各自职责、权益的法律性文件。主要内容包括基金资产构成、托管期限和方式、托管费用、投资项目的清算事项、资产估算等
对冲基金	是指运用期货、期权等金融衍生品以及对相关联的不同股票进行买空卖空、风险对冲操作策略的基金，在一定程度上可以规避和化解证券投资风险

1.2 基金的分类

基金的数量众多、产品类型多种多样是其特色，可以很好地满足广大投资者的投资需要。按照不同的分类依据，可以对基金进行不同的分类，它们分别拥有不同的特点。

NO.005 开放式基金与封闭式基金

科学严谨的基金分类，不仅有利于投资者正确选择基金，而且还有利于维护基金业的公平竞争。构成基金的要素有很多，因此可以按照不同的标准对基金进行分类。根据运作方式的不同，可以将基金划分为封闭式基金与开放式基金两类。

其中封闭式基金是指基金发起人在设立基金时，就固定了基金单位的发行总额，在基金募集期结束后，基金就宣告成立，在成立的同时将基金进行封闭。基金在封闭期内，不会接受新的投资，投资者也不能进行赎回。

封闭式基金的流通采取在证券交易所上市的办法，投资者在进行基金买卖时，都必须通过证券经纪商在二级市场上进行竞价交易。

可以看出封闭式基金与股票具有一定的相似性，都是在证券交易市场挂牌交易，买卖方式也与股票一样。

相对于封闭式基金来说，开放式基金是指基金在设立时，不固定基金份额，基金份额也可以在基金合同约定的时间和场所内进行申购或赎回的一种基金运作方式。封闭式基金与开放式基金的区别如下。

◆ 规模不同：封闭式基金规模固定，且有固定的存续期；开放式基金规模不固定，投资者可以随时申购、赎回，不存在固定的存续期。

◆ 交易价格不同：封闭式基金的交易价格会受到市场供求关系的影响，从而交易价格波动较大；开放式基金的交易价格以基金单位净值为基础，不会出现折价现象。

◆ 买卖途径不同：封闭式基金在证券交易市场买卖，需要缴纳手续费和其他费用；开放式基金可随时向基金管理公司申购或赎回。

◆ 投资策略不同：封闭式基金没有赎回风险，不用提取准备金，因此可以充分运用资金，进行长期投资；开放式基金有赎回风险，所以必须保留部分准备金，用来应付投资者随时赎回。

◆ 管理要求不同：因为开放式基金可以随时赎回，流动性较大，风险相对较大，所以对开放式基金管理人的管理水平要求更高。

NO.006 按投资对象分类

根据投资对象的不同，可以将基金划分为股票型基金、债券型基金、货币市场基金与混合型基金等。

顾名思义，股票基金指的是股票为主要投资对象的基金。股票基金在各类基金中历史最为悠久，也是世界各国广泛采用的一种基金类型。

债券型基金主要以债券为投资对象，基金资产 80% 以上投资于债券。

货币市场基金则以货币市场工具为投资对象。货币市场工具主要包括一年以内的银行定期存单、大额存单、一年以内的债券回购以及其他中国人民银行认可的具有良好流通性的金融工具。

混合基金是指同时以股票、债券等为投资对象，通过不同资产类别上的投资实现收益与风险之间的平衡。

根据《证券投资基金运作管理办法》的规定，投资者可通过以下几方面来区分股票基金、债券基金、货币市场基金与混合基金。

①基金资产 60% 以上投资于股票的是股票基金。

②基金资产 80% 以上投资于债券的是债券基金。

③仅投资于货币市场工具的基金称为货币市场基金。

④投资于股票、债券和货币市场工具，且不符合股票基金与债券基金规定的，称为混合基金。

NO.007　了解增长型、收入型和平衡型基金

根据投资目标、风险和收益不同，可以将基金划分为增长型基金、收入型基金与平衡型基金。

增长型基金是以追求资本的长期增值为基本目标，较少考虑当期收入的问题，主要以具有良好增长潜力的公司股票为主，例如有较大升值空间的小公司股票或新兴产业公司的股票。这类基金很少分配红利，而是将投资所得收益进行再投资，实现资本增值的最大化。

收入型基金是以追求当期收入为目的的基金。主要以大盘蓝筹股、公司债、可转让大额定期存单等收入稳定的有价证券为投资对象。

平衡型基金的目标介于增长型基金与收入型基金之间，既注重资本增值又注重当期收入的基金。在投资对象方面，平衡型基金选择一些兼顾成长性和收益性的股票和债券。

不同的投资目标，会带来不同的投资风险与投资收益。以上三类基金的特点如表 1-3 所示。

表 1-3

基金类别	特　点
增长型基金	选股时注重公司的成长性，朝阳产业居多；持股相对集中，持股比例较大；收益波动性大
收入型基金	在基金运营过程中，通常会将投资所得收益分配给投资者；与增长型基金相比，风险相对低，收益也相对更低
平衡型基金	收益和风险都介于增长型基金与收入型基金之间

NO.008 区分契约型基金和公司型基金

根据法律形式的不同，可以将基金划分为契约型基金与公司型基金。两者的具体含义如表1-4所示。

表1-4

项目	契约型基金	公司型基金
定义	契约型基金由基金投资者、基金管理人、基金托管人之间所签署的基金合同而设立，基金投资者的权利主要体现在基金合同的条款上，而基金合同条款的主要内容通常由基金相关法律所规范	公司型基金指具有共同目标的投资者依据《公司法》组成的以盈利为目的，投资于特定对象的股份制投资公司，又被称为"共同基金"
特点	契约型基金实际是经纪公司、基金公司自己委托公司设立基金，受托人接受公司委托，并以信托或信托公司的名义为基金注册和开户	公司型基金的形态为股份公司，公司业务主要集中在证券投资信托；公司型基金的资金为公司法人的资本，即股份
分布	我国的基金在发展初期全部都是契约型基金，同时契约型基金在欧洲与日本地区比较发达	公司型基金在美国比较普遍，且美国大部分的基金都属于公司型基金

站在投资者的角度来看，无法发现公司型基金与契约型基金在运作方式上的差异。实际上两者在组织形式、法人资格等方面仍存在较大的不同。

◆ 法律依据不同：公司型基金按照《公司法》并以公司形式组成；契约型基金按照基金合同成立，《信托法》是其设立的依据。

◆ 投资者地位不同：契约型基金中，投资者只是作为基金的所有人和受益人，对基金的投资操作不具备发言权；而在公司型基金中，投资者是基金的股东，对公司的重要决策有发言权和建议权。

◆ 法人资格不同：公司型基金是具有法人资格的股份有限公司；而契约型基金不具备法人资格。

◆ 融资渠道不同：公司型基金具有法人资格，如果公司经营业绩良好，需要扩大公司规模，可以向银行贷款；而契约型基金不具有法人资格，一般不能向银行贷款。

◆ 运营时间不同：契约型基金依据基金合同运行，合同到期，基金运行也就宣告结束。公司型基金与股份公司相同，只要公司不被破产清算，公司型基金就会一直存在。

NO.009　其他特殊型基金

基金还可以按照募集方式的不同，分为公募基金与私募基金。其中公募基金是指可以面向社会公众公开发售的一类基金；私募基金是指采取非公开方式，面向特定投资者募集发售的一类基金。

根据基金的资金来源和用途不同，还可以将基金分为在岸基金和离岸基金。其中在岸基金是指本国募集资金并投资于本国证券市场的证券投资基金；离岸基金是指一国的证券投资基金组织在国外发售基金份额，并将募集的资金投资于本国或第三国证券市场的一类基金。

下面对基金中一些特殊的类型进行介绍，如表1-5所示。

表1-5

基金类型	说　明
系列基金	系列基金又被称为伞式基金，指在一个母基金之下再设立若干个子基金，各子基金独立进行投资决策的基金运作模式
保本基金	指通过一定的保本投资策略进行相应操作，同时引入保本保障机制，保证基金投资者在保本周期到期时能获得投资本金保证的基金
指数型基金	指基金的操作按照所选定指数的成分股所占的比重，选择同样的资产配置以获取和大盘同步利益的投资模式
交易所交易基金（ETF）	指以某一指数的成分股为投资对象，尽可能与标的指数走势一模一样，使投资者安心获取指数的收益
上市开放式基金（LOF）	指在证券交易所上市，可以在证券市场上交易的开放式基金

1.3 基金与其他理财产品的对比

当前金融市场日渐繁荣，可供投资者选择的理财产品种类繁多，较为常见的有基金、股票、债券、期货、外汇等。下面我们通过对比这些理财产品的优缺点，让投资者加深对这些理财产品的了解。

NO.010　基金与期货、外汇的对比

期货是指以某种大宗商品或金融资产为标的物的标准化可交易合约。这个标的物可以是某种商品（黄金、原油、农产品等），也可以是某种金融工具（股票、债券等）。

外汇是指货币行政当局（中央银行、货币管理机构、外汇平准基金及财政部）以银行存款、财政国库券、长短期政府证券等形式保有的在国际收支逆差时可以使用的债权。

投资者可以通过与银行签约，开立信托投资账户，存入一笔资金（保证金）作为担保，由银行设定信用操作额度（即 20 ～ 400 倍的杠杆效应，超过 400 倍就违法了）。投资者可在额度内自由买卖同等价值的即期外汇，操作所造成之损益，自动从上述投资账户内扣除或存入。

期货与外汇这两种理财产品风险很大，一般的投资者不适合参与其中。因为期货和外汇都是采取保证金交易机制，只要缴纳一定的保证金就能买卖数倍的金融资产，形成杠杆交易。正是杠杆的存在，将投资风险扩大，一般的投资者是无法承受这样的风险的。与期货和外汇相比，基金的风险就小了很多，有专业的基金公司负责管理运作，有实力雄厚的银行负责保管资金。

NO.011　比较基金与股票、债券

如果投资者已经形成了长期投资理念，那么股票、债券也是不错的投资理

财方式。但投资股票与债券需要投资者自身有扎实的金融知识，足够了解金融市场，还要付出大量的时间和精力进行关注和研究。对基金和股票、债券的比较具体如图 1-11 所示。

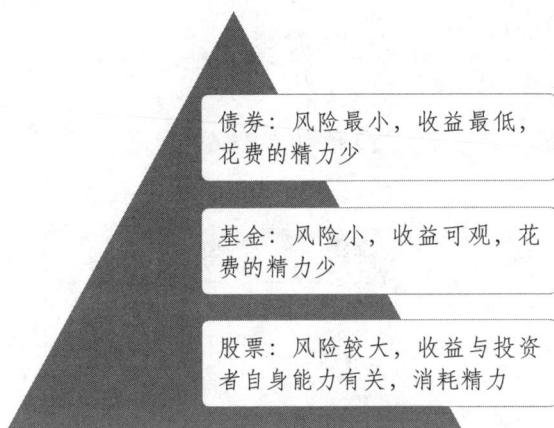

图 1-11 基金与股票、债券的对比示意图

投资者长期投资某只股票，主要会从市盈率和收益情况来考虑，可是普通投资者不可能完全了解上市公司。投资者买入时，市盈率很高，盈利状况好，但过了一段时间就可能会莫名其妙报出亏损，这主要是因为个人投资者信息来源存在局限性。而基金公司作为专业的投资公司，则不会出现这种信息来源局限的问题，保证了基金的收益。

当投资者选择投资债券时，经常会将其与银行存款利率进行比较，仅仅满足于债券收益略高于存款利率。但投资者永远无法掌握市场的运行状况，当存款利率上调时，可能会出现投资债券的收益低于储蓄收益的问题。而基金是由专业的基金管理人运作，将基金资产投入到金融市场中去，基金收益是随市场变化而变化的，不会再次出现上述债券收益的情况。

NO.012 理财产品收益与风险对比

投资者在选择理财产品之前，应该树立这样的投资观念：收益与风险是成正比的。在金融市场发展这么长时间以来，还没有出现过低风险、高回报的理财产品。

而现在市面经常出现那些打着低风险、高回报幌子的理财产品，让不少投资者上当受骗。这些理财产品绝大多数属于非法集资行为，是被国家政府严令禁止的，投资者应时刻保持警惕，千万不要上当。

各种理财产品的收益与风险对比如表1-6所示。

表1-6

理财产品	特点	收益	投资目标	投资成本
基金	适合普通投资者，产品种类多	中等	不需要专业知识，不用花费太多精力，达到资本的保值与增值	交易费、托管费、其他相关费用，成本高
股票	流动性强，风险大，收益不稳定	高	需要专业知识和精力，达到资本增值的最大化	手续费和印花税等相关税费，成本较高
债券	风险小，收益低	较低	确定资本的保值与稳定盈利	获利税费与手续费
储蓄	风险小，收益低，受通货膨胀影响	低	基本的货币保值	利息税
外汇	保证金交易机制，风险巨大	极高	利用汇率波动达到最大盈利	收取交易点差，成本较高
期货	保证金交易，风险较大	极高	短时间内获取高额的收益	交易手续费，成本高

1.4 基金投资的收益与费用计算

投资者将资金集合起来，由基金托管人负责保管，由基金管理人负责运作，投资者在获取一部分收益的同时，也应缴纳相应的费用。那么与基金相关的收益和费用到底有哪些呢？接下来我们进行详细学习。

NO.013 基金的收益与分红

基金的收益来源于基金资产的投资回报，与基金的种类紧密相关。基金的投资收益主要有三类，即资本利得收入、利息收入以及股利收入。

这三类投资收益常常作为投资者选择或购买基金的重要参考依据，其特点如表1-7所示。

表1-7

收益类型	说　明
利息收入	指基金经营活动中因债券投资、资产支持证券投资、银行存款、结算备付金、存出保证金、按买入返售协议取出资金等而实现的利息收入。具体包括债券利息收入、资产支持证券利息收入、存款利息收入、买入返售金融资产收入等。另外，开放式基金为了应付赎回风险而提取的准备金，储蓄在银行也会产生利息收入
资本利得	指基金经营活动中因买卖股票、债券、资产支持证券等实现的差价收益，具体包括股票投资收益、债券投资收益、资产支持证券投资收益、基金投资收益、衍生工具收益等
股利收入	基金管理人将资产部分投资于股票，在基金运营期间，这些上市公司在每年都可能向其股东派发股利，股利收入也是基金收益的主要来源之一

当基金投资获利时，就会产生红利，将这些红利分配给投资者的过程称为分红。而分红的方式又分为两种，即现金分红和红利再投资。

现金分红。它指在红利发放日，从基金托管账户向投资者指定的银行存款账户划出应得红利，即向投资者直接发放现金。

红利再投资。它指在红利发放日，将红利资金转化为相应的基金份额并记入投资者的账户，通常情况下免收再投资的费用。

有些基金的分红方式是可以选择的，这些条款在基金合同中都会记载。如果投资者想改变原来的分红方式，只需要到办理基金业务的基金公司或代销机构柜台办理相关手续即可。

基金的分红是有一定先决条件的，具体内容如下。

◆ 基金当年收益弥补以前年度亏损后才可以进行红利分配。

◆ 基金收益分配后基金单位净值不能低于面值。

◆ 基金投资当期出现净亏损，不能进行分配。

◆ 基金成立不满 3 个月不能进行红利分配，年度分配在基金会计年度结束后的 4 个月内完成。

NO.014　费用的内扣法与外扣法

内扣法与外扣法是基金申购费用和份额的两种不同的计算方式，两者的区别在于：内扣法针对的是实际申购金额，即从申购总额中扣除申购费用；外扣法是针对申购金额而言，其中申购金额包括申购费和净申购金额。

内扣法的计算公式如下所示。

申购费用 = 申购金额 × 申购费率

净申购金额 = 申购金额—申购费用

外扣法的计算公式如下所示。

净申购金额 = 申购金额 ÷（1+ 申购费率）

申购费用 = 申购金额—净申购金额

申购份额 = 净申购金额 ÷ 当日基金份额净值

内扣法主要用于基金认购时的基金份额计算，但是基金认购份额的计算与基金申购份额会有所不同。

基金认购份额 = 净认购金额 ÷ 基金单位面值（一般是 1 元）

实例分析
分别用内扣法和外扣法计算基金中的各项费用

如果一个投资人用 5 万元的申购金额申购基金，申购费率为 1.5%，当日的基金面额净值为 2 元。

①采用基金外扣法来计算。

基金申购净金额：50 000÷（1+1.5%）=49 261.08（元）

基金申购费用：50 000−49 261.08=738.92（元）

基金申购的份额：49 261.08÷2=24 630.54（份）

②采用内扣法来计算。

基金申购费用：50 000×1.5%=750（元）

基金申购净金额：50 000−750=49 250（元）

基金申购的份额：49 250÷2=24 625（份）

通过上例的计算结果来看，基金外扣法中投资人所交的申购费用要比内扣法少，而且申购的基金份额也要多一些。对于投资的个人来看虽然不是很明显，但是从基金公司的总体大数据来看，费用就较高了。

NO.015 基金认购费、申购费的计算

投资人在购买基金时有两种购买方式，分别是认购和申购，不同的购买方式涉及的费用也不同。

◆ 认购

认购是投资人在基金募集期按照基金的单位面值加上需要交纳的手续费来购买基金的行为，认购的计算方式如下所示。

认购费用 ＝ 认购金额 × 认购费率

净认购金额 ＝ 认购金额 − 认购费用

外扣法下的认购计算有所不同，具体如下所示。

净认购金额 ＝ 认购金额 ÷（1+ 认购费率）

认购费用 = 认购金额 - 净认购金额

◆ 申购

投资人在基金成立之后，按照基金的最新单位净值加上手续费购买基金的行为即为申购，申购费用的计算方式如下所示。

申购费用 = 申购金额 × 申购费率

净申购金额 = 申购金额 - 申购费用

我国在《开放式投资基金证券基金试点办法》中明确指出，开放式的基金可以收取认购和申购费用，但是该费用不能够超过申购金额的 5%。现在市面上该费用率通常在 1% 左右，并且会随着投资金额的增大而相应减少。

理财贴士 *认购费与申购费的实际比较*

就手续费用来看，认购基金费用一般情况下要低于申购基金费用。因为认购的基金是新基金，基金公司很多时候为了发行规模鼓励认购。但是投资人需要注意的是，认购的基金有几个月的封闭期，在封闭期内没有运作效益，并且封闭期结束后，基金的运作水平也不得而知，所以投资人在认购时需要多做考量。

NO.016　基金其他费用

投资者除了在初次购买基金时需要缴纳认购费或申购费，在基金的运作过程中，还会产生一些费用。这些费用主要包括两类：一类是基金管理费，另一类是基金托管费。

◆ 基金管理费：是指支付给运作基金资产、为基金提供专业化投资服务的基金管理人的费用。其数额通常按照基金净值的一定比例提取，基金管理人是基金资产的管理者与运作者，对基金资产的保值或增值起着决定性作用，所以基金管理费用提取的比例相对较高。

◆ 基金托管费：是指基金托管人为基金提供保管、处理基金资产等托管服务而向基金或基金公司收取的费用。托管费通常按照基金资产净值的一定比例提取，逐日计算并累计，在每月月末支付给托管人。这项费用主要从基金资产中提取，并不向投资者收取。

NO.017　前端收费和后端收费

投资人在基金投资过程中会涉及前端收费和后端收费。前端收费是投资人在认（申）购基金时，需要交的费用，一般来说，这笔费用会随着投资金额的增大而递减；后端收费是投资人完成投资，操作基金赎回时交的费用，通常这个费用会随着基金持有时间的增长而递减。

实例分析

比较前端收费和后端收费的差异

某投资人投资 2 万元购买了一只开放式股票基金，申购日基金单位净值为 1.06 元，前端收费申购费率为 1.3%，赎回费率为 0.2%。3 年后，基金实现净值翻倍，然后赎回基金。持有基金满 3 年，赎回费率为 0.1%，申购费率为 0.7%。

这时，如果采用前端收费。

手续费：20 000 ×（1.3%+0.2%）=300（元）

基金份额：20 000 ×（1−1.3%）÷1.06 ≈ 18 623（份）

如果采用后端收费。

手续费用：20 000 ×（0.1%+0.7%）=160（元）

基金份额：20 000 ÷1.06 ≈ 18 868（份）

可以看到，同样的投资后端收费的手续费比前端收费要低很多，基金份额也要多一些。同时，为了鼓励投资人长期持有基金，很多的基金公司推出了"后端收费"的模式，如果投资人看好某只基金并且有长期持有的打算，可以考虑采用后端收费。如果投资人持有基金超过一定的年限，还可以免交相关的费用。

1.5 基金认购申购与管理

投资基金不是简单的购买和赎回，更不能在投资后就置之不顾，坐收渔利。投资者在购买基金前，应了解基金认购与申购的区别，以及赎回的相关知识。

NO.018 基金的认购与申购

基金的认购与申购是在两个不同时间阶段购买基金的说法，投资者在购买基金后还面临如何管理的问题，接下来我们对这些问题进行详细讲解。

基金的认购是指投资者在一只基金募集期进行购买基金份额的投资行为，投资者在此时购买基金，每单位的基金份额净值为人民币1元，即初始值。

基金的申购是指基金募集期结束后，投资者在基金销售机构按手续购买基金份额的行为。此时的基金净值已经反映了基金投资组合的价值，所以每单位基金份额的净值不一定为人民币1元。

由此可以看出，投资者用同一笔资金认购和申购同一只基金所得到的基金份额不一定相同。

投资者购买基金是选择认购还是申购，应视具体情况而定。

①通常在认购基金后有几个月的封闭期，这段时间内基金几乎是没有运作收益的。在封闭期后，基金的运作收益水平也不确定，所以投资者在认购基金前，必须对认购的基金有深入了解。了解的内容包括基金的投资方向、基金公司的业绩与信誉、基金经理的能力等。

②投资者在购买基金时应注意到，认购费率与申购费率是不一样的，通常情况下认购费会低于申购费，因为认购基金有很大的不确定性，基金公司为鼓励投资者认购基金，会将认购费率降低。

③现在越来越多的投资者选择申购基金，根据基金封闭期后的运作收益表现来决定是否购买，如果收益表现差，可以避免做出错误的投资决定。

NO.019　区分基金的赎回、巨额赎回与连续赎回

投资者在购买持有基金后，如果遇到各种现实情况，需要急用钱。投资者可以将持有的基金份额卖出，称为基金的赎回。基金赎回的相关概念具体如图 1-12 所示。

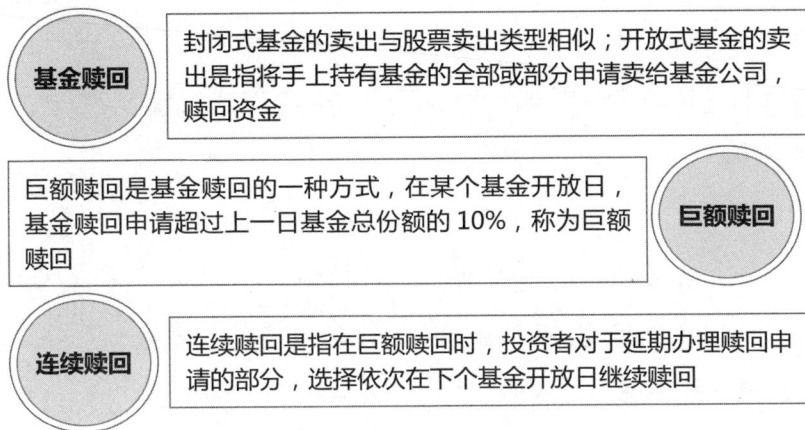

基金赎回　封闭式基金的卖出与股票卖出类型相似；开放式基金的卖出是指将手上持有基金的全部或部分申请卖给基金公司，赎回资金

巨额赎回　巨额赎回是基金赎回的一种方式，在某个基金开放日，基金赎回申请超过上一日基金总份额的 10%，称为巨额赎回

连续赎回　连续赎回是指在巨额赎回时，投资者对于延期办理赎回申请的部分，选择依次在下个基金开放日继续赎回

图 1-12　赎回的相关概念

基金的赎回不是简单的申请过程，需要遵循严格的流程，具体如图 1-13 所示。

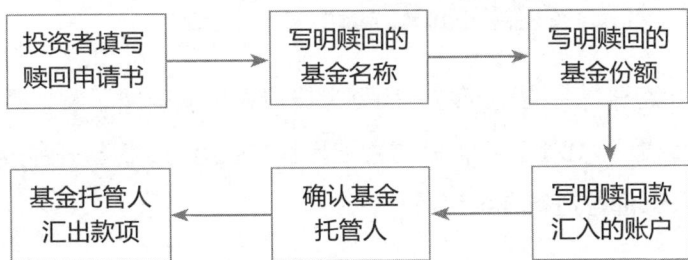

投资者填写赎回申请书 → 写明赎回的基金名称 → 写明赎回的基金份额 → 写明赎回款汇入的账户 → 确认基金托管人 → 基金托管人汇出款项

图 1-13　基金赎回流程

投资者从申请赎回基金到资金到账通常需要 3 ~ 4 个工作日，赎回的金额是按照卖出基金的份额数乘以赎回当日的基金净值计算得到。同时，基金赎回时也需要缴纳一定的赎回费。

当基金出现巨额赎回时，基金管理人通常会有两种处理办法。

全部赎回。当基金管理人认为有能力兑付投资者的全部赎回申请时，基金管理人会按照正常赎回流程进行全部赎回。

部分赎回。即基金管理人认为全部兑付投资者的赎回申请时有困难，又或是可能引起基金资产净值大幅波动的情况下，可以在当日接受赎回比例不低于上一日基金总份额的 10% 的前提下，对其余赎回申请进行延期办理。

在某些特殊情况下，基金管理人可以拒绝接受或暂停基金投资者的赎回申请，具体如下。

①出现不可抗力的情况，例如地震、海啸、火山爆发等。

②证券交易市场的交易时间因各种原因停市。

③市场剧烈波动或其他原因出现巨额赎回，基金兑付困难。

④法律、法规中规定的其他情形或是基金合同中载明并获中国证监会批准的特殊情况。

1.6 基金投资大环境与购买渠道

投资者在购买基金之前应对当前基金投资大环境有所了解，判断当前市场是否适合基金投资。接下来我们就对我国基金发展历史、我国基金投资的特点，还有基金购买渠道等进行详细讲解。

NO.020 我国基金发展历史

我国的基金行业发展可以分为三个阶段：20 世纪 80 年代末至 1997 年 11 月 14 日《证券投资基金管理暂行办法》颁布之前的早期探索阶段；在《暂行办法》颁布实施后至 2004 年 6 月 1 日《证券投资基金法》实施前的试点发展

阶段；以及《证券投资基金法》实施以来的快速发展阶段。

（1）早期探索阶段

1987年，中国新技术创业投资公司与汇丰集团、渣打集团在中国香港联合设立了中国置业基金，首期筹资3900万人民币，直接投资于以珠江三角洲为中心的周边乡镇企业，并随后在香港联合交易所上市，标志着中资金融机构开始涉足投资基金业务。

1992年11月经中国人民银行总行批准设立的淄博乡镇企业投资基金，是内地第一家较为规范的投资基金。该基金为封闭式基金，募集资金达1亿元人民币，60%投向淄博乡镇企业，40%投向上市公司，并于1993年8月在上海证券交易所挂牌上市。

在早期探索阶段中，我国的基金存在以下问题。

①缺乏基本的法律法规，普遍存在法律关系不清楚、无法可依、监管不力的问题。

②受地方政府要求服从地方经济需要，并没有将上市证券作为主要投资方向，而是将资金大量投入房地产企业等部门。

③受房地产市场降温、实业投资成果无法变现以及贷款资产无法收回的影响，基金资产质量不高。

（2）试点发展阶段

1998年3月27日，中国证监会批准成立南方基金管理公司和国泰基金管理公司，两家基金公司分别发起设立了两只规模均为20亿元的封闭式基金——基金开元和基金金泰，标志着中国证券投资基金试点的正式开始。

在试点发展阶段的早期，我国的基金以封闭式基金为主。2002年8月，我国的封闭式基金数量达54只。随着开放式基金的推出，我国的基金行业加速发展。在试点发展阶段，我国基金行业发展的特点如下。

①基金运作逐渐规范化，监管部门加强了监管力度。

②在封闭式基金成功试点的基础上又推出了开放式基金，使我国基金运作水平实现历史性进步。

③对早期摸索阶段的老基金进行了规范清理，通过资产置换、合并等方式改造为新的证券投资基金。

④监管部门在加强监管力度的同时也出台一系列鼓励基金行业发展的政策措施，促进了基金行业的发展。

⑤开放式基金的迅速发展为基金产品的创新带来了新的动力。

（3）快速发展阶段

2004 年 6 月 1 日开始实施的《证券投资基金法》，是我国基金行业发展的重要法律基础，标志着我国基金行业的发展进入一个新的阶段。在《证券投资基金法》之后，中国证监会不断出台基金行业相关法律法规，使得我国基金行业的法律体系逐渐完善。同时我国基金市场产品也不断创新，在 2004 年 10 月推出第一只上市开放式基金（LOF）——南方积极配置基金。

我国的基金行业在快速发展阶段主要有以下特点。

①基金业监管体系逐渐完善。

②基金产品种类逐渐丰富，开放式基金开始取代封闭式基金成为市场发展的主流。

③基金公司的业务逐渐多元化，规模也不断变大，出现了一批大规模的基金管理公司。

④基金行业市场营销和创新服务不断发展，日益活跃。

NO.021　我国基金投资的特点

我国当前基金投资的特点具体如表 1-8 所示。

表1-8

特点	说　明
趋于完善	我国的法律体系不断完善，监管力度不断加强，基金行业呈现出健康向上的发展趋势
规模扩大	如今基金投资的规模不断扩大，利润水平逐渐提高，据统计2019年1～9月基金利润总额达到8 621.77亿元
种类多样化	如今市场上的基金产品种类呈现多样化发展，各类基金投资风格明显，适合各种类型的投资者
合作共赢	许多基金公司注重对外合作，学习先进技术与经验的同时，也提高了投资收益
数量增多	基金产品的数量不断创下新高，单个基金的募集规模也不断打破历史纪录

NO.022　购买基金的渠道与优缺点

随着基金行业的快速发展，投资者的认购渠道也日渐多样化，主要包括直销、代销、网上发售、柜台签售等。投资者有了更多选择的同时，也感受到认购渠道形式多样化带来的困难。下面我们对购买基金的主要3种渠道及其优缺点进行介绍。

如今投资者购买基金的渠道主要有3种，即证券公司、银行代销网点和基金公司直销中心。虽然都可以买到基金，但是因为渠道不同，也滋生出了一些差异性，具体如表1-9所示。

表1-9

渠道	优点	缺点
基金公司直销中心	可以在网上进行开户、认（申）购、赎回等手续的办理；交易手续费有所优惠，不受时间地点影响	当投资者同时购买了多家基金公司的基金产品后，需要在不同的基金公司去办理手续，投资操作过于麻烦

续表

渠道	优点	缺点
证券公司代销网点	代销的基金品种齐全，支持网上交易；证券公司的客户经理会主动介绍基金产品，投资者能及时咨询相关事项；投资者在证券公司购买基金，可以将证券、基金多种产品结合在一个账户里进行管理，大大方便了投资者的操作	证券公司的网点较少，首次办理业务必须本人到网点柜台办理；首次办理业务需开立资金账户，才能进行后续操作；证券公司可能会收取部分费用，增加投资者的成本
银行代销网点	银行网点多；投资者在银行存取款项方便	银行代销的基金产品种类有限，以新基金居多；在银行购买基金，无法享受费用优惠

NO.023　选择适合自己的购买渠道

投资者购买基金的渠道多种多样，每种渠道都有自身独特的优势和一些不足的地方，投资者只需要根据自身的实际情况选择适合自己的购买渠道。

对于已经工作的年轻朋友，有稳定的工作收入和多种理财需求，更加适合在证券公司购买基金，实现一站式理财管理。将多种投资产品放在一个账户里进行管理，利用网上交易或电话委托进行操作，更加便利。

投资于股票的股民朋友也适合在证券公司购买基金，直接使用原有的证券资金账户，十分方便。

对于稍微年长的中老年基金投资者而言，周边的银行网点是不错的选择，银行的客户经理也会对投资者进行产品介绍，实力强大的银行也让中老年投资者放心不少。

对于专业知识较为丰富，有充足时间的投资者而言，基金公司直销中心是很好的选择，不仅节省了中间费用，还能享受更为优质的服务。

第 2 章

开始选择基金

通过上一章基金基础知识的学习，读者朋友们是不是有些心动呢？有了基础知识之后，投资者就可以从自身实际情况出发，按照一定的原则选择适合自己的基金。而选择基金的原则主要是从基金公司、基金经理、基金业绩等方面进行考虑。

2.1 依据基金公司选择基金

基金公司通常是基金的发起人，也是基金管理人，负责向投资者发行基金、寻找托管银行、雇用基金经理进行投资操作等。所以一个基金公司的管理水平、投资能力、研发投入等会直接影响到基金的投资收益，与投资者的利益息息相关。

NO.001　从多方面考查基金公司

前国内知名的基金公司就有 90 多家，有老牌的基金公司，如华夏基金、南方基金等，也有新成立的基金公司；有资金雄厚的大型基金公司，也有灵活操作的小型基金公司；有中资基金公司，也有外资参股的合资基金公司。

那么是否就应该从成立时间、规模等方面去考查基金公司呢？在牛市中，每个基金公司都会有一些收益不错的基金产品；到了熊市，多数基金公司因无法预判风险或因操作失误，导致基金资产发生亏损。一般来说，优秀的基金公司有以下 3 个特征，具体如图 2-1 所示。

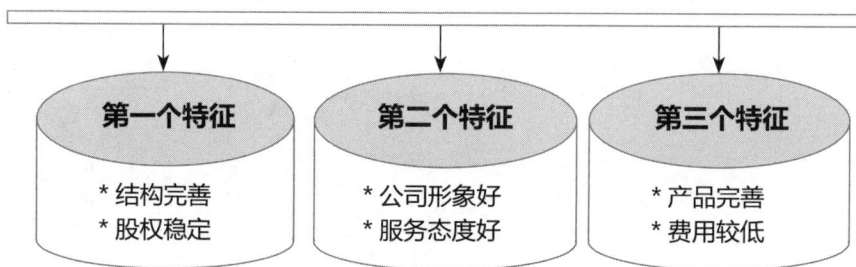

第一个特征	第二个特征	第三个特征
* 结构完善 * 股权稳定	* 公司形象好 * 服务态度好	* 产品完善 * 费用较低

图 2-1　优秀基金公司的特征

（1）结构完善且股权稳定

优秀的基金公司，应具有合理的股权结构和规范的公司治理结构，保证基金公司各股东之间相互制约。另外，基金公司还应该不断完善独立董事制度，保证独立董事在公司决策时有一定的话语权。

基金公司股东的实力以及对公司管理的重视程度，是基金公司不断发展的重要基础。在我国的基金行业中，证券公司参股的基金公司能够获得专业人才和信息方面的支持，在基金资产的投资运作上有一定优势。

投资者在各个基金公司的官方网站就可以查看到该基金公司的相关介绍，主要是公司背景、股东组成、历史成就等方面。图2-2所示为嘉实基金官网所示的简介。

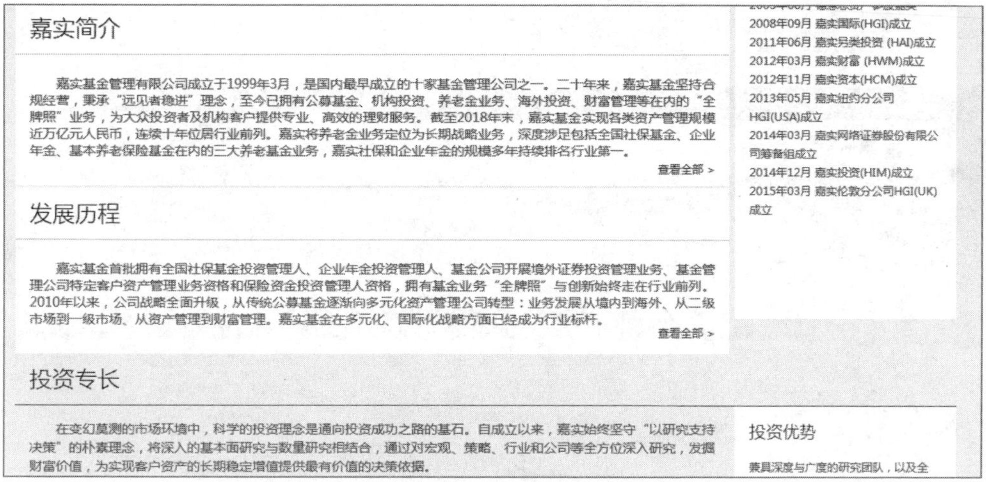

图 2-2　嘉实基金简介信息

（2）公司形象与服务态度好

基金公司是为投资者管理资产，追求资产保值、增值的金融机构，所以依法经营、诚信经营、将投资者利益放在第一位是基金公司的基金原则。在此基础上，基金公司只有为投资者提供更优质的服务，赚取更高的投资收益，才能得到广大投资者的肯定，树立起良好的公司形象，获取更多投资者的信任。

所以，投资者在选择基金公司时，应重点关注公司的服务质量和市场形象。另一方面，投资者还应了解基金公司对旗下基金产品的管理、运作以及相关信息的披露是否及时、准确、全面。

基金公司旗下基金产品的销售情况，也是对基金公司市场形象的反映。市场形象好，其发行的基金产品也会受到投资者的欢迎，投资者购买后也会长期持有。

（3）提供完善的产品体系

投资者在选择基金公司时，还应关注该基金公司是否具有健全、完善的产品体系。产品体系完善的基金公司为投资者提供更全面的基金选择，不同风险偏好的投资者也可以找到适合自己的基金产品。

如图2-3所示为易方达基金官网展示的基金产品，投资者可以根据晨星风险分类提示选择适合自己的基金产品。

图 2-3　易方达基金产品

另外，投资者还可以在页面左侧选择不同投资品种的基金产品，主要以自身情况为基础，在页面中间显示的就是具体的基金产品，投资者可依次单击基金产品名称进入基金产品的详细介绍页面，进行深入了解。

NO.002　了解基金公司的投资风格

一个优秀的基金公司，在旗下基金产品收益良好的情况下，会形成自己鲜明的投资风格。所谓的投资风格是指基金公司在长期运作基金资产过程中形成独特的优势。例如有的基金公司擅长运作股票型基金，有的基金公司擅长运作债券型基金。

所以投资者在了解基金公司时，应重点关注该公司擅长的产品，这些产品往往是基金公司大力推销的。

对于同一类型的基金产品，不同基金公司的投资风格也不相同。同样对于股票型基金，有的基金公司喜欢投资大盘蓝筹股，有的基金公司喜欢投资小盘题材股。投资者可以通过基金产品的名称对该产品进行简单了解。

◆ 价值、核心类基金：通常是投资于大盘蓝筹股和有潜力的长期价值增长型公司，主要特点是低换手、持股时间长。这类基金产品是投资者进行长线投资的较好选择。代表基金产品有易方达价值精选、博时价值增长等。

◆ 成长、增长类基金：是指将基金资产投资于快速发展的成长型企业，最大化投资利益。换股频繁，交易次数多，带来高风险高收益。代表基金产品有易方达策略成长、南方高增长、华宝兴业增长等。

◆ 优选、精选类基金：这类基金产品没有明确的投资风格，有的侧重于股票投资，有的侧重于债券投资。总的来说，这类基金的风险小于成长、增长类基金，收益也相对低一些。代表基金产品有华夏大盘精选、海富通精选等。

◆ 红利类基金：这类基金产品更多地关注上证红利指数的成分股，这些成分股的主要特点是股息率高、现金分红多。这类股票具有持续、稳定的分红能力，从中长期看，股价波动不会很大。代表基金产品有光大宝德信红利、华夏红利等。

◆ 稳健类基金：这类基金追求的是稳定的收益，所以投资风格相对保守。在承担一定风险的基础上，分享中国经济和证券市场增长的红利。这类产品的主要特点与价值、核心类基金相似，在运作时都秉承低换手、长期持有的原则。代表基金产品有广发稳健增长、华夏稳健增长等。

◆ 主题类基金：这类基金的数量是最多的，且同质化的情况很少出现，因为基金公司的基金产品是按照不同的投资理念和风格去开发的，这类基金能很好地反映基金公司的投资风格。这类基金产品投资的股票都是与主题紧密相关的，所以投资者对某个行业感兴趣，可以在基金公司选择相应的基金产品。代表基金产品有华夏中小板 ETF、广发小盘成长、兴业全球视野等。

下面介绍一个生活中投资者的基金实战案例。

实例分析

张老先生的退休理财计划

张先生从单位退休下来后开始整理清算个人资产，并计划将其部分资金进行投资理财，期望通过投资收益来丰富自己的退休养老计划。经过朋友和子女的推荐，张先生将投资的目光投向了基金。

对基金有了相关了解之后，他选择了以下几个基金产品做组合投资，具体如图 2-4 所示。

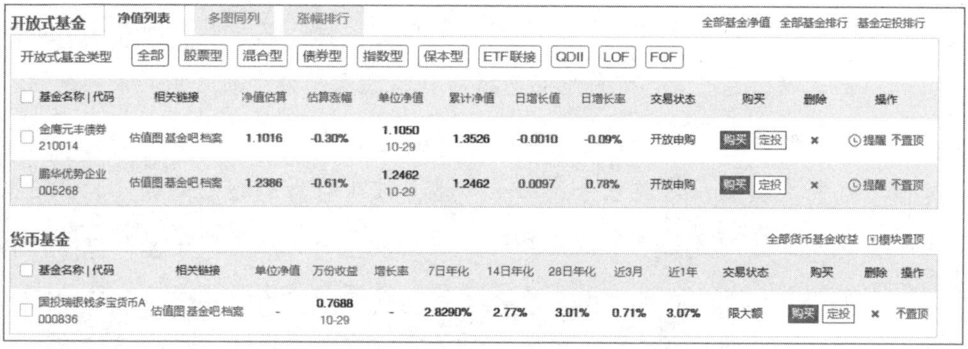
开放式基金　净值列表　多图同列　涨幅排行　全部基金净值　全部基金排行　基金定投排行

开放式基金类型　全部　股票型　混合型　债券型　指数型　保本型　ETF联接　QDII　LOF　FOF

基金名称 | 代码	相关链接	净值估算	估算涨幅	单位净值	累计净值	日增长值	日增长率	交易状态	购买	删除	操作
金鹰元丰债券 210014	估值图 基金吧 档案	1.1016	-0.30%	1.1050 10-29	1.3526	-0.0010	-0.09%	开放申购	购买 定投	×	提醒 不置顶
鹏华优势企业 005268	估值图 基金吧 档案	1.2386	-0.61%	1.2462 10-29	1.2462	0.0097	0.78%	开放申购	购买 定投	×	提醒 不置顶

货币基金　全部货币基金收益　模块置顶

基金名称 | 代码	相关链接	单位净值	万份收益	增长率	7日年化	14日年化	28日年化	近3月	近1年	交易状态	购买	删除	操作
国投瑞银钱多宝货币A 000836	估值图 基金吧 档案	-	0.7688 10-29	-	2.8290%	2.77%	3.01%	0.71%	3.07%	限大额	购买 定投	×	不置顶

图 2-4　张先生的基金列表

虽然选择了基金产品，但是张先生对于各个基金投资多少资金、占多少比重犯了难。之后，朋友结合张先生的实际情况分析：你如今生活稳定，每月有固定的退休金，儿女也都成家，家里没有什么特别大的开支，只需要在保证你们生活日用金的基础上，适当储备一些急用金即可，其他的资金可以考虑投资。

其中预留的急用金可以用于购买货币基金，类似储蓄，可以随存随取，方便快捷。另外，投资的目的在于适当获取一些收益丰富自己的退休生活，可以适当增加债券型基金和货币型基金的比例，将其比例控制在60%~70%，以稳定投资组合，然后可以适当投资股票型基金，将其比例控制在30%左右。

最终张先生听从了朋友的建议，用自己储蓄资金的45%购买了债券型基金，即金鹰元丰债券（210014）；25%的资金购买了货币型基金，即国投瑞银钱多宝货币A（000836）；30%的资金购买了风险较高的股票型基金，即鹏华优势企业（005268）。

NO.003　判断基金公司的创新能力

投资者在选择基金前，应树立一个理念：基金公司的研发能力是基金持续盈利的基础。有经验的投资者，可以通过查看基金公司的研究报告、公告等，来分析该公司的创新能力。

一般的投资者没有充足的时间和知识储备，那么可以借助以下两个方法。

第一，通过查看基金公司旗下所有基金产品业绩的一致程度，即每个基金产品在同类产品中的业绩排名是否相似。如果基金公司旗下的所有基金产品都位居前列，说明这些基金产品受个别基金经理能力的影响较小，基金公司整体创新能力较强。相反，如果基金公司旗下同类产品之间业绩差距较大，说明基金在运作过程中没有得到基金公司太多的帮助，那些业绩好的产品多数是受到基金经理的影响。

第二，基金持股的稳定性同样是判断基金公司整体创新能力的重要指标。基金公司通常会在定期报告中向投资者公示基金的持仓结构。如果一个基金公司旗下基金频繁买卖股票，说明这家基金公司没有明确的投资方向，创新能力有待加强。特殊类型的基金产品运作需要的情况除外，如成长、增长类基金。

NO.004　4P 标准

国外的基金行业历史悠久，体系成熟，在发展过程中形成了一个通行而有效的 4P 标准，这个 4P 标准在我国的基金行业同样适用。4P 标准，即投资理念、投资团队、投资流程和投资绩效。

（1）投资理念

投资理念是第一个 P，是 Philosophy 的缩写。投资者在关注基金公司时，应重点关注该公司的投资理念是否成熟而有效，然后根据自身情况，看自己是否认同这一理念，进而认同该基金公司的投资风格。下面介绍几种著名的投资理念，如表 2-1 所示。

表 2-1

理念	说　明
价值投资理念	以巴菲特为代表的价值投资，该理念注重于股票的内在价值，而不在意股价的日间波动。具体来讲是指以对影响证券投资的经济因素、政治因素、行业发展前景、上市公司的经营业绩、财务状况等要素的分析为基础，以上市公司的成长性以及发展潜力为关注重点，以判定股票的内在投资价值为目的的投资策略
对冲投资理念	对冲是指同时进行两笔行情相关、方向相反、数量相当的交易。行情相关是指影响两种商品价格行情的市场供求关系存在同一性，供求关系若发生变化，同时会影响两种商品的价格，且价格变化的方向大体一致。方向相反指两笔交易的买卖方向相反，这样无论价格向什么方向变化，总是一盈一亏
量化投资理念	量化投资就是借助现代统计学、数学的方法，从海量历史数据中寻找能够带来超额收益的多种"大概率"策略，并纪律严明地按照这些策略所构建的数量化模型来指导投资，力求取得稳定的、可持续的、高于平均的超额回报。个人进行量化投资的难度很大，但基金公司有专业的人员、设备等条件进行量化投资

（2）投资团队

投资团队是第二个 P，是 People 的缩写。基金公司投资研究团队的能力强弱，是影响基金收益的一个极为重要的因素。

分析投资团队，应主要看团队的组建时间和团队稳定性。组建时间较长，说明内部稳定，体系成熟，则这个团队应该会是一个成功的团队，能给基金产品带来持续的、稳定的收益。

（3）投资流程

投资流程是第三个 P，是 Process 的缩写。科学严谨的投资流程可以有效地规范基金管理人的投资行为，是基金产品获取长期、持续收益的基础。

投资流程中涉及基金公司内部管理制度，近年来偶尔报道的基金行业的恶性新闻，都是因为基金公司内部管理制度不完善、投资流程不够严谨造成的失误，不仅给投资者带来损失，也给整个金融市场带来负面影响。

（4）投资绩效

投资绩效是第四个 P，是 Performance 的缩写。投资者在选择基金时，还应重点关注该基金的历史投资业绩，从而对该基金未来业绩做一个合理的预期。投资绩效无疑是一个简单、直观的技术指标，但对于新基金作用不大。

对于基金公司发起的新基金，投资者可以将其与基金公司旗下其他同类型的基金业绩进行比较，从而做出一个合理预期。

2.2 根据基金经理选择基金

投资者在选择好基金公司后，还需要选择一位优秀的基金经理。在投资一只基金产品前，投资者应该要知道这只基金的基金经理是谁，他的资料如何、能力如何。

NO.005　了解基金经理

　　基金经理是基金产品最终能否获利的关键因素，知识面广、信息渠道多、投资经验丰富的基金经理往往能有好的业绩，给投资者带来更多收益。因此，在购买基金时，选择一位好的基金经理非常重要。

　　基金经理是指受基金公司的委托，对基金进行管理和运作的负责人。基金经理在基金运作中起着决策性作用，直接影响到整个基金的业绩表现。

　　选择基金经理时，应对其进行较全面的了解。投资者可以通过以下几个方面，对基金经理进行选择，如图 2-5 所示。

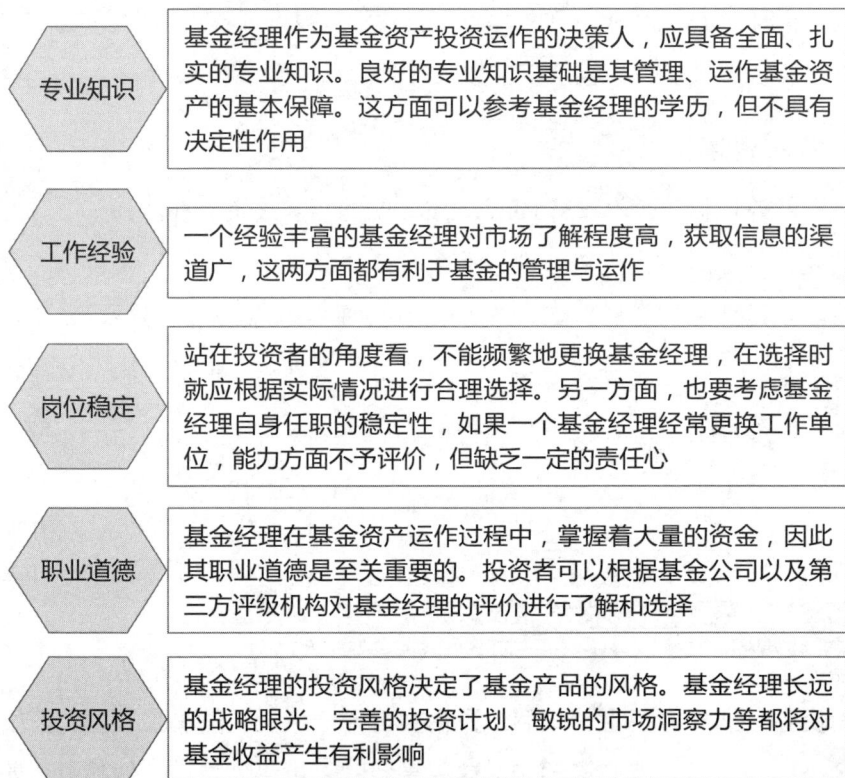

专业知识	基金经理作为基金资产投资运作的决策人，应具备全面、扎实的专业知识。良好的专业知识基础是其管理、运作基金资产的基本保障。这方面可以参考基金经理的学历，但不具有决定性作用
工作经验	一个经验丰富的基金经理对市场了解程度高，获取信息的渠道广，这两方面都有利于基金的管理与运作
岗位稳定	站在投资者的角度看，不能频繁地更换基金经理，在选择时就应根据实际情况进行合理选择。另一方面，也要考虑基金经理自身任职的稳定性，如果一个基金经理经常更换工作单位，能力方面不予评价，但缺乏一定的责任心
职业道德	基金经理在基金资产运作过程中，掌握着大量的资金，因此其职业道德是至关重要的。投资者可以根据基金公司以及第三方评级机构对基金经理的评价进行了解和选择
投资风格	基金经理的投资风格决定了基金产品的风格。基金经理长远的战略眼光、完善的投资计划、敏锐的市场洞察力等都将对基金收益产生有利影响

图 2-5　基金经理的选择技巧

　　总而言之，基金经理是管理运作基金资产的人，相当于基金投资者的资产管家。选择一位能力出众、职业道德高尚、值得信任的基金经理，是投资获利的重要条件。

NO.006 多角度考查基金经理

优秀的基金经理又被称为"金牌基金经理"，历史投资收益率是评价一个基金经理是否优秀的基准，也是最重要的因素。我们不应局限于关注基金经理的工作经验、专业知识、职业道德等方面，还可以通过以下几方面对基金经理进行多角度考查。

◆ 投资理念

一个优秀的基金经理总会有自己鲜明的投资理念，与价值投资、对冲投资、量化投资等理念不一定完全相同。优秀的基金经理会在长期的基金运作过程中总结经验、吸取教训，形成自己独特的投资理念。如前华夏基金副总裁王亚伟先生，他的投资理念以价值投资为核心，着重关注重组股和冷门股，利用分散组合的方法来降低风险，倡导投资者在选股时应关注股票的财务价值，更应关注股票的并购价值。

◆ 基金费用

投资者在选择基金产品时，往往会因某些基金高额的费用望而却步。从基金的时间来看，新基金的费用通常比老基金高；从基金的规模来看，小规模的基金费用比大规模的基金费用高。而优秀的基金经理管理运作的基金，费用通常相对较高，这是留住实力强大的基金经理的重要保证。

优秀的基金经理能给投资者带来更多的投资收益，而能力一般甚至职业道德低下的基金经理往往会给投资者带来重大损失。其中"老鼠仓"就是影响极大的一种情况。

老鼠仓是指基金经理在用基金资产拉升股价之前，通知自己的亲戚朋友或其他有关系的投资者在低位建仓，待用基金资产将股价拉升至高位后，先让自己人卖出获利，最后亏损的是基金资产，是基金投资者。由此可见，选择一名优秀可靠的基金经理是十分必要的。

NO.007 选择基金经理的原则

一个优秀的基金经理会带来优秀的投资业绩，从而给投资者带来更多的利润回报。投资者在选择基金经理时，除了关注其本身的专业知识、投资业绩、职业道德、投资风格等综合素质之外，还应该注意以下 4 项选择基金经理的基本原则，如表 2-2 所示。

表 2-2

原则	说 明
稳定第一	只有稳定的基金经理才能给基金资产带来稳定的增值。市场发展有一定的周期性，股价波动也有一定的阶段性，国民经济发展更是遵循一定的运行规律。这些周期性因素和阶段性变化对资产配置品种有着重大影响，也影响着基金经理的投资业绩。如果基金公司长期频繁更换基金经理，或是基金经理经常跳槽，其投资业绩的不乐观也是可想而知的
基金经理应是多面手	实战经验证明，具有丰富实战投资经验的基金经理，在基金资产运作中收益率较高。所以基金经理应对多种投资对象都有掌握，既是优秀的投资研究人员，也是一名出色的投资操盘手。优秀的基金经理，应该是一个熟悉多种投资对象，包括研究和投资、营销在内的多面手
个性化不能太突出	基金经理不能太个性化，其个性化应建立在遵循产品运作规律与资产配置组合运行规律的基础上。投资者在选择基金经理时，不应过于注重基金经理的个性及其投资风格。一只基金运作的好坏，是基金经理背后团队力量的作用，基金经理只是起到指挥和引导的作用，因此不应过度崇拜基金经理，同时也要关注其背后的投资团队以及基金公司
业绩稳定	一只基金如果能保持基金净值的持续增长和份额的稳定，对提升投资者继续持有的信心是具有积极意义的，也是衡量一只基金运作好坏的重要评判标准。因此，投资者在选择基金经理时，应注重其长期业绩，而不是过度关注其阶段性的业绩增长

一只基金运作得好与坏，不仅是基金经理的功劳，其背后的投资团队也发挥了极为重要的作用。这涉及基金管理的方式，由于管理方式不同，基金经理对基金投资收益的影响程度也不同。基金管理方式大致可以分为3类，具体内容如图2-6所示。

单个基金经理型
基金的投资决策由基金经理独自决定，投资团队其他成员分别为基金经理提供调研、交易、信息等支持。总而言之，基金经理是团队的绝对核心，对基金投资收益的影响相当强

多个基金经理型
该管理方式下，每个基金经理单独管理一部分基金资产，多出现在混合型基金中。由于不同基金经理负责不同投资品种的投资决策，所以每个基金经理对投资收益都有一定的影响

决策小组型金
是指由两个以上的基金经理共同进行投资决策，单个基金经理之间的权责没有明确的划分，通常会选择一名组长负责最终决定。但在这种管理方式下，单个基金经理很难影响投资收益

图 2-6　基金管理方式

NO.008　基金经理变动的应对方法

基金经理发生变动是选择基金公司和基金经理后不可避免的现象，当基金经理变动后，投资者应根据自身的基金情况做出相应操作。因为基金类型不同，所以受到基金经理变动的影响程度也是不同的。

在所有类型的基金中，有3类基金受基金经理变动的影响不大，它们分别是指数型基金、决策小组型基金以及大型基金公司旗下的基金。下面我们来具体看看为什么这3类基金受基金经理的影响较小。

◆ 指数型基金

当投资者购买的是指数型基金时，不用太担心基金经理变动带来的影响。因为指数型基金一般是模仿指数，按照指数的比例将资金投资于成分股，所以基金经理的变动对基金的运作影响并不大，它是一种被动投资的股票基金，简单来说就是跟着大盘走的基金，只要长期持有，就能跟着大盘水涨船高，获得与大盘一样的收益。

指数基金是以特定指数（如沪深 300 指数、标普 500 指数、纳斯达克 100 指数以及日经 225 指数等）为标的指数，并以该指数的成分股为投资对象，通过购买该指数的全部或部分成分股构建投资组合，以追踪标的指数表现的基金产品。如图 2-7 所示为指数基金产品列表。

比较	序号	基金代码	基金简称	日期	单位净值	累计净值	日增长率	近1周	近1月	近3月	近6月	近1年	近2年	近3年	今年来	成立来	自定义
☐	1	161721	招商沪深30	10-11	1.2938	1.4019	0.62%	5.76%	3.95%	7.24%	-6.44%	41.04%	7.66%	17.28%	32.89%	34.73%	42.66%
☐	2	004856	广发中证全指	10-11	0.9812	0.9812	2.23%	5.13%	1.20%	2.21%	-5.78%	27.88%	-2.23%	---	32.74%	-1.88%	28.70%
☐	3	004857	广发中证全指	10-11	0.9878	0.9878	2.23%	5.13%	1.18%	2.24%	-5.71%	28.20%	-1.73%	---	33.06%	-1.22%	29.02%
☐	4	160628	鹏华地产分级	10-11	1.0630	1.7640	0.47%	5.04%	2.71%	4.73%	-8.28%	34.56%	0.94%	8.43%	24.43%	67.82%	35.06%
☐	5	161122	易方达生物分	10-11	1.1979	---	0.63%	5.02%	4.96%	16.03%	15.01%	42.54%	15.62%	14.02%	53.88%	-17.41%	45.20%
☐	6	160218	国泰国证房地	10-11	1.0466	1.8748	0.54%	4.71%	2.22%	1.05%	-11.26%	26.89%	-8.31%	-7.85%	18.25%	62.99%	27.96%
☐	7	161726	招商国证生物	10-11	1.2516	0.8451	0.86%	4.68%	4.16%	19.43%	17.21%	39.01%	21.59%	22.42%	53.12%	-13.95%	40.88%
☐	8	004642	南方房地产E	10-11	0.8976	0.8976	0.52%	4.51%	1.76%	1.25%	-12.14%	28.36%	-10.21%	---	20.50%	-10.24%	29.80%
☐	9	004643	南方房地产E	10-11	0.8901	0.8901	0.52%	4.50%	1.73%	1.15%	-12.31%	27.85%	-10.93%	---	20.14%	-10.99%	29.28%

图 2-7　指数型基金列表

◆ 决策小组型基金

如果投资者购买的基金是决策小组型基金，那么单个基金经理的变动不会对基金产品运作产生太大的影响，如果整个决策小组有变动就另当别论了，但这种情况发生的可能性不大。

◆ 大型基金公司旗下的基金

投资者购买了大型基金公司旗下的基金产品应该是比较放心的,业绩好、口碑好的基金公司往往有着优秀的基金管理团队,当一个基金经理变动后,会有其他的优秀基金经理顶替,所以投资者也不用太过担心。

一只基金的基金经理发生变动以后,主要会产生以下 3 种情况,如图 2-8 所示。

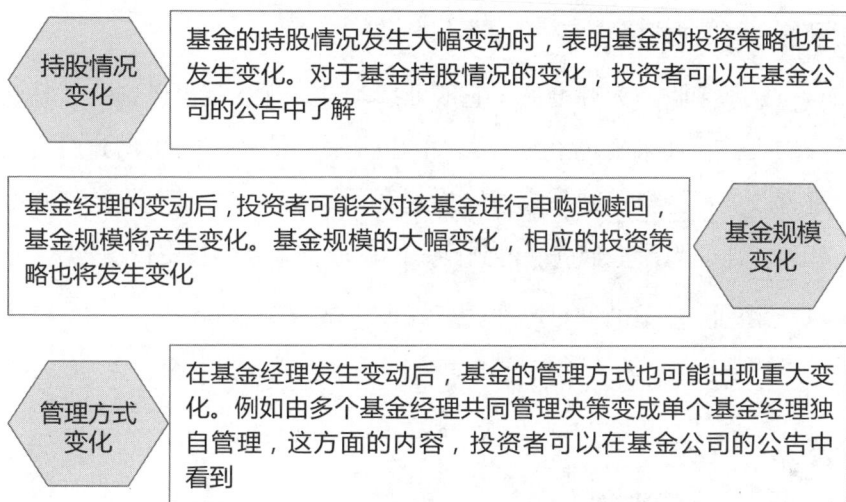

图 2-8　基金经理变动后的变化

2.3 分析基金业绩选择基金

基金业绩,即投资收益,是判断一只基金好坏、有没有投资价值的直接标准,也是最主要的标准。那么投资者在拿到一只基金的历史业绩时,应如何进行判断呢?

NO.009 业绩是否达到业绩基准

每只基金在发起募集资金时，都会公布自己的业绩基准。投资者的注意力往往被投资收益、费用、基金类型等方面吸引，而忽视了业绩基准这一重要信息。

事实上，基金的业绩基准对判断未来基金的业绩有着重要作用。基金的业绩基准可以视为基金公司在基金成立之初为基金设立一个有可能达到的预期目标。所以投资者可以通过基金收益率与基金业绩进行比较，通过其中的差异大小来衡量基金的实力情况。

如果一只基金收益大幅度低于它的业绩基准，那么就可以判断该基金没有产生良好的收益，在未来也不会有太大的投资价值，投资者可据此对自己的投资策略进行改变，选择赎回基金或转换基金；如果当一只基金收益大幅度高于其业绩基准，则证明该基金资产得到良好的增值，未来的投资价值较大。

每只基金的业绩基准都可以在招募说明书或基金合同中找到，没有相关信息渠道的投资者也可以在基金公司的官方网站上查找相关信息。

实例分析

基金历史业绩与基准的比较

易方达 50 指数证券投资基金的基本信息如表 2-3 所示。

表 2-3

项目	说 明
基金名称	易方达 50 指数证券投资基金
基金简称	易方达上证 50 指数 C
基金代码	004746
基金类型	指数增强型基金
成立日期	2017 年 06 月 06 日

续表

项目	说　明
投资目标	在严格控制与目标指数偏离风险的前提下，力争获得超越指数的投资收益，追求长期资本增值
业绩比较基准	上证 50 指数
风险收益特征	本基金为股票基金，其预期风险、收益水平高于混合基金、债券基金及货币市场基金。本基金在控制与目标指数偏离风险的同时，力争获得超越基准的收益。长期来看，本基金具有与目标指数相近的风险水平
投资范围	本基金的投资方向为具有良好流动性的金融工具，包括投资于国内依法公开发行、上市的股票和债券以及中国证监会允许基金投资的其他金融工具。本基金主要投资于目标指数的成分股票，包括上证 50 指数的成分股和预期将要被选入上证 50 指数的股票，还可适当投资一级市场申购的股票（包括新股与增发），以在不增加额外风险的前提下提高收益水平

　　从上表可以看到，易方达上证 50 指数 C 是以上证指数 50 为标的指数型基金，属于高风险的股票型基金，且该股的业绩比较基准为上证 50 指数。所以想要知道该基金的质量情况，就需要将其历史业绩与上证指数 50 指数进行比较，看看基金的收益幅度是否大于它的业绩基准。

　　如表 2-4 所示为易方达上证 50 指数 C 基金份额历年净值收益率与业绩基准收益率比较表。

表 2-4

项目 ＼ 时间	合同生效以来（截至 2019-9-30）	2019 年 3 季度	2019 年 上半年	2018 年	2017 年
易方达上证 50 指数 C	52.74%	2.32%	40.29%	−16.84%	27.95%
业绩基准	17.51%	−1.12%	27.80%	−19.83%	15.99%

　　如图 2-9 所示为易方达上证 50 指数 C 累计净值增长率与业绩比较基准收益率历史走势对比图（2017 年 6 月 6 日至 2019 年 9 月 30 日）。

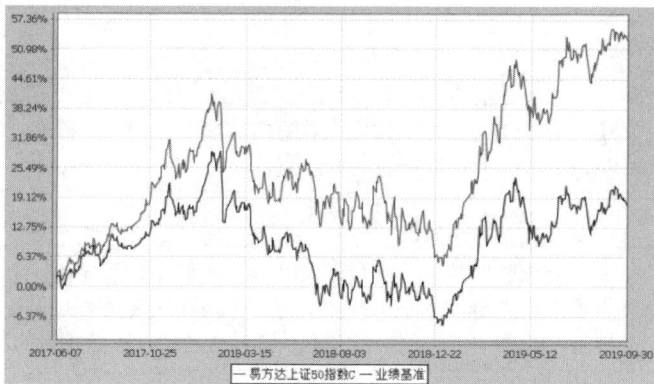

图 2-9 易方达上证 50 指数 C 累计净值增长率与业绩比较基准收益率历史走势对比

从表格的具体数值来看，易方达上证 50 指数 C 基金收益率始终大于业绩基准，并且差异幅度较大，说明基金发展良好。

其次，从走势对比图可以清楚看到，易方达上证 50 指数 C 基金的收益走势图始终位于业绩基准的走势上方，后期它们的间幅会逐渐扩大，说明基金在跟随上证指数的过程中发展良好，业绩表现优异，投资者可以考虑选择该基金。

NO.010 业绩与大盘走势的比较

对于多数股票型基金而言，其投资收益情况与股票大盘的走势是紧密相连的。如果一只股票型基金在一段时间内的投资收益比大盘还低，只能说明该基金的运作是失败的，没有继续投资的价值。

但是，如果一只基金在一段时间内的投资收益比大盘高，甚至高很多，说明该基金的业绩良好，具有长期投资价值。下面我们来看看具体的实例。

实例分析

基金收益率与大盘走势比较分析

广发多元新兴股票型证券投资基金的基本情况如表 2-5 所示。

表 2-5

项目	说明
基金名称	广发多元新兴股票型证券投资基金
基金简称	广发多元新兴股票
基金代码	003745
基金类型	股票型
成立日期	2017 年 04 月 25 日
规模	6.336 亿份
投资目标	在严格控制风险和保持资产流动性的基础上，通过前瞻性的研究布局，本基金力图把握多元模式驱动下新兴产业的投资机会，力求实现基金资产的长期稳健增值
业绩比较基准	沪深 300 指数收益率 ×80%+ 中证全债指数收益率 ×20%
风险收益特征	本基金为股票型证券投资基金，属于高预期风险和高预期收益的证券投资基金品种，其预期风险和预期收益高于混合型基金、债券型基金和货币市场基金
投资范围	本基金的投资范围为具有良好流动性的金融工具，包括国内依法发行上市的股票（包括中小板、创业板及其他经中国证监会核准上市的股票）、债券（包括国债、金融债、企业债、公司债、次级债、可转换债券、分离交易可转债、中小企业私募债、央行票据、中期票据、短期融资券以及经法律法规或中国证监会允许投资的其他债券类金融工具）、资产支持证券、权证、货币市场工具、股指期货、国债期货以及法律法规或中国证监会允许基金投资的其他金融工具（但须符合中国证监会相关规定）。如法律法规或监管机构以后允许基金投资其他品种，基金管理人在履行适当程序后，可以将其纳入投资范围

从表格内容可以看到，广发多元新兴股票基金属于股票型的高预期风险和高预期收益型基金。并且基金的业绩比较基准为"沪深 300 指数 ×80%+ 中证全债指数 ×20%"，说明该基金受到大盘沪深 300 指数的影响较大。

此时想要查看该基金的业绩表现情况，就要将该基金的收益与大盘走势进行比较。如图 2-10 所示为天天基金网中广发多元新兴股票基金收益率与沪深 300 大盘从 2019 年 5 月至 10 月的走势对比。

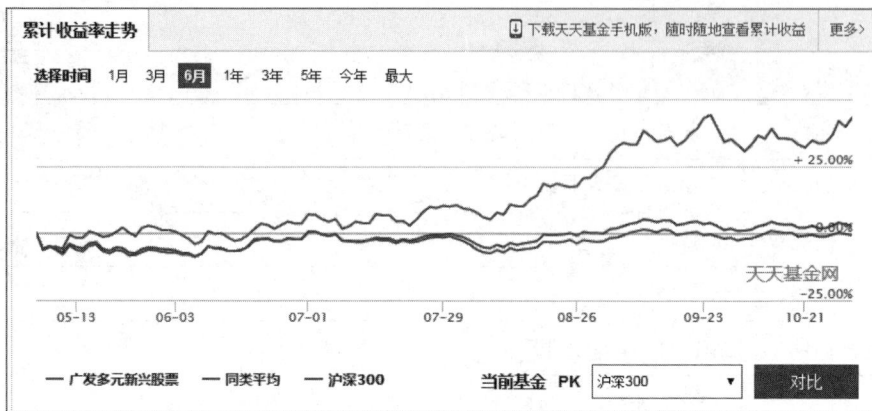

图 2-10　广发多元新兴股票基金收益率与沪深 300 大盘走势对比

从上图可以看到，该基金近半年来的收益率走势始终位于沪深 300 指数的上方，8 月中旬开始二者的间幅逐渐增大，说明该基金业绩表现良好，收益稳定，值得投资考虑。

NO.011　与同类基金业绩进行比较

基金的类型多种多样，投资者不应将不同类型的基金进行比较，更不应将不同基金间的收益进行比较。但投资者可以将同一类的基金放在一起，对其收益进行比较。

如果投资者购买的基金在同类型的基金中收益较高，那么说明该基金的业绩在同类基金中位居前列。如果投资者购买的基金在同类型的基金中收益处于中下游，那么投资者可以考虑赎回基金或转换为其他基金。

因此投资者在购买基金后，不能只关注自己持有的基金的收益情况，还应实时关注同类型中其他基金，进行动态比较，这样才能看出自己所持基金的好坏，从而调整投资策略。

与同类基金的业绩比较主要有两种常见的方法，即业绩走势比较和排名比较，下面我们以具体的实例来查看。

实例分析

工银医药健康股票 C(006003) 与同类基金的比较分析

工银医药健康股票 C 是一只高风险高收益的股票型基金，基金的基本概况如图 2-11 所示。

图 2-11　工银医药健康股票 C 的基本概况

从该基金的基本概况可以看到，该基金的业绩表现较好，不管是从短期收益率还是长期收益率来看，该基金都呈现出稳定上涨的趋势。虽然如此，但是还不能马上判断该基金是否是一只业绩优质的基金。因为该基金属于股票型基金，受到大盘的影响较大，如果大盘行情较好，那么盘内的大部分股票型基金都会表现出业绩上涨的情况，这与基金的操作关系不大。

所以此时，我们还要查看该基金在同类基金中的业绩表现情况，属于什么水平。首先查看该基金在同类基金中的排名情况，如图 2-12 所示。

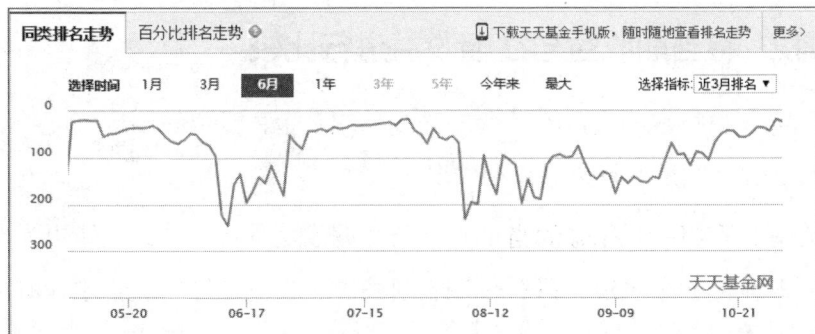

图 2-12　工银医药健康股票 C 在同类基金中的排名走势

从图中可以看到，在同类 1200 多只基金中，该基金始终排名前 300，甚至出现排名前 20 的情况，整体来看该基金的业绩在同类基金中表现优异。

其次，还要查看该基金与同类基金的平均业绩比较情况，如果该基金的业绩低于同类平均业绩，说明该基金业绩表现较差，但如果该基金的业绩远远大于同类基金的业绩，说明该基金的业绩表现优异。如图 2-13 所示为工银医药健康股票 C 与同类基金的平均业绩走势比较情况。

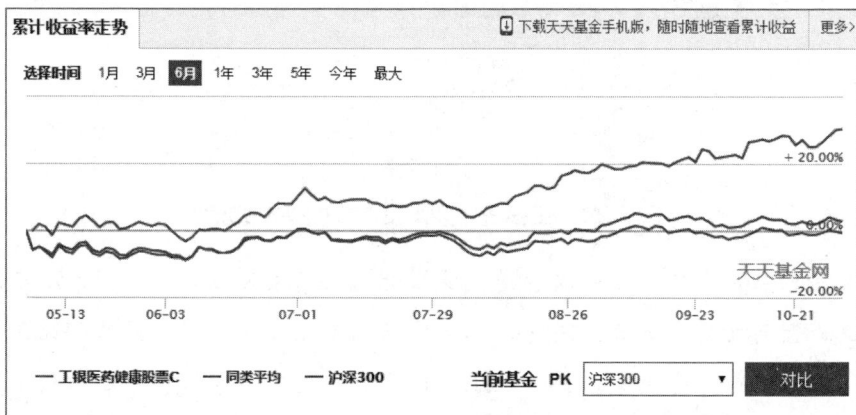

图 2-13　工银医药健康股票 C 与同类基金的平均业绩走势对比

从上图可以看到，工银医药健康股票 C 的业绩走势始终位于同类基金的平均业绩之上，且二者的间幅逐渐拉大，说明该基金的业绩表现优异。

NO.012　将当期收益与往期收益进行比较

能带来长期稳定的收益的基金才是成功的基金，投资者不应过度关注基金的阶段性收益，而是看基金的长期表现。

投资者只有将一只基金的当期收益与往期收益进行比较，才能更为准确地判断出该基金的业绩表现。只有长期表现稳定、收益良好的基金才是值得购买和持有的基金。

实例分析

以长期表现决定民生加银品牌蓝筹混合基金 (690001) 是否优异

民生加银品牌蓝筹混合基金是一只中高风险的混合型基金，如图 2-14 所示为该基金的基本概况。

图 2-14　民生加银品牌蓝筹混合基金的基本概况

从基金的基本概况可以看到，该基金2019 年 10 月 31 日的当日收益为 2.3715，收益率下跌 0.32%，那么我们是不是可以就此简单地判断该只基金表现不佳，业绩不良了呢？答案自然是否定的。

了解了基金的当期收益情况后，我们不能片面地做出决定，还要从整体角度来对基金进行分析，即从基金的长期性收益情况来评估基金的表现情况。如图 2-15 所示为民生加银品牌蓝筹混合基金的长期收益走势图。

图 2-15　民生加银品牌蓝筹混合基金长期收益走势图

从 3 年的长期收益率走势中可以看出，该基金始终跟随大盘指数，随着大盘上升而上升，下降而下降，整体上表现出上涨的趋势。2019 年 1 月以来，该基金表现良好，收益表现出大幅向上拉升的走势。

另外，在 2018 年市场整体行情趋于弱市的情况，该基金虽然表现下跌，但其走势处于大盘指数和同类基金的上方，且间幅较大，说明该基金运作手法科学严谨，符合市场发展规律，投资该基金能给投资者带来可观的收益回报。

NO.013　基金研究机构的评判

投资者不是专业投资人员，不具备相关专业知识，对基金做出的评价也只是主观片面的，所以投资者应重视专业的基金研究机构对基金业绩的评判。

通过专业的基金研究机构的评判结果，投资者可以更清楚基金的收益情况，并且直观、快速地将自己所持有的基金与同类基金进行比较。其中，比较有名的是晨星基金网，该网以基金的过往业绩为基础，进行客观分析，并对基金进行评分。

晨星将每只具备 3 年以上业绩数据的基金归类，在同类基金中按照“晨星风险调整后收益”指标由大到小进行排序：前 10% 被评为 5 星；接下来 22.5% 被评为 4 星；中间 35% 被评为 3 星；随后 22.5% 被评为 2 星；最后 10% 被评为 1 星。如图 2–16 所示为晨星网的基金评价情况。

快照　业绩和风险　投资组合　购买信息　　加入观察　取消观察　组合透视　基金对比

代码	基金名称	基金分类	晨星评级(三年)	晨星评级(五年)	净值日期	单位净值(元)	净值日变动(元)	今年以来回报(%)
002521	永赢双利债券A	激进债券型基金	★★★★★	☆☆☆☆☆	2019-10-30	1.1350	0.0005	13.73
161725	招商中证白酒指数分级	股票型基金	★★★★★	☆☆☆☆☆	2019-10-30	0.9837	-0.0085	80.52
260108	景顺长城新兴成长混合	激进配置型基金	★★★★★	★★★★★	2019-10-30	1.8440	-0.0110	70.43
162605	景顺长城鼎益混合(LOF)	激进配置型基金	★★★★★	★★★★★	2019-10-30	1.7770	-0.0130	68.77
159928	汇添富中证主要消费ETF	股票型基金	★★★★★	★★★★★	2019-10-30	3.0560	-0.0166	68.16
110022	易方达消费行业股票	股票型基金	★★★★★	★★★★★	2019-10-30	2.8960	-0.0260	62.33
160222	国泰国证食品饮料行业指数分级	股票型基金	★★★★★	☆☆☆☆☆	2019-10-30	1.0828	-0.0083	62.37
000248	汇添富中证主要消费ETF联接	股票型基金	★★★★★	☆☆☆☆☆	2019-10-30	2.0326	-0.0105	64.01

图 2-16　晨星基金网评分

需要注意的是，任何的基金研究机构的目的都是帮助投资人找出值得进一步研究的基金，而不是代表买卖基金的建议。

2.4 基金招募说明书

在发起募集基金时，基金公司都会公布自己的招募说明书，而且随着时间的推移，会对招募说明书进行更新。基金的具体信息及投资的相关注意事项都会在招募说明书中体现。

NO.014 利用招募说明书了解基金历史业绩

基金招募说明书的内容与投资者的投资行为紧密相关，如图 2-17 所示为中欧明睿新起点混合型证券投资基金的招募说明书目录图。

第一部分　绪言 6
第二部分　释义 7
第三部分　基金管理人 11
第四部分　基金托管人 20
第五部分　相关服务机构 25
第六部分　基金的募集 37
第七部分　基金合同的生效 38
第八部分　基金份额的申购与赎回 39
第九部分　基金的投资 49
第十部分　基金的业绩 63
第十一部分　基金的财产 65
第十二部分　基金资产的估值 66
第十三部分　基金的收益分配 71
第十四部分　基金的费用与税收 73
第十五部分　基金的会计与审计 75
第十六部分　基金的信息披露 76
第十七部分　风险揭示 82
第十八部分　基金的合并、基金合同的变更、终止与基金财产的清算 85
第十九部分　基金合同的内容摘要 87
第二十部分　基金托管协议的内容摘要 88
第二十一部分　对基金份额持有人的服务 89
第二十二部分　其他应披露事项 90
第二十三部分　招募说明书的存放及查阅方式 92
第二十四部分　备查文件 93
附件一　基金合同内容摘要 94
附件二　基金托管协议内容摘要 110

图 2-17　基金招募书目录

　　基金招募说明书会在内容中对影响投资者投资判断的一切信息进行披露，具体包括基金管理人与托管人的情况、基金的销售渠道、基金的申购与赎回方式及费率、基金的投资目标、收益分配方式和会计核算原则等。

　　招募说明书对基金投资者的重要性是显而易见的，投资者可以通过招募说明书了解基金的详细信息与历史业绩。

NO.015　了解基金的风险

　　基金的风险是投资者比较关心的部分，也是招募说明书中较为重要的部分。基金的投资风险总是由投资者来承担，所以投资者必须对这部分有明确的认识。

　　基金公司会在招募说明书中详细说明基金投资的潜在风险，通常会从管理风险、流动性风险、市场风险、信用风险等多方面进行说明。如图2-18所示为中欧明睿新起点混合型证券投资基金风险揭示的部分内容。

第十七部分　风险揭示
本基金为混合型基金，其预期收益及预期风险水平高于债券型基金和货币市场基金，但低于股票型基金，属于较高预期收益和预期风险水平的投资品种。
一、市场风险
金融市场价格受经济因素、政治因素、投资心理和交易制度等各种因素的影响，导致基金收益水平变化，产生风险，主要包括：
1.政策风险
货币政策、财政政策、产业政策和证券市场监管政策等国家政策的变化对证券市场产生一定的影响，可能导致市场价格波动，从而影响基金收益。
2.利率风险
金融市场利率波动会导致股票市场及利息收益的价格和收益率的变动，同时直接影响企业的融资成本和利润水平。基金投资于股票和债券，收益水平会受到利率变化的影响。
3.信用风险
指基金在交易过程发生交收违约，或者基金所投资债券之发行人出现违约、拒绝支付到期本息，或者上市公司信息披露不真实、不完整，都可能导致基金资产损失和收益变化。
4.通货膨胀风险
由于通货膨胀率提高，基金的实际投资价值会因此降低。
5.再投资风险

再投资风险反映了利率下降对固定收益证券和回购等利息收入再投资收益的影响。当利率下降时，基金从投资的固定收益证券和回购所得的利息收入进行再投资时，将获得比以前少的收益率。
6.法律风险
由于法律法规方面的原因，某些市场行为受到限制或合同不能正常执行，导致基金资产损失的风险。
二、管理风险
在基金管理运作过程中基金管理人的知识、经验、判断、决策、技能等，会影响其信息的占有和对经济形势、证券价格走势的判断，从而影响基金收益水平。因此，本基金可能因为基金管理人和基金托管人的管理水平、管理手段和管理技术等因素影响基金收益水平。
三、流动性风险
1.巨额赎回风险
若是由于投资者大量赎回而导致基金管理人被迫抛售持有投资品种以应付基金赎回的现金需要，则可能使基金资产净值受到不利影响。
2.顺延或暂停赎回风险
因为市场剧烈波动或其他原因而连续出现巨额赎回，并导致基金管理人的现金支付出现困难，基金投资者在赎回基金份额时，可能会遇到部分顺延赎回或暂停赎回等风险。
四、策略风险
本基金存在投资策略风险，即本基金的业绩表现不一定领先于市场平均水平。另外，在精选个股的实际操作过程中，基金管理人可能限于知识、技术、经验

图2-18　基金的风险揭示

　　投资者在购买基金之前，应仔细阅读招募说明书中关于风险揭示的相关内

容，不同类型的基金所面临的风险不尽相同。只有充分了解基金的风险，投资者的投资才会更加理性。

NO.016　帮助投资者了解基金管理者

基金招募说明书中会对基金管理公司和基金高管的情况进行介绍，优秀的基金管理公司与投资团队是基金良好运行的保障。

招募说明书中还会介绍负责投资运作的基金经理的基本情况，包括基金经理的专业背景和从业经历等相关信息。

另一方面，招募说明书也会对基金托管人的基本情况进行介绍，主要包括托管银行的概况、人员情况、基金业务经营情况以及银行内部控制制度。

NO.017　帮助投资者制定投资计划

基金招募说明书中会详细披露基金将如何在股票、债券等多种投资品种中进行配置，这也是基金实现投资目标的具体计划。

目前市面上的多数基金，对投资组合中各类资产的配置比例都做出了明确规定，投资者在阅读招募说明书时应多加注意。因为基金的投资组合配置与投资风险息息相关，直接影响着基金投资收益。

投资者在阅读基金的投资计划后，可以对其进行借鉴，利用到自己的投资计划中，使得自己的投资计划更为科学、更符合市场规律。

NO.018　了解基金的费用

基金招募说明书会详细列明该基金的认（申）购费、赎回费、管理费与托管费用等。基金的费用相当于投资者的投资成本，也是投资者在投资前非常关注的部分，但费用的高低与基金的好坏并不存在绝对关系。有的基金费用高，可能是因为其规模小，也可能是因为基金经理实力强；有的基金费用低，可能是因为其规模庞大，也可能是因为基金公司的促销活动。

投资者在对基金费用有了一定了解后，应进行积极的对比，发现其中的规律。如图 2-19 所示为中欧明睿新起点混合型证券投资基金相关费用介绍。

二、基金费用计提方法、计提标准和支付方式
1、基金管理人的管理费
本基金的管理费按前一日基金资产净值的 1.50%年费率计提。
管理费的计算
方法如下：
H＝E×1.50%÷当年天数
H 为每日应计提的基金管理费
E 为前一日的基金资产净值
基金管理费每日计算，逐日累计至每月月末，按月支付，由基金管理人向基金托管人发送基金管理费划款指令，基金托管人复核后于次月前 3 个工作日内从基金财产中一次性支付给基金管理人。若遇法定节假日、公休假等，支付日期顺延。
2、基金托管人的托管费
本基金的托管费按前一日基金资产净值的 0.25%的年费率计提。
托管费的计算方法如下：
H＝E×0.25%÷当年天数
H 为每日应计提的基金托管费
E 为前一日的基金资产净值
基金托管费每日计算，逐日累计至每月月末，按月支付，由基金管理人向基金托管人发送基金托管费划款指令，基金托管人复核后于次月前 3 个工作日内从基金财产中一次性支取。若遇法定节假日、公休日等，支付日期顺延。

图 2-19　基金的费用计算

2.5 操作基金的时机

选择好基金公司与基金经理后，投资者还应选择好操作基金的时机。即什么时候申购基金最划算？什么时候赎回基金能使收益最大化？这些问题都是操作基金时机的关键问题。

NO.019 选择申购的时机

股票投资与基金投资大不相同，却仍然存在相似的地方。例如买卖股票讲究买卖点，即买卖时机。申购与赎回基金，同样讲究时机。选择基金申购的时机主要从以下几个方面考虑。

◆ 基金公司的促销：在基金发行时，基金公司通常会开展一系列的优惠活动，对新基金进行促销；老基金有时也会在持续营销期间进行促销，这些老基金通常是业绩较好的基金。投资者在此时购买基金，既节约了成本又降低了风险。

◆ 分析金融市场情况：金融市场的变化受到国民经济的影响，而股票市场又是国民经济的"晴雨表"。所以股市的好坏，直接影响到股票型基金的收益。通常而言，在市场经济前景乐观，金融市场平稳有序发展的情况下，是购买基金的好时机。

◆ 根据基金的募集热度进行选择：有的基金在资金募集期就受到广大投资者的追捧，募集热度非常高，而在日后的运作过程中，投资收益表现不佳；有的基金在基金募集期显得十分平常，在日后的运作过程中，却能达到较高的收益率。所以投资者应理性面对基金在募集期的热度。

NO.020 确定赎回基金的时机

基金投资是一个长期投资的过程，在基金资产运作过程中也会受到多种因素的影响。

所以选择一个恰当的赎回时机，可以减少投资者的损失，或者提高收益。

基金在长时间内表现不佳，投资者就应考虑赎回。这种行为在股市上称为"割肉"，基金投资者在面对基金亏损时，也应果断"割肉"，避免损失扩大化。

　　如果是股票型基金，在大盘指数经过长期上涨后，已经处于高位时，投资者在基金获利不少的情况下，可以选择及时赎回，保证收益，避免大盘反转下跌带来的损失。

第 **3** 章

购买基金

投资者在决定购买基金后，应先做好相关准备。首先需要准备好资料去开户，然后才能申购基金。开放式基金与封闭式基金的申购过程略有不同，投资者应引起注意。本章还会介绍购买基金的技巧，希望对投资者在购买基金时有所帮助。

3.1 购买基金前的准备

投资者购买基金之前，必须开立一个基金账户。基金账户又称为"基金TA账户"，是指注册登记人为投资者建立的用于管理和记录投资者交易的基金种类、数量变化情况的账户。

NO.001　在基金公司开立账户

基金账户用来记载投资者的基金持有以及变化情况，如果投资者决定购买某基金公司旗下的基金，首先应到该公司指定的销售网点开立基金账户。不过现在多数基金已经开通了网上开户服务，非常方便。

实例分析

华夏基金公司开户

登录华夏基金公司官网，图 3-1 所示为华夏基金官网，在该页面的右上方，单击"开户"按钮，进行基金开户操作。

图 3-1　单击"开户"按钮

此时将进入如 3-2 左图所示的页面，需要投资者对需要开户的银行进行选择，然后系统提供了两种具体的方式可供选择，分别是网银和理财中心客户开户。投资者可适合自己的方式，这里选中"中国邮政储蓄银行"单选按钮，如3-2右图所示。

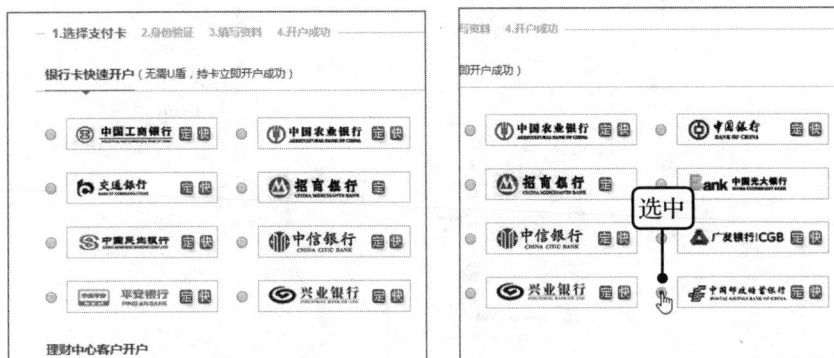

图 3-2　选择开户的具体方式

系统将自动进入图 3-3 所示的页面，需要投资者输入自己的姓名、选择证件类型、证件号码、银行卡号、银行预留手机号码。当输入完这些信息以后，选中"我已阅读并同意《华夏基金管理有限公司快易付业务协议》"复选框，单击"获取验证码"按钮。

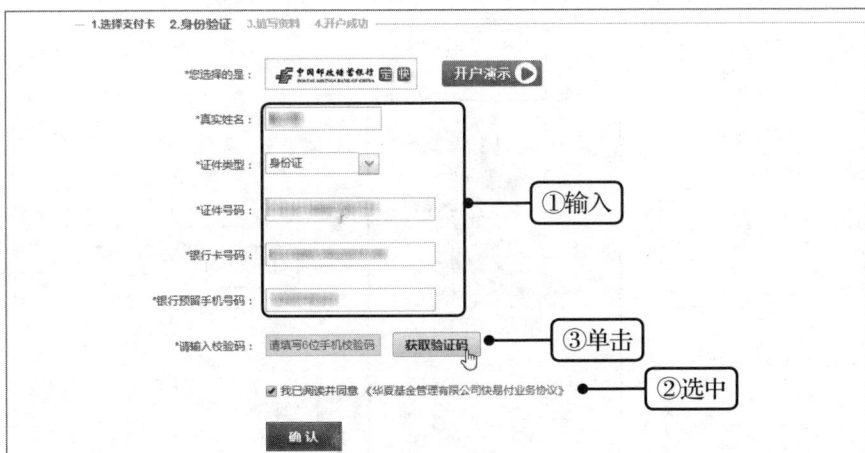

图 3-3　填写基本信息并获取验证码

当在手机上接收到由银行发送的验证码后，将其填入到"请输入校验码"文本框中，单击"确认"按钮，如图 3-4 所示。

图 3-4　填写验证码并单击"确认"按钮

　　此时系统自动进入到填写资料页面，在其中详细填写开户人的相关信息，如证件有效期、家庭住址、邮政编码、Email、职业、设置交易密码、确认交易密码等，选中"我已阅读并同意《华夏基金电子交易服务协议》和《证券投资基金投资人权益须知》"复选框（在选中该复选框之前，投资人最好单击这两个文件的超链接，在打开的页面中阅读相关协议），最后单击"提交"按钮，如图 3-5 所示。

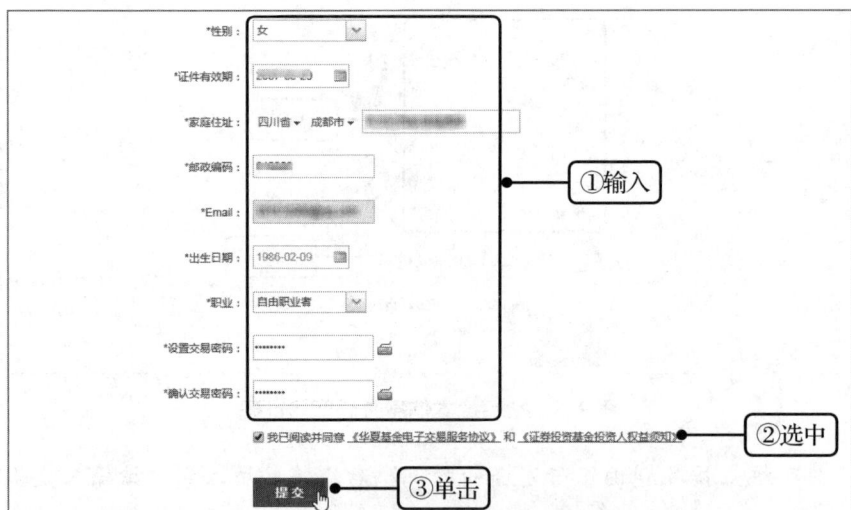

图 3-5　填写开户人的资料

稍后，程序将打开填写资料的补充信息页面，在其中确认相关信息后，选中本人确认对应的单选按钮，单击"提交"按钮，如图3-6所示。

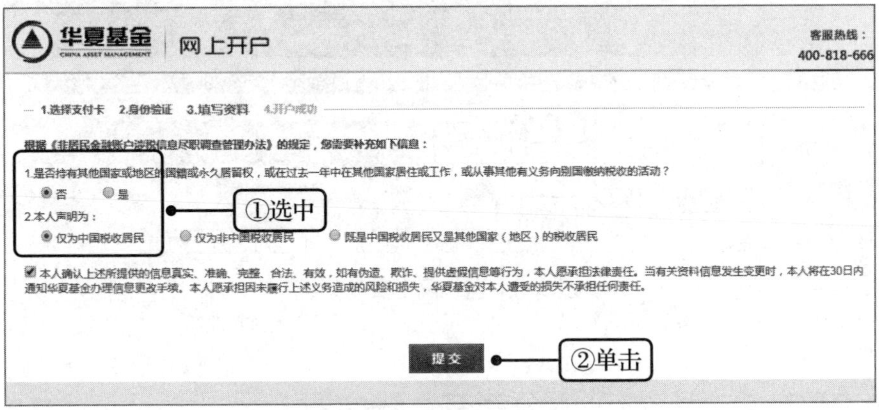

图3-6 设置补充信息

程序自动进入到开户成功页面，在其中显示网上交易开户已成功的信息，如图3-7所示。在该页面中，单击"立即登录网上交易"按钮登录到网上交易系统，登录以后可以办理新增支付账户、购买基金、定期定额等业务。

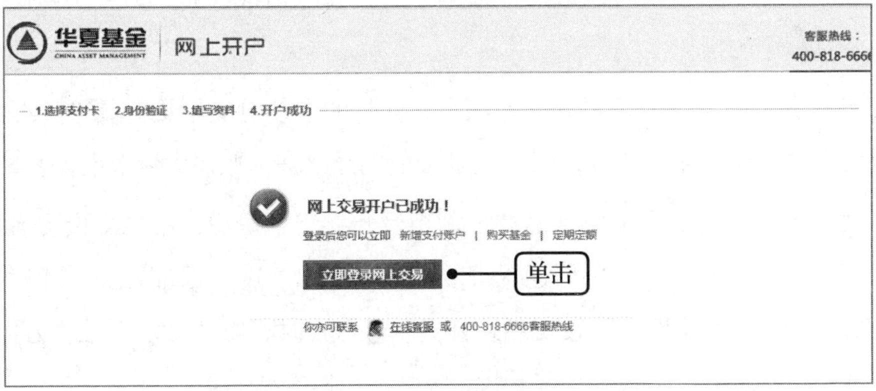

图3-7 单击"立即登录网上交易"按钮

在打开的网上交易登录页面中输入相应的登录账号和交易密码，如图3-8所示，单击"登录"按钮即可成功登录到华夏基金的网上交易系统（如果用户未开户，可在该页面右侧单击"立即开户"按钮进行开户操作）。

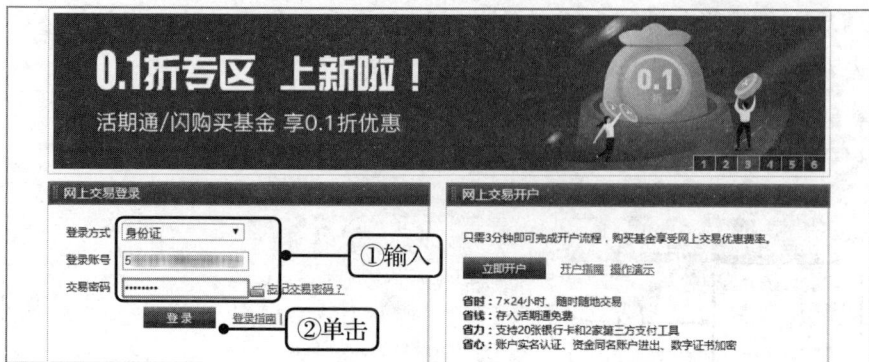

图 3-8　登录网上交易系统

NO.002　在银行或证券公司开立账户

投资者除了在基金公司开立基金账户外，还可以在银行或证券公司开立账户。其中在银行开立基金账户的程序较为简单，只需要带上身份证办理一张银行卡或活期存折，然后选择银行有代理销售权的一家基金公司开立账户即可。

在银行办理银行卡时，最好开通网上银行和电话银行业务，方便以后在基金投资过程中的操作。

当投资者在证券公司开立基金账户，面临的手续可能就更为复杂一些，尤其是没有开立股票账户的投资者。在证券公司开立基金账户大致需要两步。

第一步需要投资者亲自到证券公司柜台开立资金账户，第二步投资者需要到银行办理相应的账户后，开通银证委托，这样才能进行银证转账，随后即可在证券公司开立基金账户。投资者在开立基金账户时，应注意以下几个方面。

◆ 每个投资者只能开立一个基金账户，所以需要慎重。

◆ 已经持有证券账户的投资者，不得重复开设基金账户。

◆ 不能在异地开设基金账户。

◆ 一个资金账户对应一个基金或股票账户，且基金账户只能用于基金、国债或其他债券交易，不可用于股票交易。

办理基金账户必须本人亲自办理，不得由他人代办。

NO.003 阅读协议与进行买卖

投资者在购买基金前，应认真地阅读基金有关文件，包括招募说明书、基金合同、交易规则以及开户程序等。阅读完这些文件后，投资者就会对基金的投资方向、投资策略、投资目标、基金业绩、开户条件以及交易规则等重要信息有一个初步了解。同时对基金投资的风险、收益做出评估，并据此做出投资决策。

如图3-9所示为某基金的基金合同目录。

目 录

第一部分 前言……3
第二部分 释义……5
第三部分 基金的基本情况……10
第四部分 基金份额的发售……12
第五部分 基金备案……14
第六部分 基金份额的申购与赎回……15
第七部分 基金合同当事人及权利义务……23
第八部分 基金份额持有人大会……31
第九部分 基金管理人、基金托管人的更换条件和程序……39
第十部分 基金的托管……42
第十一部分 基金份额的登记……43
第十二部分 基金的投资……45
第十三部分 基金的财产……53
第十四部分 基金资产估值……54
第十五部分 基金费用与税收……59
第十六部分 基金的收益与分配……62
第十七部分 基金的会计与审计……64
第十八部分 基金的信息披露……65
第十九部分 基金合同的变更、终止与基金财产的清算……71
第二十部分 违约责任……73
第二十一部分 争议的处理和适用的法律……74
第二十二部分 基金合同的效力……75
第二十三部分 其他事项……76
第二十四部分 基金合同内容摘要……78

图3-9 某基金的基金合同目录

投资者在开立基金账户，仔细阅读完相关文件后就可以进行基金的买卖了，即基金的认（申）购与赎回。

通常基金的认购价为基金单位面值（1元）加上一定的销售费用，投资者可以在基金销售网点填写认购申请书，支付认购款项，然后在注册登记机构办理有关手续确认认购。

投资者在申购基金时同样需要填写申购申请书，在支付申购款项后，申购申请即生效。现在多数基金公司都提供了网上购买基金的服务，不仅为投资者提供了便利，还降低了投资费用。

当投资者需要赎回基金时，通常需要在基金销售点填写赎回申请书，当基金管理人收到赎回申请书之日起的3个工作日内，对赎回申请进行确认，并应当在接受有效赎回申请之日起7个工作日内，将赎回款项汇入投资者指定账户。

3.2 认购开放式基金

购买开放式基金与封闭式基金在运作上是有区别的。对于封闭式基金而言，基金的认购与申购是同一个行为，都是指在基金发起时，募集资金期间进行买入的投资行为。

NO.004　提供资料

基金的认购与申购主要是针对开放式基金而言，在新基金成立时投资者进行购买的就称为认购开放式基金，在基金成立后投资者再进行购买的称为申购开放式基金。下面我们就对如何在实战中认购开放式基金进行讲解。

开放式基金通常不在交易所挂牌上市交易，而是通过银行、证券公司等销售网点进行直接销售，所以投资者可以到相关销售网点办理开放式基金的认购、申购以及赎回业务。

其中，个人投资者在申请开户时需要提供以下资料。

- 本人身份证件，且无损坏。

- 代销网点当地城市的本人银行活期存折或银行卡。

- 正确填写的《基金账户开户申请表》。

当机构投资者打算开立基金账户时，可以到基金管理公司直销中心或其代销网点办理开户手续，同时需要提供以下资料。

- 正确填写的《基金账户开户申请书》。

- 企业法人营业执照副本原件及复印件，事业法人、社会团体或其他组织须提供民政部门或主管部门颁发的注册等技术原件及复印件。

- 《法人授权委托书》及加盖预留印鉴的《预留印鉴卡》。

- 指定银行账户的《开立银行账户申报表》原件及复印件。

- 前来办理开户申请的机构经办人身份证原件。

NO.005　认购过程和确认

投资者在认购过程中仍需要提供相关资料，具体如下：

①本人身份证件。

②基金账户卡（投资者在开户时代销网点当场发放）。

③代销网点当地的本人银行卡。

④正确填写的《代销基金认购申请表（个人）》。

机构投资者在直销中心认购时，需要提供以下资料：

①正确填写的《认购申请书》。

②基金账户卡。

③划付认购资金的贷记凭证回单复印件或电汇凭证回单。

④前来办理认购申请的机构经办人身份证原件。

投资者在提交上述资料后就完成了基金的认购，投资者可以在基金成立之后向各基金销售公司咨询认购结果，同时可以到各基金销售网点打印成交确认单。同时，基金管理人将在基金成立之后按预留地址将《客户信息确认书》和《交易确认书》邮寄给基金投资者。当投资者确认基金认购后，就完成了开放式基金认购的全过程。

3.3 申购开放式基金

开放式基金在成立后，会进入一段短暂的封闭期，通常为 3 个月。在这段时间内，基金可以接受申购申请，但不接受赎回申请。类似的规定一般会在招募说明书或基金合同中写明。

NO.006　申购流程

申购开放式基金是指投资者申请购买已经成立的开放式基金的投资行为，基金的申购不仅可以通过书面形式，也可以通过网络完成申购。基金管理人在收到投资者的申购申请时，应按当日公布的基金单位净值加上一定的申购费用作为申购价格。开放式基金申购的具体流程如下。

①提出申购的投资者必须根据基金销售网点规定的手续，在工作日的交易时间段内向基金销售网点提出申购申请，并正确填写《申购申请表》。

②销售网点接受申请表和账户卡对其审核合格后，在网点录入信息并冻结申购款，同时将信息上传至基金公司进登记，随后向网点下传申购确认信息。

③基金管理人以受到申购申请的当天作为申购日，并在两个工作日内对申购进行确认。申购成功，则将申购款划至基金托管人账户，如果申购失败，申购款则会退还。

NO.007　申购注意事项

投资者在填写《申购申请表》时，一定要注意填写项目的具体含义。例如选择采取一次性投资还是定额定期投资，孰好孰坏因人而异。前者需要一次性投入大量资金，对资金有限的投资者不利；后者采取定期从投资者的资金账户中划出部分资金用于申购，对资金有限的投资者有利。但多数基金对于一次性申购金额较大的投资者都会有费用优惠，这时资金宽裕的投资者便能得到这个好处。

此外投资者在选择现金分红还是红利再投资时，也应谨慎考虑。如果选择现金分红，基金每次分红后，投资者都可以拿到现金，同时也可能错失投资机会；如果选择红利再投资，基金每次分红后，投资者见不到真实的收益。

投资者在购买基金后，应将申购的确认凭证保存好，作为自己的投资记录。投资者在申购基金时应注意，基金代销网点的申购起点通常低于基金直销网点，所以投资者应根据自己的资金量选择到代销网点或是直销网点去申购基金。

NO.008　拒绝或停止申购

开放式基金随着运作时间的变长，资金规模也越变越大。当开放式基金达到一定规模时，基金管理公司可以选择将基金封闭，在封闭期间只接受赎回申请，不再接受申购申请，这就是开放式基金的自行封闭。

在我国的基金市场中，基金规模并非越大越好，目前我国在既定的股市流动市值规模下，基金规模有一个相对最优数值。

不同的基金经理都有其擅长领域，当基金规模迅速增长，基金经理不得不把超额的资金投在他不熟悉的投资区域中，对基金的投资收益造成负面影响。实战经验表明，基金规模过大，在实战操作中难以维持良好的业绩表现。

当资金规模巨大的股票型基金准备投资买入某股票时，市场很快就会得到反馈信息，该基金的投资计划尚未完成，股票价格就被市场投资者哄抬至高位，使得该基金的计划泡汤。

基金公司面对基金规模过大的问题只能采取自行封闭的办法，同时发行新的基金，吸引投资者的资金。

开放式基金自行封闭后，并不是变成封闭式基金。基金公司会视市场情况而重新开放。

3.4 赎回开放式基金

当开放式基金仍在运营期间，持有基金份额的投资者要求基金管理人购回其持有的基金份额的行为，称为基金的赎回。基金的赎回可以用书面形式或其他认可的方式进行，例如通过网络、电话等。

NO.009　赎回基金的条件

开放式基金可办理赎回的时间为证券交易所交易日内的交易时间，即一个交易日里的 9:30 ~ 11:30 和 13:00 ~ 15:00。在这个时间段内，投资者可以使用多种方式，如书面、电话、传真、网络等形式对基金进行赎回操作。

当赎回申请的时间在当日 15:00 之前，将以当日收盘后公布的基金净值进行计算；赎回申请的时间在 15:00 之后，则以下一交易日收盘后公布的基金净值进行计算。

赎回基金需要满足一定的条件，附加赎回条件是保障开放式基金日常运营稳定的重要手段，主要是为了避免巨额赎回带来的风险。基金的赎回条件通常在招募说明书或基金合同中都会写明，具体内容如下。

时间条件。新基金在发行后，募集到一定的资金，通常要求基金在运作 3 个月以上，才接受投资者的赎回申请。另一方面，对可赎回日期也有限制，多数基金不是每个工作日都可以赎回，一般在每周或每个月固定几个日期为开放日。对赎回款到账日期也有限制，即基金管理人在赎回日收到赎回申请后，会在 5 ~ 7 个工作日内向投资者支付赎回款。

额度条件。开放式基金经常会面临巨额赎回风险，所以在发行时会设置赎回的额度条件来应对风险。通常情况下，基金不会刻意限制投资者的赎回额度，只有当赎回的总量超过一定的比例时，才会做出特殊要求。

费用限制。设置赎回费用限制是为了让投资者不在买入基金后短期内就赎回，主要目的是保障基金公司的利益。所以投资者在赎回基金时，通常需要缴纳一定的赎回费用。赎回费用不是一成不变的，通常随着投资者持有基金的时间变长而有所降低。

NO.010　赎回基金的流程

开放式基金的赎回流程与其申购流程相似，又存在不同的地方，具体如图 3-10 所示。

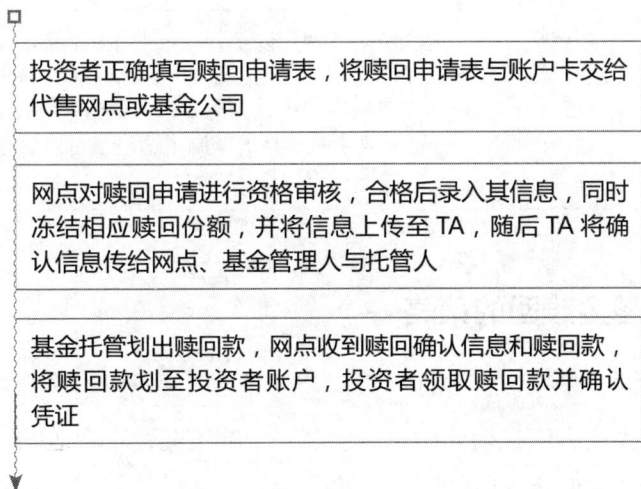

投资者正确填写赎回申请表，将赎回申请表与账户卡交给代售网点或基金公司

网点对赎回申请进行资格审核，合格后录入其信息，同时冻结相应赎回份额，并将信息上传至 TA，随后 TA 将确认信息传给网点、基金管理人与托管人

基金托管划出赎回款，网点收到赎回确认信息和赎回款，将赎回款划至投资者账户，投资者领取赎回款并确认凭证

图 3-10　开放式基金赎回流程

NO.011　基金的巨额赎回

当开放式基金在单个开放日内，基金净赎回申请超过基金总份额的10%时，就称为巨额赎回。出现巨额赎回，基金通常会采取延期支付的方式，同时基金管理人应通过多种形式，在招募说明中规定的时间内告知赎回申请的投资者，且通知的时间最长不能超过3个交易日。

面对基金的巨额赎回，基金管理人可以根据基金当前的资产组合状态选择全额赎回、部分延期赎回或暂停赎回。具体内容如表3-1所示。

表3-1

赎回方式	说　明
全额赎回	基金管理人认为基金当前有能力兑付投资者的全部赎回申请时，应按照正常赎回流程，对投资者的赎回申请进行处理
部分延期赎回	当某个开放日内赎回申请比例大于基金总份额的10%时，基金公司可以对超过10%的部分进行延期办理。对于当日的赎回申请，应当按单个账户赎回申请量占赎回申请总量的比例，确定当日受理的赎回份额。其中未受理部分可延迟至下一个开放日办理，并以该开放日当日的基金资产净值为准计算赎回金额
暂停赎回	当开放式基金连续两个或两个以上开放日发生巨额赎回，基金管理人有必要暂停接受赎回申请。发生基金合同或招募说明书中未载明的情况，但基金管理人有正当理由认为需要暂停接受赎回申请的，应当报经中国证监会批准。其中，确认的赎回申请最多可以延迟20个工作日处理

NO.012　基金赎回的策略

基金的赎回，是投资者进行一次基金投资的最后一步。基金的赎回次数不会太多，所以投资者应把握好时机，学习一定的策略，在合适的时机赎回，可以实现更大的投资收益。

基金赎回的策略如图3-11所示。

图 3-11　基金赎回的策略

基金赎回的五大策略具体内容如下。

◆ 准确判断市场：不管什么类型的基金，其收益总是来源于市场经济的发展。尤其是偏股型基金，其赎回的关键是观察当前股市处于牛市或是熊市。如果对未来行情走势看涨，那么投资者可以不急于赎回基金，继续持有一段时间；如果对未来行情走势看跌，那么投资者应及时赎回基金，落袋为安。

◆ 准确判断所持基金：投资者在购买基金后，不应完全将基金置之不顾，而应对基金进行深入分析。分析该基金背后的基金公司与基金经理，以及基金的投资组合、实时收益等。对于那些业绩良好，收益高于业绩基准，在同类产品中排名靠前的基金，应坚决持有；对于那些业绩差，收益低于业绩基准，在同类产品中排不上名次的基金，应及时赎回。

◆ 不能忽视手续费：投资者已经知道了赎回需要缴纳一定的费用，因此不能忽视这部分费用。赎回费通常在 0.5% 左右，投资者在赎回后进行基金再投资，又需要支付 0.8% ~ 1.5% 的申购费用，因此赎回的成本在 2% 左右。如果该基金正处于亏损状态，那么投资者在此时赎回，亏损的幅度将变得更大。

◆ 合理把握赎回时间：在股票投资中，投资者总是寄希望于"神奇的两点半"，所以当投资者购买的是偏股型基金时，更应在每个交易日的 14:30 关注大盘趋势，根据大盘走势来决定当日是否可赎回。

◆ 其他赎回方式：将高风险的基金产品转换成相对低风险的基金产品，也是一种赎回。而且这种赎回方式从收益和费用的角度看，比直接赎回更为方便划算。例如股市开始剧烈波动，偏股型基金风险加大，投资者便可以将偏股型基金转换成债券型基金或其他风险相对低的基金。

3.5 封闭式基金的操作方法

我国的封闭式基金主要采用网上定价的发行方式，多数情况下，在发行期内认购资金会大幅超过基金的发行规模，所以需要通过"配号摇签"的方式来分配基金份额。

封闭式基金的交易与股票类似，需要在证券交易所竞价交易，因此封闭式基金的操作方法与股票类似。

NO.013 封闭式基金的申购步骤

封闭式基金的申购与股市中的新股申购有一定相似的地方。投资者申购封闭式基金会有一个交易号，以此为投资者申购时的号码，在中签号公布之后，投资者可将自己的号码与中签号进行对比，看是否中签。封闭式基金的申购步骤大致如下。

办理申购。已有证券资金账户或基金账户的投资者可以直接进行申购；没有相关账户的投资者则需在当地基金销售网点开立基金账户。投资者根据自己的申购量，在基金账户中存入足够的资金，一旦申购手续开始办理，申购资金就会被冻结。

确认中签并解冻资金。若 T 日为申购日，在 T+1 日，基金公司会将申购资金划入登记结算公司账户；在 T+2 日，由登记结算公司进行验资并出具验资报告，确认为有效申购；在 T+3 日，基金公司进行摇号抽签；在 T+4 日，基金公司公布中签号码，对没有中签的申购款项进行解冻。

封闭式基金的申购规则如下。

发行方式：网上定价发行。

发行对象：中国境内自然人、法人与其他组织。

发行面值：1 元 / 份。

发行费用：0.01 元 / 份。

申购价格：1.01 元 / 份。

申购地点：上海证券交易所、深圳证券交易所。

申购单位：每份基金单位。

申购份数：每个账户申购数量不得低于 1000 份，超过 1000 份的必须为 1000 的整数倍。

申购限制：每笔申购不得超过 99.9 万份，可多次申购。

配号方式：分段配号，统一抽签。

封闭式基金申购的注意事项，具体如下：

①已开立股票账户的投资者不得再开立基金账户。

②一个投资者只能开立和使用一个基金账户，不得开立和使用多个基金账户进行申购。

③上海证券交易所的投资者必须在申购前办理完成上海证券交易所指定的交易手续，在申购委托发出后，不得撤销。

NO.014　封闭式基金的交易特点

封闭式基金因其只能在证券交易所上市挂牌交易，所以其交易价格由二级市场上的供求关系决定。封闭式基金的交易特点具体如下：

①开盘价与股票一样由集合竞价决定。

②交易方式实行 T+1，当天购买的封闭式基金只能到下一个交易日才能操作卖出。

③除了发行首个交易日外，封闭式基金每天的涨跌幅限制在 10% 以内。

④投资者在交易封闭式基金时，需要向券商支付交易佣金，佣金费率由券商与投资者协商确定，不得高于成交金额的 3‰。

⑤封闭式基金交易不必支付印花税。

⑥实行指定交易制度，投资者开户的证券营业部是其买卖封闭式基金的唯一交易地点。如果投资者想在其他营业部交易，需要办理相应的转托管手续。

⑦封闭式基金的最小交易单位为 100 基金单位。

⑧在提交封闭式基金的买卖委托时，委托价格应以 1 基金单位为计价单位，申报价格的最小单位为 0.0001 元。

3.6 购买基金的技巧

投资者在了解购买基金的程序之后，就可以开始按程序进行基金购买了。投资者在购买基金时还可以学习掌握一些技巧，用于节约基金投资的成本。下面我们就详细介绍购买基金的技巧。

NO.015　网上银行申购

从历史数据来看，通过银行渠道销售的开放式基金占全年总额的 60%，另外基金公司直销渠道占 30%，券商渠道占 10%。银行为什么能成为基金的"销售之王"呢？答案便是网上银行。

在网上银行购买基金，不仅可以省去交通、排队的时间，而且还比在柜台购买更便宜。

各银行间为了争夺网上银行的客户资源，经常会进行一些打折优惠活动。另一方面，基金公司也因网上银行销售规模大，主动与银行合作，采取网上银行申购打折的方式来吸引投资者。

网上银行申购的优点如图 3-12 所示。

1	节约手续费
2	投资者管理操作更方便快捷
3	申购基金不受时间的限制
4	申购基金不受到地区的限制

图 3-12 网上银行申购的优点

投资者应注意的是，当前多数基金的申购费率在 1.2% ~ 1.5%。投资者应先将网上银行申购费率与销售网点申购费率进行比较，选择适合自己的申购方式。

NO.016 基金的网上直销

基金的销售方式主要有直销和代销两种。在基金公司直接购买就称为直销，这种方式投资者享受不到优惠。代销主要是指在银行或证券公司网点购买基金，投资者也无法享受优惠。

网上直销与上述方式都不相同，网上直销是指投资者直接登录基金公司官方网站购买基金。这种申购方式的优惠幅度较大，申购费率最低可以降到 4 折。

但网上直销也有局限性，即基金公司在自己的官网上只会销售本公司的基金产品，投资者若需要购买多个公司的基金产品，则需登录不同公司的网站，操作较为麻烦。

网上直销除了申购费率上的优惠之外，对准入门槛也有大幅降低。一般的开放式基金的最小申购单位都是 1 000 元。但是通过网上直销的方式购买基金，最小的申购单位则不同，其中股票型基金的最小申购单位为 100 元，货币型基金的最小申购单位为 1 元。网上直销大大地降低了基金投资的准入门槛，提高了基金投资者的投资热情。

随着基金投资得到越来越多投资者的认可，基金公司也不断开拓新的交易模式，"第三方支付平台"就是其中之一。

NO.017　在促销活动时申购基金

由于基金投资得到越来越多投资者的青睐，基金公司也随之推出更多的基金产品，各个基金公司、代销银行之间的竞争不断加剧，使得基金公司和银行不得不采取各种促销活动来吸引投资者。

在基金的日常开放日申购基金，申购费率通常为 1.2% ~ 1.5%。促销活动中则要便宜不少。基金促销的方式五花八门，如新基金发行、节假日互动、基金公司与银行合作推出的其他促销方式等。

通常情况下，基金公司在进行促销活动之前，都会向投资者发出相关的公告，将促销活动的具体内容公示给广大投资者，保证投资者的权益。

站在投资者的角度来说，在购买基金前，可以先到银行柜台进行咨询，同时也要关注基金公司的最新动态。除了选择基金产品类型之外，合理选择基金购买的时间，也可以为投资者带来一定的收益。

投资者在促销活动期间购买基金，应重点关注促销活动的具体内容，注意自己选购基金的经营情况，不要错过了优惠期限，也不能因为申购费率低而盲目申购。

NO.018　坚持长期定投

长期定投是指投资者在每个月或每段固定时间内进行定额的投资，并且在长时间内保持，这也是投资者有效管理资产的方法之一。长期坚持定投可以达到"小钱变大钱"的效果，同时投资者进行长期定投比普通申购成本更低、更实惠。

普通的申购，投资者需要在每一次申购时缴纳申购费，在赎回时仍需要缴纳赎回费；投资者在赎回后进行基金再投资，仍需要缴纳申购费。如此赎回申购，不断反复的过程中产生的费用将会达到一个惊人的数字。选择长期定投则可以避免这些问题，在长期投资的过程中，申购与赎回费用只有一次。

基金公司对长期定投通常是持鼓励的态度，会开展一些特殊的优惠。例如，在申购时就降低申购费用，当长期定投的投资者持有基金达到一定时间后，仍可减免申购费。

长期定投的优点主要有以下几点：

①适合范围广泛，普通大众都可以采用。

②因为持有基金时间越长，申购费用越低，所以降低了投资成本。

③长期定投将投资分成多个周期，有效地分散了投资风险。

NO.019　明确基金的后端收费

基金按照缴纳申购费时间不同，可以分为前端收费和后端收费两类。前端收费是指投资者在购买开放式基金的同时支付申购费的付费方式；后端收费是指投资者在购买开放式基金时并不支付申购费，而是等到赎回时才支付费用的付费方式。

后端收费主要为了鼓励投资者长期持有基金，因此后端收费的费率会随持有基金时间的增长而递减，甚至有的基金公司规定持有基金到一定期限后，后端收费的申购费可以完全免除。

　　但后端收费并不适合所有的投资者，因为有的投资者持有基金时间短或无法确定持有时间，只能选择前端收费。但后端收费对于长期投资和基金定投的投资者来说，则是节约成本的有效方法。

　　在基金投资中，并不是所有的基金都支持后端收费，如果投资者点击单个基金逐个查看是一件非常烦琐的事情,好在如今很多的基金网都可以直接查看。以天天基金网为例，投资者登录自己的基金账户，在基金导购页面中单击"后端申购基金"按钮，就可以直接查看到后端收费基金列表，如图 3-13 所示。

图 3-13　后端收费基金列表

第 **4** 章

开始投资股票型基金

股票型基金将大部分基金资产投资于股票市场，在承担较大风险的同时，也给投资者带来更多的收益。所以股票型基金总会受到基金投资者的热捧，投资者在购买股票型基金后应多关注基金的运营情况，同时也需要紧密关注股票市场的变化。本章主要介绍股票型基金的相关基础知识。

4.1 股票型基金的定义与分类

股票型基金就是将广大投资者的资金汇集起来，由基金管理人投资到股票市场中，通过基金管理人专业的投资运作，获取股票红利或差价收益。

NO.001　股票型基金的定义及类型

股票型基金是指将基金资产的 60% 以上投资于股票的基金。股票型基金以追求长期的资本增值为目标，比较适合长期投资。与其他类型的基金相比，股票型基金的风险更高，但收益也相对更高。

股票型基金提供的是一种长期的投资增值性，可供投资者用来满足教育支出、退休后日常支出等远期支出的需求。与房地产一样，股票型基金是应对通货膨胀的有效手段。

股票型基金可以根据所在市场、规模、性质、投资风格以及所属行业进行分类。一只股票可能同时具有两种以上的属性，同理，一只股票型基金也可以被归为不同的类型。

◆　按投资市场分类

按投资市场的不同，股票型基金可以分为国内股票型基金、国外股票型基金与全球股票型基金三大类。主要内容如图 4-1 所示。

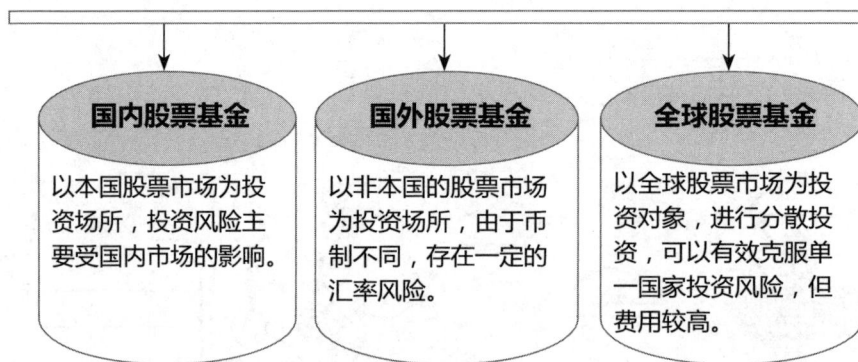

国内股票基金
以本国股票市场为投资场所，投资风险主要受国内市场的影响。

国外股票基金
以非本国的股票市场为投资场所，由于币制不同，存在一定的汇率风险。

全球股票基金
以全球股票市场为投资对象，进行分散投资，可以有效克服单一国家投资风险，但费用较高。

图 4-1　按投资市场分类

国外股票基金可进一步分为单一国家型股票基金、区域型股票基金、国际股票基金三种类型。单一国家型基金以某一国家的股票市场为投资对象，以期分享该国股票投资的较高收益，但会面临较高的国家投资风险；区域型股票基金以某一区域内的国家组成的区域股票市场为投资对象，以期分享该区域股票投资的较高收益，但会面临较高的区域投资风险。

◆ 按股票规模分类

股票按市值大小可分为小盘股、中盘股与大盘股。同理，按基金投资的股票规模大小可以将基金分为中小盘股基金与大盘股基金两大类，具体内容如图4-2所示。

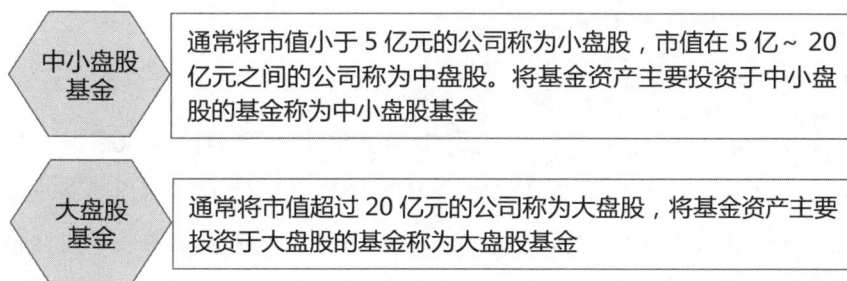

中小盘股基金　｜　通常将市值小于5亿元的公司称为小盘股，市值在5亿～20亿元之间的公司称为中盘股。将基金资产主要投资于中小盘股的基金称为中小盘股基金

大盘股基金　｜　通常将市值超过20亿元的公司称为大盘股，将基金资产主要投资于大盘股的基金称为大盘股基金

图4-2　按股票规模分类

下面我们通过两个例子，分别对中小盘股基金和大盘股基金进行实战讲解。

如易方达中小盘股票基金，投资于中小盘股票的资金比例占基金总资产的92%，投资债券的资金比例占4%，银行存款占2%，其他资产占2%。其在2014年的收益率为30%。

如华夏大盘精选股票基金，投资于大盘股票的资金比例占基金总资产的87%，另外银行存款占6%，投资债券占4%，其他资产占3%。其在2014年的收益率为6%。

◆ 按股票性质分类

根据股票性质的不同，通常可以将股票分为价值型股票与成长型股票，具体介绍如图4-3所示。

价值型股票
价值型股票是指那些收益稳定、价值在短期内被低估、安全性较高的股票，因为业绩优秀且稳定，所以其市盈率、市净率通常较低

成长型股票
成长型股票是指收益增长速度快、发展潜力大的股票，其市盈率、市净率通常较高

图 4-3　按股票性质分类

所以，我们将专注于价值型股票投资的股票基金称为价值型股票基金；将专注于成长型股票投资的股票基金称为成长型股票基金。同时投资于价值型股票与成长型股票的股票基金称为平衡型基金。

◆　按投资风格分类

基金资产在不同的基金管理人手中会呈现出不同的投资风格，人们常常会根据基金所持有的全部股票市值的平均规模与性质的不同而将股票型基金分为不同投资风格的基金。因此基金的分类与规模和投资风格有关，具体分类如表 4-1 所示。

表 4-1

投资风格	基金类型
规模较小	小盘成长、小盘平衡、小盘价值
规模中等	中盘成长、中盘平衡、中盘价值
规模庞大	大盘成长、大盘平衡、大盘价值

◆　按行业分类

以某一特定行业或板块为投资对象的基金就是行业股票基金，因此股票基金又可以根据投资的行业不同进行分类，如房地产基金、非银行金融基金、科技股基金等。

其中较为特殊的是金融地产行业股票基金，该基金以金融业与地产业的股票为主，辅以其他行业的股票。下面我们通过例子来看不同行业基金有些什么不同。

如工银瑞信金融地产行业投资基金，成立于 2013 年，其投资于金融业的资金比例占总资产的 50%；投资于地产业的资金比例占 18%；信息软件业 7%；制造业 3%。

如易方达医疗保健行业股票型证券投资基金，成立于 2011 年，其投资于医疗保健行业股票的资金比例不低于总资产的 85%。其投资收益在成立以来总计 26%，业绩基金基准为 27%。

如鹏华中证国防指数基金，成立于 2014 年，投资于国防指数成分股及其备选成分股的比例不低于基金资产净值的 90%，且不低于非现金基金资产的 80%，其投资收益在 2015 年 1 月至 7 月以来达到 54.29%。

可见基金将大部分资产集中投资于某一行业，面临的风险是非常大的。而将基金资产分散投资于不同行业，则有利于分散风险，获取稳定收益。除非特别看好某一行业的发展前景，否则投资者不宜过多买入单一行业股票基金。

NO.002 股票型基金的 5 个特点

因为股票型基金的投资对象为股票，所以在投资过程中大致有 5 个特点，具体如表 4-2 所示。

表 4-2

特点	说 明
投资多样性	与其他类型的基金相比，股票型基金的投资对象具有多样性、投资目的也具有多样性。如可以通过投资高成长的股票达到高收益的目的；也可以通过投资大盘蓝筹股达到稳定收益的目的
分散风险	与投资者直接将资金投资于股票市场相比，购买股票型基金具有分散风险、费用较低的特点。对于一般投资者而言，个人的资金总是有限的，难以通过分散投资来降低投资风险。但购买股票型基金，投资者不仅可以分享各类股票的收益，而且可以通过股票型基金将风险分散到各类股票上，大大降低投资风险

续表

特点	说　明
流动性强	从资产流动性来看，股票型基金具有流动性强、变现能力强的特点。因为股票型基金主要投资于流通性好的股票，所以基金资产质量高、变现能力强
收益可观	对投资者来说，股票型基金有经营稳定、收益可观的特点。通常情况下，股票型基金的风险比股票投资的风险低，因而收益较稳定。且投资对象为股票，收益相对于债券、货币等金融工具要高得多
国际融资功能	股票型基金具有在国际市场上融资的功能，投资者可以通过购买股票型基金，对其他国家或地区的股票市场进行投资，例如美国、欧洲等发达国家，也可以投资于印度、巴西等新兴市场，从而对证券市场的国际化产生积极的推动作用

NO.003　在网上查看股票型基金的信息

投资者对股票型基金产生兴趣之后可以在网上查看股票型基金的相关信息。目前国内有许多大型财经门户类网站，例如东方财富网、和讯网和新浪财经等。下面以和讯网为例，对如何在网上查看股票型基金的信息进行讲解。

实例分析

通过和讯基金网查看股票型基金信息

登录和讯基金网首页，单击"金融超市"按钮，进入基金的自助选购页面，如图 4-4 所示。

图 4-4　单击"金融超市"按钮

在打开的页面中单击"股票型"按钮，设置基金筛选条件，此时页面的下方会显示股票型基金列表，且基金按照日涨跌幅从高到低自动排列，如图 4-5 所示。

图 4-5　股票型基金列表

将鼠标光标移动到目标基金的上方，页面将自动展开该目标基金的详情信息，如图 4-6 所示。

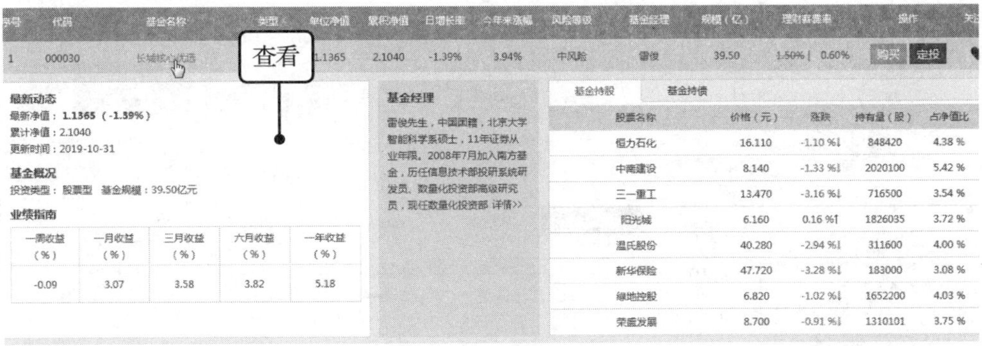

图 4-6　查看基金详情

单击基金页面中的"阶段收益"和"基金评级"选项卡，可以便捷查看基金的收益和评级情况，帮助投资者快速掌握基金的大概情况，如图 4-7 所示。

图 4-7　查看收益与评级情况

如果投资者想查看某一基金产品的具体信息，单击产品名称，即可进入该基金产品的详细信息页面，以长城久利保本（000030）基金为例。在基金产品的详细信息页面，信息量非常大，可以查看多种信息，例如净值走势、月度收益、季度收益、年度收益等，投资者可根据需要进行选择，如图 4-8 所示。

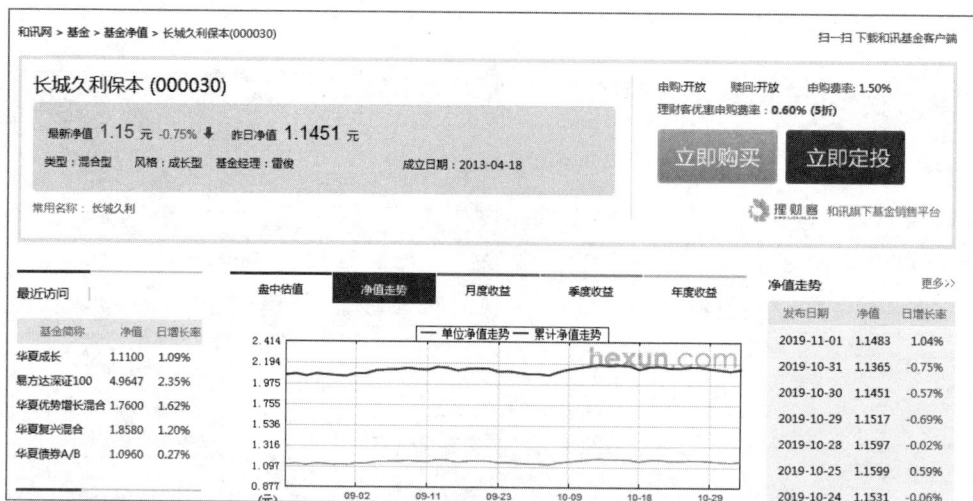

图 4-8　查看基金的详细信息

4.2 进一步了解股票型基金

股票型基金是将广大投资者的资金募集到一起，投资于股票市场，那么与投资者直接购买股票有什么区别呢？股票型基金与股票是否可以混为一谈呢？投资者在评判股票型基金时，不能仅单方面考虑收益率的影响。

NO.004　股票型基金与股票的区别

投资者直接购买股票的风险是比较大的，那么是不是购买股票型基金也有同样的风险呢？在本节的最后将对股票型基金的风险进行介绍。

投资者投资股票通常是选择一只或几只股票进行购买，而股票型基金投资股票是十只甚至几十只股票的组合。所以股票型基金与股票的区别如下。

①股票价格在一个交易日内始终处于变动之中；股票型基金的净值计算每天只进行一次，因此股票型基金的价格一个交易日只有一个。

②股票价格是受市场中买卖双方力量强弱对比的影响；股票型基金的净值不会受到市场中买卖基金双方力量强弱对比的影响。

③投资者选择股票时，会根据其公司的基本面信息对股票价格是否合理做出判断，但投资者无法对股票型基金的净值高低是否合理做出判断，因为基金净值是由其持有的证券价格复合计算而来。

④单一股票的投资风险集中，风险较大；股票型基金由于分散投资，投资风险要低于单一股票。

NO.005　分析股票型基金的指标

在投资股票时，投资者通常可以借助市盈率、市净率等技术指标对股票投资价值进行分析。同理，对股票型基金的分析也有一些常用的技术指标，如反映基金经营业绩的指标、反映基金风险大小的指标、反映基金组合特点的指标、反映基金运作成本的指标、反映基金操作策略的指标等。

◆ 反映基金经营业绩的指标

反映基金经营业绩的主要指标包括基金分红、已实现收益、净值增长率等。反映基金经营业绩指标的具体内容如下。

净值增长率。 最主要的分析指标，能全面反映基金的经营成果。简单的净值增长率指标计算公式如下。

净值增长率 =（期末净值 − 期初净值 + 期间分红）÷ 期初净值

已实现收益。 基金在当前实现的收益，如果基金只卖出有盈利的股票，保留亏损的股票，已实现收益就会很高，但基金的浮动亏损可能变得更大，因此已实现收益不能很好反映基金的经营成果。

基金分红。 对基金投资收益的派现，其大小会受到基金分红政策、已实现收益、留存收益的影响，不能全面反映基金的真实表现。

◆ 反映股票型基金组合特点的指标

依据股票型基金所持有的全部股票的平均市值、平均市盈率、平均市净率等指标，可以对股票基金的投资风格进行分析。

平均市值通常是将基金所持有全部股票的总市值除以其所持有的股票的全部数量，通过平均市值的计算和分析，可以看出基金是偏好大盘股还是中盘股，又或是小盘股。

通过计算基金所持有的全部股票的平均市盈率、市净率的大小，可以判断股票型基金倾向于投资价值型股票还是成长型股票。

如果基金的平均市盈率、平均市净率小于市场指数的市盈率和市净率，则认为该股票型基金属于价值型基金，反之，该股票型基金则属于成长型基金。

◆ 反映基金运作成本的指标

费用率是评价基金运作效率和成本的一个重要技术指标，其计算公式如下。

费用率 = 基金运作费用 ÷ 基金平均资产

费用率越低，说明基金的运作成本越低，运作效率越高。基金运作费主要包括基金管理费、托管费、销售费用等。其中不包括申购费和赎回费。

相对于其他类型的基金，股票型基金的费用率较高，因为投资运作难度大、收益高。

◆ 反映基金操作策略的指标

基金股票周转率通过基金买卖股票频率的衡量，可以反映基金的操作策略。通常它可以用基金股票交易量与基金平均净资产之比来衡量。

低周转率的基金倾向对股票的长期持有，高周转率的基金则倾向对股票的频繁买入和卖出。周转率高的基金，所需要支付的交易佣金和印花税也较高，会加重投资者的负担，对基金业绩造成影响。

NO.006　股票型基金的投资风险

股票型基金所面临的投资风险主要包括系统性风险、非系统性风险以及管理运作风险。其主要内容如图 4-9 所示。

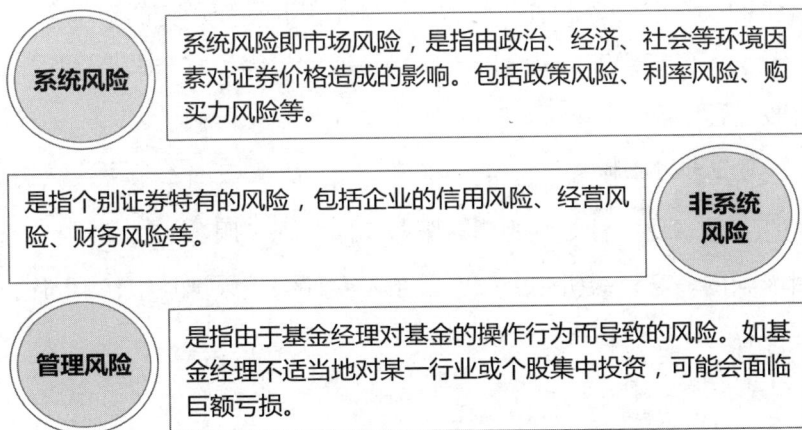

系统风险　系统风险即市场风险，是指由政治、经济、社会等环境因素对证券价格造成的影响。包括政策风险、利率风险、购买力风险等。

是指个别证券特有的风险，包括企业的信用风险、经营风险、财务风险等。　**非系统风险**

管理风险　是指由于基金经理对基金的操作行为而导致的风险。如基金经理不适当地对某一行业或个股集中投资，可能会面临巨额亏损。

图 4-9　股票型基金的风险

股票型基金的系统风险不能通过分散投资来消除，因此又称为不可分散风险；非系统风险则可以通过分散投资来消除，称为可分散风险。

　　不同类型的股票型基金所面临的风险会有所不同，如单一行业股票型基金会存在行业投资风险，而以整个市场为投资对象的基金则不会存在行业风险。

4.3 股票型基金投资策略与注意事项

　　股票型基金是一种高风险、高收益的投资产品，所以投资者在投资时一定要遵循科学的投资策略，也要了解一些投资股票型基金的注意事项。

NO.007　投资股票型基金的注意事项

　　因为股票型基金相对于其他类型的基金而言，面临的风险更大，所以投资者在购买前更应谨慎。投资者在投资时应注意以下3点。

　　◆　投资取向

　　看基金的投资取向是否适合自己，特别是没有运作历史的新基金公司所发行的新产品更应仔细观察。基金的不同投资取向代表了基金未来在运作过程中的风险与收益程度。

　　◆　基金公司的品牌

　　投资基金是享受一种专业的理财服务，因此提供服务的公司自身素质非常重要。目前国内多家评级机构会按月公布基金评级结果。其中，中国银河证券基金研究中心的评级得到广泛认可。

　　◆　老基金的口碑

　　市场中有不少基金的运营时间已经在5年以上，在长时间的运营过程中，会得到投资者或好或坏的评价，形成基金口碑。投资者在选择基金时可以借鉴该基金在投资者间的口碑。

NO.008　股票型基金的投资策略

投资者购买一只股票型基金,意味着成为该基金所投资的上市公司的股东。通过股票型基金成为上市公司的股东后,可能获得两方面利润。

①股票价格上涨的收益,即通常所说的"资本利得"。

②上市公司给股东的分红,主要以现金和派股的形式进行。

股票型基金虽然会在短期"对价"行情中落后于市场,但其长期表现看好,投资者不应对股票型基金进行频繁调整,避免因交易成本上升导致净值表现落后大盘。股票型基金的投资策略如表4-3所示。

表4-3

策略	内　容
耐心持有	投资者在购买股票型基金后,应对当前以及未来股市的走势有大致的了解。只要不是处于大熊市行情中,投资者都应耐心持有股票型基金
购买多种股票型基金	投资者在对某一只股票型基金没有十足信心时,可以将资金一分为二,同时购买两份股票型基金。如购买一份大盘蓝筹型股票型基金,一份小盘成长型股票型基金;也可以购买两个不同行业的股票型基金,达到分散风险的目的
果断赎回	投资者在对股票市场未来行情做出判断后,认为前景不容乐观,打算赎回股票型基金时,应当果断

NO.009　如何应对股票型基金的高台跳水

当股票市场迎来大行情的调整,即进入熊市行情时,股票型基金开始高台跳水。在基金净值不断缩水的情况下,投资者该如何应对呢?下面介绍几个应对股票型基金高台跳水的方法。

◆　了解部分获利,落袋为安

每逢基金市场出现大的波动,各类型的股票型基金业绩开始两极分化。一些基金乐于分红,达到一定条件就给投资者派发现金红利,有效地锁定投资收益，减小了未来可能的下跌风险。所以投资者在可以选择现金分红时应及时将收益现金化，落袋为安。

◆ 卖出老基金，买入新基金

当熊市来临时，老基金的股票投资仓位重，无法及时清仓止损，投资者应及时卖出老基金，选择购买一些仓位轻的新基金。相对的，如果股票市场处于明显上涨行情中，投资者应反向操作，果断买入老基金。

第 **5** 章

股票型基金的投资技巧

股票型基金将大部分基金资产投资于股票市场，而股票市场有着高风险高收益的特点。股票型基金虽然利用资金的规模优势和专业的管理将股票的风险降低，但作为普通的基金投资者，要想在股票型基金中稳获收益，也需要掌握一定的投资技巧，这也是尽可能扩大基民收益的不二法门。

5.1 如何选择股票型基金

广大基民在投资股票型基金之前，需要选择一只或几只股票型基金进行关注，在进一步了解之后再做出投资决策。在对股票型基金的了解之中，可以通过基金收益、基金经理以及投资风格等方面来选择适合自己的股票型基金。

NO.001　依据收益选择股票型基金

在所有类型的基金中，只有货币基金和债券基金有较为明确的预期收益率，其他类型的基金由于投资策略、投资方向、管理能力等多方面的差距，基金业绩差距很大，尤其是股票型基金。

在股票型基金内部，投资股票的行业不同，也会带来迥异的业绩表现。另外，即使投资股票的行业相同，同基金公司旗下的不同股票之间的产品收益也会不同。如图 5-1 所示为天弘基金管理有限公司旗下部分股票型基金 2019 年的受收益情况。

| 开放式基金 | 基金净值 | | 基金排行 | | | | 每个交易日16:00-21:00更新当日开放式基金净值 | | | | | |

全部　股票型　混合型　债券型　指数型　QDII

基金名称代码	链接	日期	单位净值	累计净值	日增长率 ↓	近6月	近1年	规模(亿元)	基金经理	申购状态	手续费	操作
天弘文化新兴产业 164205	吧 档案	11-01	1.6784	1.9516	2.56%	21.98%	79.45%	2.85	田俊维	开放申购	0.15%	购买
天弘中证银行指数A 001594	吧 档案	11-01	1.2524	1.2524	2.00%	6.77%	16.93%	5.16	陈瑶	开放申购	0.10%	购买
天弘中证银行指数C 001595	吧 档案	11-01	1.2391	1.2391	1.99%	6.66%	16.69%	10.95	陈瑶	开放申购	0.00%	购买
天弘沪深300指数C 005918	吧 档案	11-01	1.0735	1.0735	1.61%	3.52%	26.15%	18.26	张子法 等	开放申购	0.00%	购买
天弘沪深300指数A 000961	吧 档案	11-01	1.2109	1.2109	1.60%	3.62%	26.40%	21.93	张子法 等	开放申购	0.10%	购买
天弘上证50指数C 001549	吧 档案	11-01	1.2298	1.2298	1.53%	6.26%	25.90%	3.86	陈瑶	开放申购	0.00%	购买
天弘上证50指数A 001548	吧 档案	11-01	1.2433	1.2433	1.53%	6.37%	26.15%	7.07	陈瑶	开放申购	0.10%	购买

图 5-1　天弘基金管理有限公司旗下部分股票型基金的收益

由此可以看出，即便是同一家基金公司，不同投资对象的基金收益差距也较大，同一类型的基金在不同的基金经理的管理下，收益也会出现差距。因此，基金投资者在选择股票型基金时应选择同一类型中收益较高的产品。

投资者可以通过各大基金公司官方网站以及和讯网、好买基金网、天天基金等第三方网站全方位了解各类基金产品的收益情况再进行投资。

实例分析

在天天基金中依照股票型基金的收益情况选择基金

进入天天基金网首页，单击"基金排行"按钮，查看基金的排行情况，如图5-2所示。

图5-2　单击"基金排名"按钮

进入基金排行情况页面，单击"股票型"按钮，筛选出的股票型基金将按照近一周涨幅的情况从高到低进行排列，如图5-3所示。此时，再次单击"近一周"按钮，下方的股票型基金将根据近1周涨幅的情况按照从低到高的顺序进行排列。如果投资者想要切换到从高到低的排列顺序再次单击"近一周"按钮即可。

除了查看近一周的涨幅排行之外，系统还提供了日增长率、近1月、近6个月、近1年、近2年、近3年、今年来以及成立来，各种不同周期下的基金涨幅排行，以适应不同投资需求的投资者。

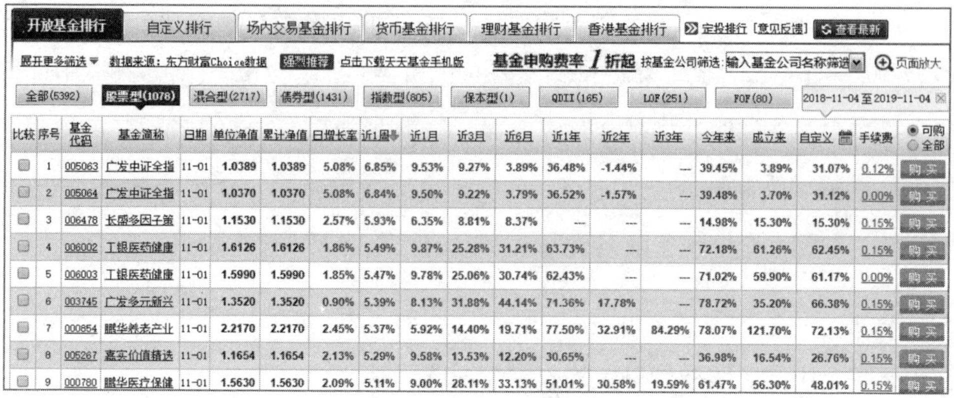

比较	序号	基金代码	基金简称	日期	单位净值	累计净值	日增长率	近1周	近1月	近3月	近6月	近1年	近2年	近3年	今年来	成立来	自定义	手续费	可购 全部
	1	005063	广发中证全指	11-01	1.0389	1.0389	5.08%	6.85%	9.53%	9.27%	3.89%	36.48%	-1.44%	---	39.45%	3.89%	31.07%	0.12%	购买
	2	005064	广发中证全指	11-01	1.0370	1.0370	5.08%	6.84%	9.50%	9.22%	3.79%	36.52%	-1.57%	---	39.48%	3.70%	31.12%	0.00%	购买
	3	006478	长盛多因子策	11-01	1.1530	1.1530	2.57%	5.93%	6.35%	8.81%	8.37%	---	---	---	14.98%	15.30%	15.30%	0.15%	购买
	4	006002	工银医药健康	11-01	1.6126	1.6126	1.86%	5.49%	9.87%	25.28%	31.21%	63.73%	---	---	72.18%	61.26%	62.45%	0.15%	购买
	5	006003	工银医药健康	11-01	1.5990	1.5990	1.85%	5.47%	9.78%	25.06%	30.74%	62.43%	---	---	71.02%	59.90%	61.17%	0.00%	购买
	6	003745	广发多元新兴	11-01	1.3520	1.3520	0.90%	5.39%	8.13%	31.88%	44.14%	71.36%	17.78%	---	78.72%	35.20%	66.38%	0.15%	购买
	7	000854	鹏华养老产业	11-01	2.2170	2.2170	2.45%	5.37%	5.92%	14.40%	19.71%	77.50%	32.91%	84.29%	78.07%	121.70%	72.13%	0.15%	购买
	8	005267	嘉实价值精选	11-01	1.1654	1.1654	2.13%	5.29%	9.58%	13.53%	12.20%	30.65%	---	---	36.98%	16.54%	26.76%	0.15%	购买
	9	000780	鹏华医疗保健	11-01	1.5630	1.5630	2.09%	5.11%	9.00%	28.11%	33.13%	51.01%	30.58%	19.59%	61.47%	56.30%	48.01%	0.15%	购买

图 5-3　近 1 周涨幅排行

通常来说，短期的收益涨幅情况不能够有效说明一只基金的获利能力，所以投资者在实际的投资参考中常常需要借助中期、长期的涨幅情况来进行分析，以判断该基金经理对基金的操控能力，只有长期稳定的保持盈利，才是好的基金产品。

NO.002　选择基金经理

在所有类型的基金产品中，股票型基金是受基金经理能力影响最大的一类基金产品。

一个有能力的基金经理可以给股票型基金带来稳定且高额的基金收益，所以选择股票型基金的同时，也需要关注基金的基金经理。

基金经理主要负责基金资产的管理、投资运作，是基金最终能否盈利，盈利多少的关键因素。

不同基金经理的投资能力有明显差距，同时投资风格也大不相同，投资者应该根据自身情况选择适合自己的基金经理以及基金产品。

了解基金经理的途径主要有基金公司官方网站对基金经理进行介绍，第三方网站也会对基金经理进行评价等。

实例分析

查看好买基金网的基金经理排行

好买基金网为了方便投资者做投资，提供了基金经理页面，该页面中的基金经理按照人气的高低进行排列，可以让投资者快速了解高人气的基金经理有哪些。

登录好买基金网，在页面中单击"基金经理"超链接，如图 5-4 所示。

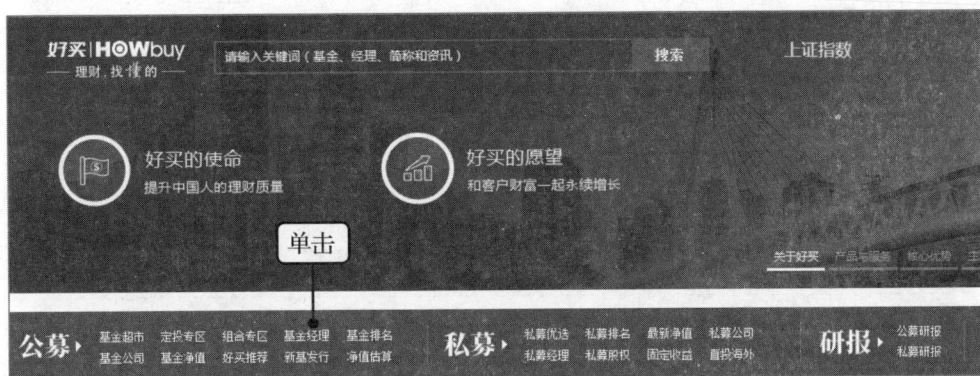

图 5-4　单击"基金经理"超链接

进入页面后，可看到选择基金经理的筛选条件，包括基金类型、基金公司和从业时间。这里以股票型、国泰基金以及从业 3 年以上为例进行设置，完成后页面下方的基金经理将按照人气高低进行排列，如图 5-5 所示。

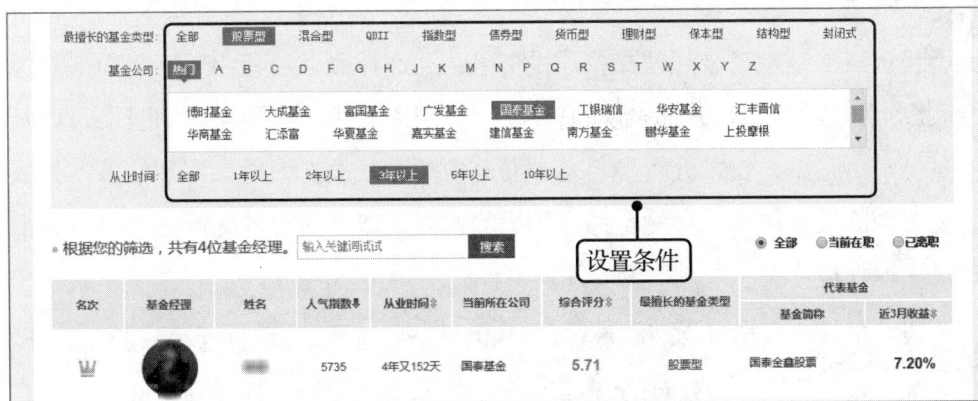

图 5-5　设置筛选条件

但是排行只能说明该基金经理在市场中人气很高，并不能完全说明基金经理的能力，所以投资者还要结合基金经理的业绩情况并结合基金经理的能力水平。在页面中单击"近3月收益"超链接，此时列表中的基金经理将按照其管理基金的业绩情况进行排列，如图5-6所示。

名次	基金经理	姓名	人气指数	从业时间	当前所在公司	综合评分	最擅长的基金类型	代表基金	近3月收益
👑			4433	11年又214天	国泰基金	6.08	股票型	国泰大农业股票	9.57%
👑			1002	4年又55天	国泰基金	6.61	股票型	国泰央企改革股票	8.13%
👑			1836	3年又337天	国泰基金	5.62	股票型	国泰互联网+股票	7.30%
4			5735	4年又152天	国泰基金	5.71	股票型	国泰金鑫股票	7.20%

图 5-6　基金经理的业绩排行

除了基金收益、人气指数、从业时间之外，系统还提供了"综合评分"排行，综合评分即从多个方面来对基金经理的表现进行评分，这样的排行从综合的角度分析评价基金经理的能力，比单一角度的分析更全面、也更可靠。

NO.003　按投资风格选择股票型基金

投资风格是指基金经理在构建投资组合和选择股票过程中所折射出来的理念、操作和风险观念等外部表现的总和。主要可以分为积极型与被动型，大盘型、中盘型与小盘型，技术分析型与基本面分析型等几类。而股票型基金基本都属于积极型的投资风格，目的是通过积极的选股策略，使得基金产品的收益高于市场平均收益。

现在市场中有超过2000只基金产品供投资者选择，面对如此多的产品，投资者都会无所适从。但面对70多家基金公司，进行了解选择就轻松得多。

不同的基金公司有不同的投资擅长领域，形成不同的投资风格。从整体上来看，投资股票型基金较好的基金公司有华夏基金、易方达、嘉实等老牌基金公司。

其他类型的基金，如混合型基金，则是富国基金和华夏基金较为出名；债券基金当属东方基金、华富基金、工银瑞信等；货币型基金则是天弘基金、大摩、万家基金等排名前列。

在选定一家投资风格较为适合自己的基金公司后，可以在其官方网站上查询旗下所有股票型基金的详细内容，主要是重仓持股和行业配置的信息。

进入华夏基金官方网站，选择股票型基金，这里以华夏领先基金（001042）为例，查看该基金重仓持股的股票信息，如图5-7所示。

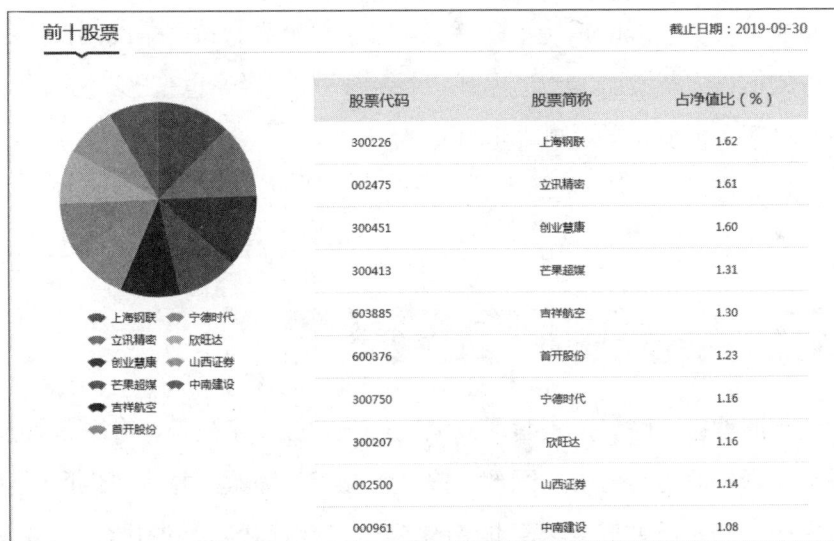

股票代码	股票简称	占净值比（%）
300226	上海钢联	1.62
002475	立讯精密	1.61
300451	创业慧康	1.60
300413	芒果超媒	1.31
603885	吉祥航空	1.30
600376	首开股份	1.23
300750	宁德时代	1.16
300207	欣旺达	1.16
002500	山西证券	1.14
000961	中南建设	1.08

图 5-7　华夏领先基金的重仓持股情况

从上图可以看出，该基金的持股比例比较均衡，彼此之间的差异不大，这样的均衡持股方式大幅降低了投资风险，在风云变幻的股市行情中，抵御风险的能力更强。

其次，再查看该基金的行业配置情况，如图5-8所示。

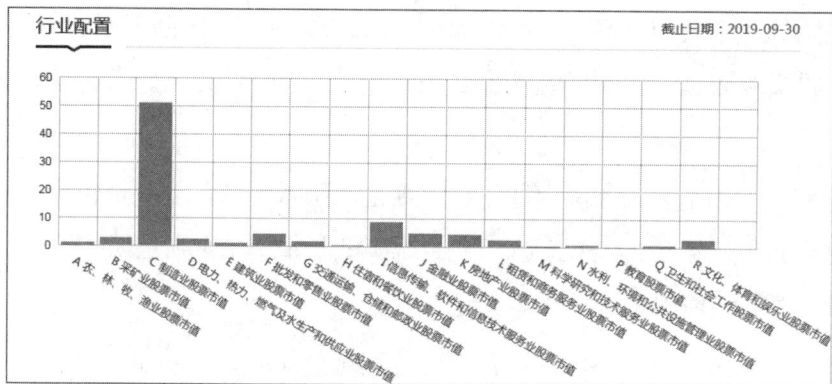

图 5-8　华夏领先基金的行业配置

从上图可以看到，虽然该基金投资的行业很多，但是重点投资在了制造业。近年来，随着供给侧结构性改革的逐步到位，各项鼓励制造业投资政策的出台，以及扶持实体经济发展的措施不断增多。许多投资者，特别是民间投资者对制造业投资的信心逐渐增加，制造业投资对经济增长的影响也在逐步增强。因此，许多基金经理人也加大了对制造业的投资。

5.2 利用指标分析股票型基金

在进行股票投资时，投资者可以借助每股收益、市盈率、市净率等技术指标对股票投资价值进行分析。同理，投资者在投资股票型基金时也可以使用一些技术指标，例如反映基金经营业绩的指标，基金风险大小的指标以及操作策略指标、基金运作成本指标等。

NO.004　反映基金经营业绩的指标

反映基金经营业绩的指标主要有基金分红、已实现收益、净值增长率等。其中基金分红与净值增长率是较为关键的技术指标，可以较为全面地反映基金的经营成果。

基金分红是基金对基金投资收益的派现形式，分红多少会受到基金分红政策、已实现收益、留存收益等因素的影响。对于股票型基金而言，多数情况下不会选择分红，而是选择将投资收益进行再投资。

如图 5-9 所示为金鹰信息产业股票 A（003853）基金的历史分红信息。

图 5-9　金鹰信息产业股票基金分红情况

该基金从 2017 年 03 月 06 日成立以来仅仅分红一次，这与基金好坏无关。分红少甚至没有，是大多数股票型基金的共性。当然也存在不少热衷分红的股票型基金，这类基金也是喜欢现金分红投资者的最佳选择。这类热衷于现金分红的基金，在市场行情好、经营业绩突出时，分红力度尤其大，对于投资者而言也是有利无害。

基金的净值增长率对基金的分红、已实现收益、未实现收益等都加以考虑，是最能反映基金经营成果的技术指标。也是基金投资者在分析基金时，最为直观的一个指标。

投资者可以在任意一家基金公司的官方网站上查看其基金产品的净值增长率的走势情况。如图 5-10 所示为广发医疗保健股票（004851）基金的日净值走势图。

图 5-10　广发医疗保健股票基金日净值走势

　　投资者可以在页面内根据需求，选择查看不同时间的净值走势，如短期内的 10 天、30 天，中期的 90 天、一年，或者长期的 3 年。通过查看示意图，可以很直观地了解该基金的净值增长率。

NO.005　表示基金运作成本的指标

　　在基金的运作过程中会产生一系列费用，其中占比最大的是基金管理费和托管费。相对于其他类型的基金产品，股票型基金因其投资管理的难度较大，所以费用也更高。

　　评判基金运作成本的高低，主要使用费用率指标，可以直观的反应基金运作效率。

　　在同类型的股票型基金中，费用率越低，表明基金的运作成本越低，运作的效率更高。在基金实战投资中，也会出现明星基金经理的管理费明显高于其他基金经理的情况。

　　明星基金经理有着更强的投资管理能力，可以给投资者带来更高的投资收益，所以收取更高的管理费就在情理之中。

　　费用率的计算较为简单，即基金运作费用与基金平均净资产的比值。

5.3 攻守兼备的投资策略分析

股票型基金因为受大盘影响较大，价格波动幅度变化快，投资风险系数较高，为了降低投资风险，在追求高收益的同时，提高自己的防御能力，投资者应掌握一些攻守兼备的投资方法，下面来具体介绍。

NO.006 顺势而为下的波段操作法

波段操作是股市投资中比较常见的投资方法，因为股票型基金具备股票的基本特性所以也可以在基市中运用该方法。波段操作指随着行情的波动变化而投资，查看基金的走势情况，确认波谷、波峰，在波谷买入，在波峰卖出。这种灵活应变的操作方式还可以有效规避市场风险，保存资金实力和培养市场感觉

波段操作属于投机式的短线操作，需要投资者具备一定耐心，等待机会，这样才能获得大的收益。

波段投资操作的关键有以下几点。

①投资者在波段操作前要看到一波行情，例如大盘要有 10% 的上升空间，或者是有比较明显的见底信号。

②波段的买入点，应该在较强的支撑位附近，发现止跌信号时先左侧交易部分仓位，另外在起动时再右侧交易加仓，正常分两次买入，也可以一步到位，加仓次数不宜过多。

③波段的时间范围以 1 ~ 3 个月为主，一年操作 3 ~ 4 次，因为中间还有盘整期和股票下跌期。

④每次波段收益区间一般在 10% ~ 40% 之间，其中 15% ~ 30% 较为常见。

⑤波段操作选择的股票型基金其收益走势需要与大盘同步性强，这样更容易分析波谷和波峰。

⑥只选择快要脱离波谷底部，或者是刚刚脱离波谷底部的股票型基金进行

操作，已经涨过一轮或者几轮，处于较高位置的，不建议选择。

实例分析

波段操作买入南方新兴消费增长分级（160127）基金

如图 5-11 所示为南方新兴消费增长分级近 3 年来的阶段涨幅走势图。

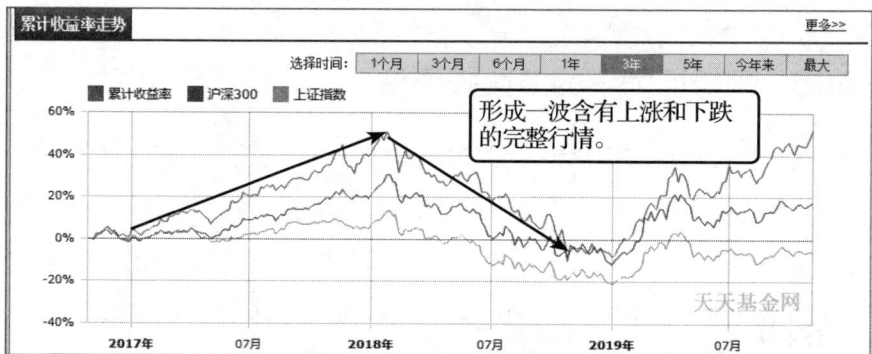

图 5-11　南方新兴消费增长分级收益率走势

从上图可以看到，该基金的收益走势与大盘的同步性较强，大盘上涨时，该基金也表现上涨，大盘下跌时，该基金也表现出下跌走势。同时该基金始终位于大盘走势的上方，并且与大盘的间幅差距较大，说明该基金经理对基金的操控较好，基金表现优秀。

从该基金的走势可以看出，基金在 2017 年至 2018 年经历了一波上涨行情，在 2018 年初时见顶回落，收益表现稳定的下跌走势。2018 年 10 月 30 日创下最低，随后收益表现横盘调整走势，调整持续了两个多月，然后收益走势止跌回升。而大盘此时的走势也同该基金一样，在 10 月底止跌表现横盘，随后回升，说明下跌走势已经结束，波谷谷底已经形成。后市将迎来一波涨势，此时为投资者最好的介入点。

作为激进的投资者可以在波谷底部，或者是刚刚脱离底部时候进行投资操作。而对于稳健型的投资者而言，可以耐心等到收益率表现出上涨走势，即在上涨初期时介入。

如图 5-12 所示为南方新兴消费增长分级基金近一年的收益率走势。

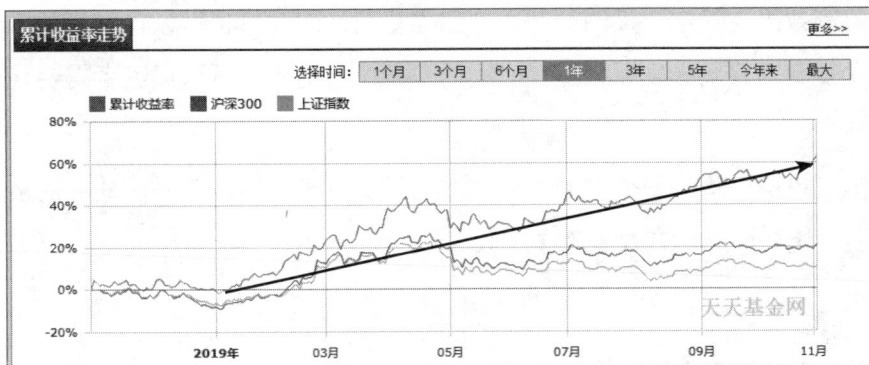

图 5-12　南方新兴消费增长分级基金收益率走势

从上图可以看到，该基金进入 2019 年之后进入了上升通道，虽然中途有小幅回调，但是从整体上该基金仍然表现出稳定的上涨走势，且涨幅较大。如果投资者在年初时果断买进持有必然会得到丰厚的回报收益。

NO.007　分批投入均衡成本降低风险

股票型基金投资者很难精准把握基金申购赎回的最高点和最低点，这也是许多投资者投资失利的原因，而分批投入的方式就可以均衡成本，降低投资者投资风险。尤其是对于高风险性的股票型基金，分批的方式可以有效降低投资风险性。

分批投入最常运用的方法就是基金定投，即定期定额投资基金，即投资者在固定的时间以固定的金额投资到指定的开放式基金中，该方式有点类似于银行的零存整取。

基金定投的特点如下所示。

操作方式简单。基金定投的操作方式非常简单，适合没有任何投资经验和没有过多时间精力管理基金的投资者。投资者只需要选择好基金后在基金机构办理一次性操作，在确保银行卡金额充足的情况下，后续无须投资者操作，银行会定时定额的代扣款项。

复利效果。基金定投的盈利主要依靠复利，即利息也可以再赚取利息。但是这种复利的效果必须要经过长时间的坚持才会明显，所以投资者需要具备足够的耐心。

降低投资风险。基金定投均衡成本的投资方式，相较于一次性理财来说，其风险性更低，能够有效避免高买低卖的危机。

实例分析

分批投入下的基金收益计算

叶女士在 2019 年 4 月 2 日一次性投入 6000 元购买建信上证社会责任 ETF 联接（530010）基金，持有该基金到 9 月 20 日赎回。同时，叶女士以定投的方式从 4 月 2 日开始每月 2 号投入 1000 元购买建信上证社会责任 ETF 联接（530010）基金，持有该基金到 9 月 20 日赎回。比较两种类投资方式的收益。

现在基金的收益计算非常简单，各大基金网站都会提供收益计算器功能，通过该项功能可以快速计算出基金的收益情况。

如图 5-13 所示为天天基金网计算器功能计算的建信上证社会责任 ETF 联接基金一次性投资 6000 元的收益情况。

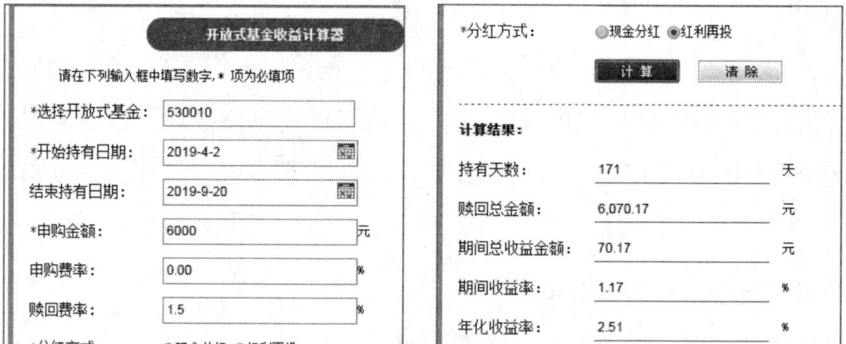

图 5-13　一次性投资的收益计算

如图 5-14 所示为天天基金网计算器功能计算的建信上证社会责任 ETF 联接基金每月定投 1000 元的收益情况。

*定投基金:	530010	
*定投开始日:	2019-4-2	
定投结束日:	2019-9-2	
定投赎回日:	2019-9-20	
*定投周期:	每 1 月	选择
定投日:	2 ▼	定投日1~28或周一
申购费率:	0.00	%
*每期定投金额:	1000	元
*分红方式:	◉现金分红 ◉红利再投	选择分红
	☑开始日为首次扣款日	请根据实际
	计算　清除	

计算结果

截止定投赎回日的收益　　　期末总资产包括红利再投或现金分红方式取得的收益

定投总期数	投入总本金（元）	分红方式	期末总资产（元）	定投收益率
6期	6,000.00	红利再投	6,263.74	4.40%

定投记录

定投日期	单位净值	定投金额	购买份额
2019-09-02 星期一	1.9543	1,000.00	511.69
2019-08-02 星期五	1.9233	1,000.00	519.94
2019-07-02 星期二	1.9774	1,000.00	505.71
2019-06-03 星期一	1.8263	1,000.00	547.56
2019-05-06 星期一	1.8619	1,000.00	537.09
2019-04-02 星期二	1.9445	1,000.00	514.27

上一页　1　下一页　转到　页 Go

图 5-14　基金每月定投的收益计算

通过计算可以看出定投的方式其收益更高于一次性投资，收益率达到 4.40%，而一次性投资的期间收益为 1.17%。为什么会这样呢？

如图 5-15 所示为建信上证社会责任 ETF 联接基金近 1 年的收益率走势。

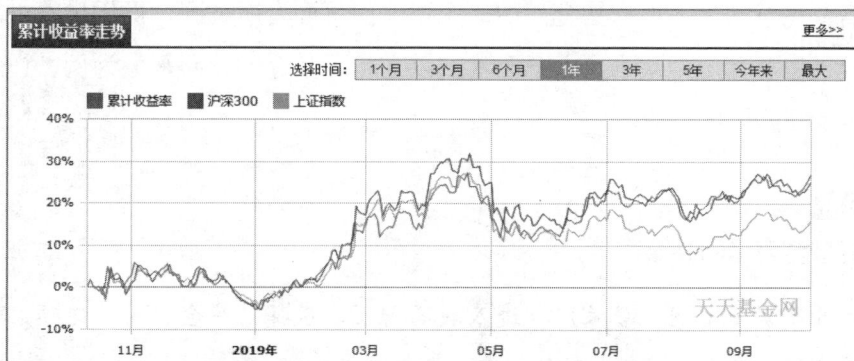

图 5-15　建信上证社会责任 ETF 联接基金收益走势图

通过收益走势图可以看到，该基金从 2019 年年初开始便呈现稳定上涨走势。4 月初，叶女士见该基金继续表现上涨果断大胆投入。但是，之后该基金触顶下跌，从 4 月末开始便呈现下跌行情，随后震荡向上。

所以，叶女士一次性投入时属于高位区，投资成本较高，虽然之后股价呈现上涨走势，但叶女士的收益也不太明显。而叶女士以每月定投的均衡方式入市，虽然在高位区也投入了成本，但成本较低，从而巧妙地避开了高买危机，所以后期收益相对较高。

5.4 如何赎回股票型基金

投资者选择投资基金，盈利的前提是选择一只优秀的基金。而能否将投资基金的收益落袋为安，如何最优赎回股票型基金则成为重中之重。

NO.008 赎回基金的步骤

赎回股票型基金可以在基金公司的官方网站进行，也可以在基金公司所提供的行情软件中进行赎回，股票型基金的赎回操作与一般基金相同。

需要注意的是，不同基金公司的交易软件页面有所不同，操作步骤可能存在差异，但总体上相差不大。下面我们以在华夏基金网赎回基金为例，详细介绍基金赎回的操作步骤。

实例分析

在华夏基金网赎回基金

打开华夏基金网，登录账号进入我的首页。选择"基金交易"选项，在打开的菜单栏中单击"赎回"按钮。

此时可以在页面右边查看到可赎回基金的列表信息。选择需要赎回的基金，单击"快速取现"超链接，如图5-16所示。

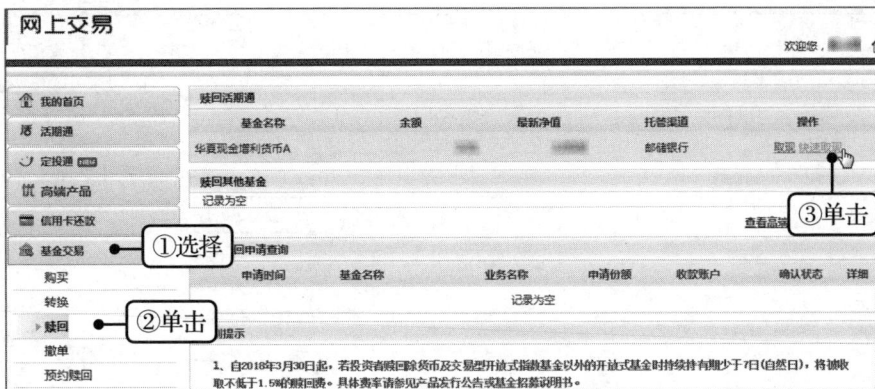

图 5-16　基金赎回流程

此时自动跳转至基金信息页面，在页面核对基金余额与剩余额度信息，确认无误之后单击"快速取现"超链接，如图 5-17 所示。

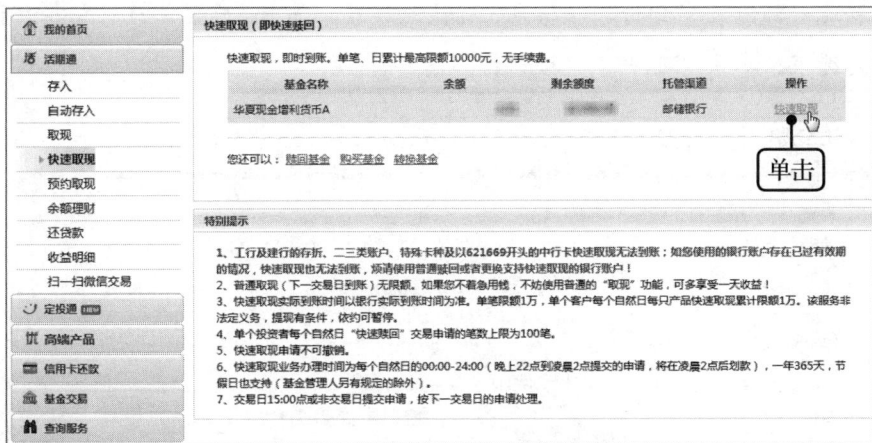

图 5-17　确认基金信息

此时页面显示赎回的该只基金具体信息，包括基金名称、托管渠道、可用份额、收款账户等。

在快速取现份额后的文本框中输入赎回份额（还可以单击"全部赎回"按钮，赎回全部基金份额），下方显示实际到账金额（包括本金和投资收益），确认无误后再单击"下一步"按钮，如图 5-18 所示。

图 5-18　输入基金赎回份额与收益

　　此时页面显示基金赎回的详细信息，包括基金名称、托管渠道、收款账户、快速取现份额以及实到份额等信息，确认无误后，选中"我已阅读并接受协议"提示复选框，单击"下一步"按钮，如图 5-19 所示。

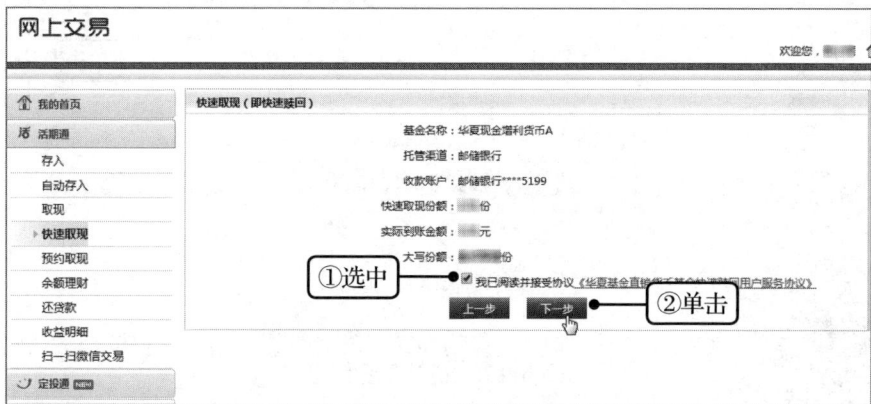

图 5-19　确认基金赎回份额与金额

　　此时页面显示"您的申请已被受理"，且在页面可以查看赎回的交易信息，包括交易金额、申请编号以及交易日期。这样一来，基金的赎回操作就完成了，如图 5-20 所示。

图 5-20　基金赎回成功

理财贴士　*基金赎回中的取现和快速取现区别*

取现指普通赎回，即赎回操作之后资金在 T+1 个工作日到账，而快速取现则在两个小时内到账。这之间的时间差决定了取现比快速取现多出至少一天的收益。

NO.009　最优赎回股票型基金

当投资者决定赎回基金时，赎回后资金到账的时间是投资者最为关注的问题。基金的赎回，实质上就是基金份额的变现。

股票型基金在确认份额以后就可以赎回了，而根据交易规则，股票型基金都是 T+1 个交易日确认份额。简单来说，如果投资者在星期一购买了股票型基金，那么确认份额的时间是星期二，即投资者可以在星期二的时候赎回基金。

但是不建议投资者在短时间内频繁操作基金的赎回申购，因为基金赎回有费率，且股票型基金投资者持有的时间越长，赎回费率越低。所以投资者在投资股票型基金时要有足够的耐心。当然，如果购买的股票型基金在当天有很高的收益，并且投资者确定当天不赎回以后就会亏，那么也可以在持有的短时间内赎回基金，做短线投资。

另外，如果投资者在赎回股票型基金时，先将其转换为货币型基金，再进行赎回，将可以大大缩短资金到账时间。

通常情况下，股票型基金转换为货币型基金只需要一个工作日，而货币型基金的赎回的资金到账时间在 T+2 个工作日内，通常为一个工作日即可到账。这样算下来，将股票型基金转换为货币型基金进行赎回，可以节约投资者一半的时间。

第 **6** 章

分析股票型基金持仓的股票

　　基金投资者在选择股票型基金时，除了分析股票型基金本身的收益率、投资风格、基金经理能力等因素之外，更为重要的是分析股票型基金所持有的股票本身。因为股票型基金超过90%的资金都投资于股票，所以股票本身的涨跌将直接影响到股票型基金的盈利情况。

6.1 关于价值投资

中国当前的股票市场，延续了多年以来的投机操作与趋势投资，价值投资在中国的影响微乎其微。

NO.001 价值投资的由来

中国的股票投资者都讲究低买高卖，完全忽视上市公司的基本面与经营管理。

上市公司也不愿意分红派息，更喜欢将利润用于扩大再生产，用于扩大经营规模，从而形成了公司发展得越大，股东的收获却寥寥无几，与公司发展速度不成比例。

而价值投资更侧重于公司的经营与管理，近年最著名的价值投资案例，就是大家津津乐道的巴菲特投资比亚迪，以及其一系列的价值投资操作，都让价值投资者为之叫好。

说起价值投资，人们总会想起巴菲特。其实价值投资并不是巴菲特创立的，而是他的老师格雷厄姆在 1934 年前后所发表的《证券分析》一书中提出。

1948 年格雷厄姆在其投资组合中买下当时一家民营的政府雇员保险公司（Geico 公司，全称 Government Employees Insurance Co.），但是他并未注意到共同基金不能持有保险公司，因此只好将美国政府雇员保险公司变成一家公开上市公司，把原本收购的股份转分给格雷厄姆·纽曼基金的持有人，美国政府雇员保险公司的股价立刻一飞冲天。

由于个别基金投资人出售美国政府雇员保险公司股票的时间不同，因此很难估算投资该股票的实际获利率，但截止至 1972 年为止，美国政府雇员保险公司股票的涨幅已超过 28000%。许多投资人把美国政府雇员保险公司的股票当成传家宝来代代相传。1995 年巴菲特买下该公司余下 49% 的股票时，美国政府雇员保险公司作为价值投资典型标的的这段历史又重演了一次。

　　价值投资就是寻找以等于或低于其内在价值的价格标价的证券。这种投资可以一直持有，直到有充分理由把它们卖掉。比如，股价可能已经上涨；某项资产的价值已经下跌；或者政府公债已经不再能提供给投资者和其他证券一样的回报了。

　　遇到这样的情形时，最受益的方法就是卖掉这些证券，然后把钱转到另外一个内在价值被低估的投资上。

　　价值投资由格雷厄姆创立，并在巴菲特身上得到发扬光大，其价值投资实例多不胜数。

　　巴菲特二十年前就知道沃尔玛是好公司，但是他直到75岁时才买入沃尔玛。2005年第一次重仓买入沃尔玛，投资9.42亿美元买入19 944 300股。占公司发行总股本的0.51%，占伯克希尔股票投资组合的2.54%。

　　但是巴菲特买入之后，2006年上涨0.13%，2007年上涨4.89%，2008年上涨20%，2009年上涨下跌2.56%，2010年上涨3.22%，整整5年才上涨了26.72%，连中国的定期存款利率都不如。不过2011年上涨13.84%，2012年前8个月上涨了24%，非常抢眼。

　　巴菲特买入这6年8个月沃尔玛只上涨了78.58%，年复合收益率只有9%左右，并不算高。不过巴菲特2009年3季度增持17 892 442股，4季度增持1 200 500股，增持近一倍，至今近3年盈利59%，在金融危机的背景下相当可观。

　　巴菲特在1988、1989年重仓买入可口可乐，而且一直持有到现在。20多年过去了，在巴菲特的普通股投资组合中，其持仓的可口可乐市值除了在2006年被美国运通超出，其他年份都位居第一。

　　巴菲特集中于两个时点买入可口可乐，经多次送股后，当前持股2亿股，是可口可乐最大单一股东，约占8.6%。2010年可口可乐的市盈率回归到1983年的水平（13倍），形成一个闭口形状。如果以1988～1998这10年为投资周期，加上历年的现金分红，期间投资增值有13倍，对一个成熟公司而言，这一回报水平非常惊人。

NO.002　价值投资理论

价值投资理论最早可以追溯到20世纪30年代，由哥伦比亚大学的本杰明·格雷厄姆创立，经过沃伦·巴菲特的使用发扬光大，价值投资战略在20世纪70到80年代的美国受到推崇。

与价值投资法所对应的是趋势投资法，即投机。其重点是透过基本分析中的概念，例如高股息收益率、低市盈率和低股价与账面价值比率，去寻找并投资于一些股价被低估了的股票。

价值理论认为，股票价格围绕"内在价值"上下波动，而内在价值可以用一些方法测定；股票价格长期来看有向"内在价值"回归的趋势；当股票价格低于内在价值时，就出现了投资机会。

价值投资有三大基本概念，也是价值投资的基石，即正确的态度、安全边际和内在价值。

价值投资理论的选股流程如图6-1所示。

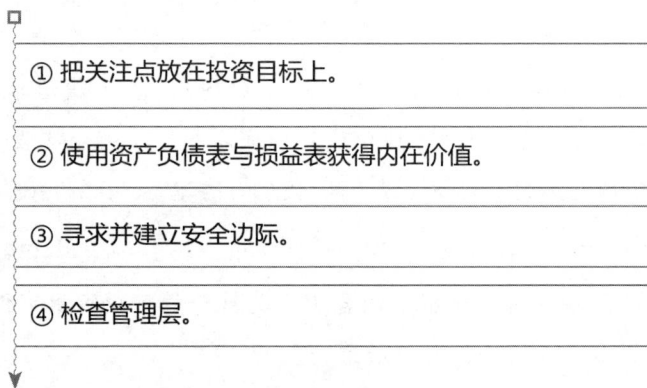

① 把关注点放在投资目标上。

② 使用资产负债表与损益表获得内在价值。

③ 寻求并建立安全边际。

④ 检查管理层。

图6-1　选股流程

股票型基金因为必须考虑资金的安全，所以更偏向理性投资，远离那些垃圾股、题材股，更多关注绩优、蓝筹股。而对于大多数投资者来说，最好的投资准则就是遵循常识：买绩优大盘股；不要把鸡蛋放在一个篮子里，尽量多买几只股；买入价格不能太高。

在学习和使用价值投资理论时，必须遵循一定的原则，具体内容如下所示。

①寻找优秀、有能力的管理层。

②仔细考察公司的现金流。

③再好的公司也不应为其出高价。

④只投资操作熟悉的公司，集中资金。

⑤买入后坚持长期持有原则。

NO.003　价值投资案例

就中国股市而言，买绩优大盘股就是价值投资，相对而言价值投资有两大优势：一是投资的确定性，价值投资的确定性一般较高。因为，价值投资往往不是基于未来预测的数据，而是基于蓝筹股历史和现实的财务数据，使用这样的数据自然要比主观推断的数据可靠得多。

二是抗风险能力强，蓝筹股一般都是盈利能力稳定的大公司，其抗风险能力强，自然其股价抗风险能力也强。

而在国外——价值投资的发源地，巴菲特把定量分析和定性分析有机地结合起来，形成了价值潜力投资法，把价值投资带进了另一个新阶段。巴菲特说："我现在要比 20 年前更愿意为好的行业和好的管理多支付一些钱。原本倾向于单独地看统计数据，而我越来越看重的，是那些无形的东西"。巴菲特说："我的血液里是 85% 的格雷厄姆，15% 的费雪，但是没有费雪，我根本不会挣这么多钱"。

以巴菲特投资可口可乐为例，买入的核心介入时间点：1988H2-1989H1 重仓买入 18700 万股（送股后），特征如下：

1. 右侧交易。

2. 介入市盈率，动态约 15 倍，静态约 17 倍。

3. 处于股价 3 年（1986H2-1989H1）盘整的末期，这一期间业绩走的 V 形。

小幅加仓时间点：1994 上半年买入 1300 万股（送股后），特征如下：

1. 是否右侧交易未知，但下半年股价就大幅上扬。

2. 介入市盈率，动态约 21 倍，静态约 25 倍。

3. 处于股价 2.5 年（1992H1-1994H1）盘整的末期，期间业绩增长还不错。

如图 6-2 所示为可口可乐 1983 年至 2010 年的销售额与销售净利率的示意图。

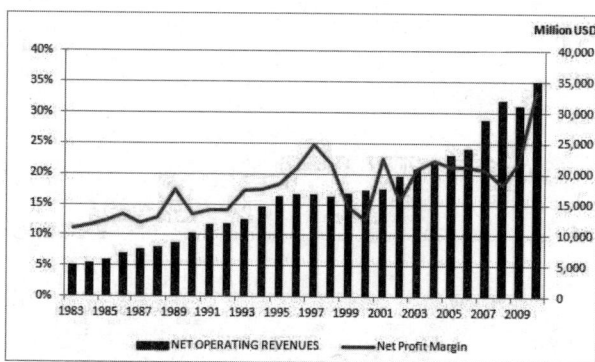

图 6-2　可口可乐 1983 年至 2010 年销售额与销售净利率示意图

巴菲特 1988 年买入可口可乐股票 5.93 亿美元，1989 年大幅增持近一倍，总投资增至 10.24 亿美元。1991 年就升值到 37.43 亿美元，两年涨了 2.66 倍，连巴菲特也大感意外。他在伯克希尔 1991 年年报中高兴地说："三年前当我们大笔买入可口可乐股票的时候，伯克希尔公司的净资产大约是 34 亿美元，但是现在光是我们持有可口可乐的股票市值就超过这个数字。"

1994 年继续增持，总投资达到 13 亿美元，此后持股一直稳定不变。1997 年底巴菲特持有可口可乐股票市值上涨到 133 亿美元，10 年赚了 10 倍，仅仅一只股票就为巴菲特赚取了 100 亿美元，这是巴菲特最传奇最成功的股票投资案例。

而将巴菲特的成功经验灵活运用到中国市场中来，一样可以发现一些类似于可口可乐、沃尔玛一样的绩优白马股，例如东阿阿胶、云南白药、贵州茅台、张裕、双汇发展、苏宁电器这些大消费的股票，还包括美的集团、格力电器等，都是具有发展潜力的个股。

如图 6-3 所示为贵州茅台（600519）从 2015 年至 2019 年的 K 线走势。

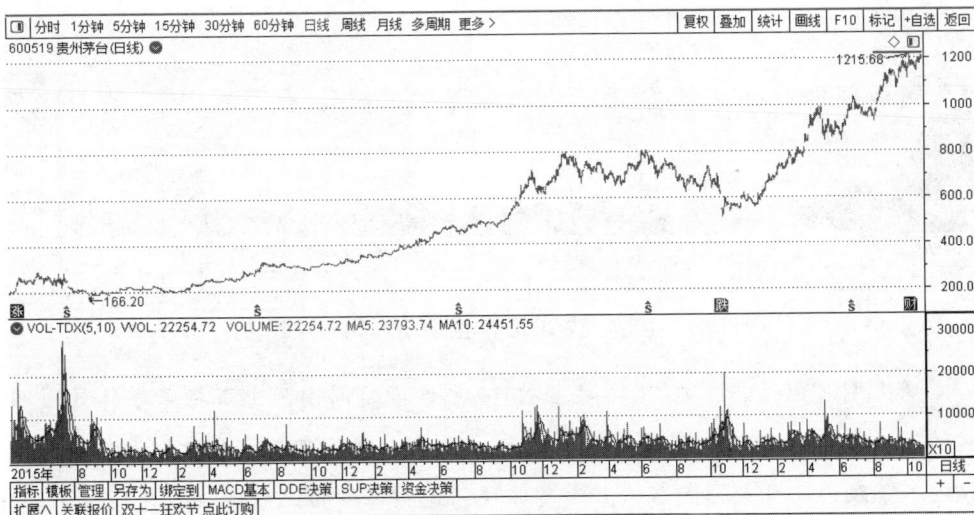

图 6-3 贵州茅台 2015 年至 2019 年 K 线走势

从图中可以看到该股呈现出明显的上涨趋势，股价从最低 166.20 元上涨至最高 1215.68 元，涨幅巨大。且该股多次分红，如图 6-4 所示为贵州茅台分红情况。

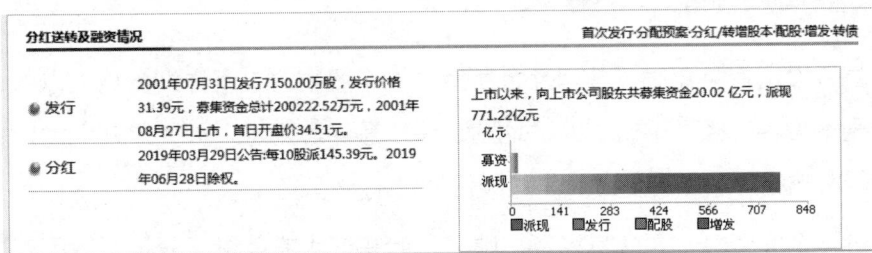

图 6-4 贵州茅台的分红及融资情况

与此同时，我们观察同期大盘走势，如图 6-5 所示为上证指数（999999）2015 年至 2019 年的 K 线走势图。

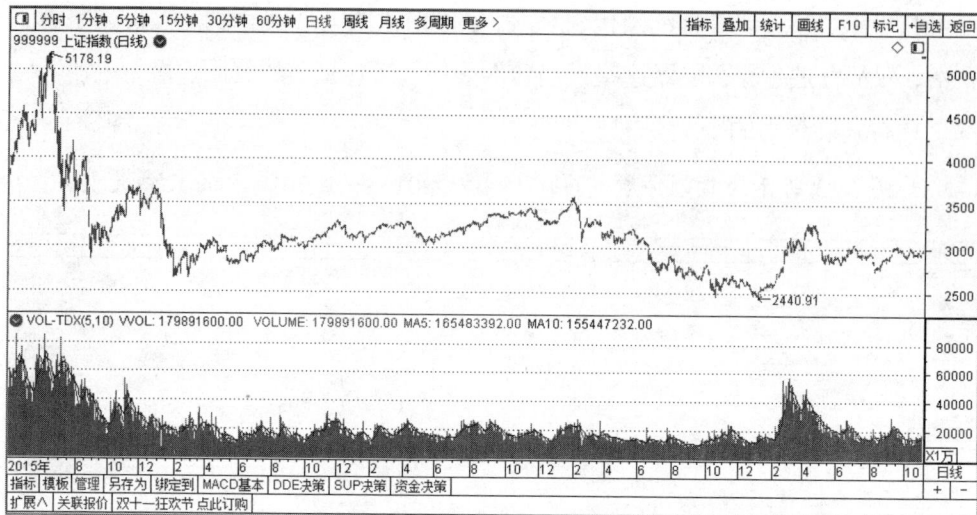

图 6-5　上证指数 2015 年至 2019 年的 K 线走势

从上图可以看出，在 2015 年至 2019 年这段时间内，上证指数整体呈现明显的下跌趋势，且跌幅较深。可以看出，贵州茅台在这样的大盘背景之下，不仅没有下跌，而且大幅上涨，并大量派现，说明该股的优质性。

6.2 分析个股资料

基金投资者需要对股票型基金所持仓的个股资料进行详细分析，以保证这些公司不会存在经营不善、业绩地雷、股东违约等隐患。因为这些问题对上市公司的影响都是致命的，尤其是对股价的影响。

分析个股资料主要从其经营、财务、股东三大方面进行分析，下面对这三大方面进行详细讲解。

NO.004　经营分析

经营分析主要是针对上市公司的盈利模式、产品服务以及经营管理能力进行综合分析。

◆　盈利模式分析

盈利模式，又称为商业模式，是企业赚取利润的主要渠道表现，即该公司通过怎样的方式来赚钱。

盈利模式分析主要用来解释公司的销售收入是通过什么方式产生的，同时需要支出哪些成本和费用。在任意的股票交易软件中都可以通过查看其个股资料进行了解。

如图6-6所示为上海梅林（600073）的公司资料示意图。

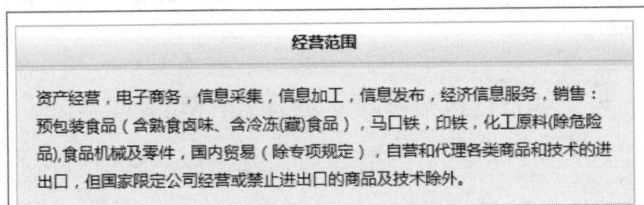

经营范围

资产经营，电子商务，信息采集，信息加工，信息发布，经济信息服务，销售：预包装食品（含熟食卤味、含冷冻(藏)食品），马口铁，印铁，化工原料(除危险品)，食品机械及零件，国内贸易（除专项规定），自营和代理各类商品和技术的进出口，但国家限定公司经营或禁止进出口的商品及技术除外。

图6-6　上海梅林公司经营范围

从上海梅林的公司资料可以看出，该公司属于食品饮料以及食品加工制造行业业的公司，其产品定然属于快速消费品。通过公司简介可以看出，上海梅林主要经营罐头食品和畜禽屠宰，主要产品占据了多数的日常食品领域。

◆　产品分析

对上市公司进行产品分析，主要是预测公司主要产品与服务的市场前景和盈利水平的趋势，可以帮助投资者更好预测公司未来的盈利能力和成长性。

上市公司的产品或服务的竞争能力、市场占有率、品牌影响力对其盈利能力有较大的影响。

通常而言，一个上市公司的产品在成本、技术等方面具有相对优势，就更有可能取得高于行业平均盈利水平的超额利润。

市场占有率是检验公司实力的硬指标，市场占有率越高，公司实力越强大，其盈利水平也越稳定。品牌则是一个公司的对外形象，是产品性能、可靠性等方面的综合体现，品牌影响力是无形资产，但不容忽视。

◆ 经营管理能力分析

对公司的经营管理能力分析主要是对公司管理人员特别是一把手的素质分析和能力分析。

一定程度上，是否有卓越的企业管理人员和管理团队，直接决定着企业的经营成败。不同层次的管理人员所需要的能力构成也有所不同，在市场经济高速发展的条件下，企业面临的内外环境日益复杂，对公司管理人员的要求也不断提高。公司的管理风格和经营理念也尤为重要，经营理念往往是管理风格形成的前提。

公司的经营理念和管理风格可以分为稳健型和创新型两种。公司的管理风格和经营理念是对公司经营范围、成长方向、速度以及竞争对策等的长期规划，直接关系着公司未来的发展和成长。

NO.005 财务分析

股票价格向其内在价值回归是未来股市发展的重要走向，投机将不再被市场容忍，股票的价格与公司的经营业绩联系越来越紧密，那么普通投资者应该如何分析上市公司的经营业绩？如何对股票品质的好坏进行判断呢？

阅读与分析上市公司的财务报表是最直截了当的，也是最有效的手段，是投资者分析基金持股是否正确的第一步。

公司财务分析的基本依据就是财务报表，上市公司的财务报表是投资者了解公司，做出投资决策最全面、最可靠的第一手资料。

财务报表主要包括资产负债表、利润表和现金流量表。通过分析资产负债表可以了解公司的基本财务情况；分析利润表可以了解分析公司的盈利能力、盈利情况以及经验效率等；分析现金流量表，可以了解公司运营资金管理能力、偿债能力等。

（1）资产负债表

资产负债表反映了公司在某个特定时期内的财务状况。它是依据"资产 = 负债 + 股东权益"这个基本平衡公式编制而成的。其主要内容包括以下3个方面。

①公司在某一时间点所拥有的资产总额。

②公司在某一时间点的负债总额。

③股东权益。

资产负债表中需要重点查看的项目有以下几项。

◆ 货币资金：反映企业库存现金、银行结算账户存款、外埠存款、银行回报存款等资金合计数。如果一个公司的陷阱储备快速下降而且长期保持低位，就很难实现发展，即便市场出现机会也难以把握。但公司的现金储备过多且长期保持在高位，也会影响公司的资金效率，影响公司未来的成长性。

◆ 应收账款：是指企业在正常的经营过程中因销售商品、产品、提供劳务等业务，应向购买单位收取的款项，应收账款表示企业在销售过程中被购买单位所占用的资金。

◆ 流动资产：指可以在1年内或超过1年的一个营业周期内可变现或者运用的资产，包括现金及各种存款、存货、应收及预付款项等。

◆ 资产总计：指流动资产合计数 + 长期投资净额 + 固定资产合计数 + 无形资产及其他资产合计数 + 递延税款借项综合。

◆ 流动负债：指可以在1年内或超过1年的一个营业周期内偿还的债务。流动负债中最主要的是银行短期借款，借款的目的是用于补充营运资金，只可用于短期用途。

（2）利润表

利润表是反映公司在一定时期内经营成果的动态报表，主要依据"收入 -
费用 = 利润"的平衡公式进行编制的。

利润表主要包括营业收入、营业成本、营业利润、营业外收入及支出、税
前及税后盈利等数据。

通过利润表可以考核公司收益计划完成情况，分析收益增减变化的原因，
预测企业收益的发展趋势。

- ◆ 营业收入：是指公司的主要经营业务所取得的收入。只有在利润占 70%
  以上的业务才能称为主营业务。营业收入的增长是体现公司市场竞争
  力和市场份额不断提高的标志。

- ◆ 营业成本：反映的是公司销售产品和提供劳务等主要经营业务的实际
  成本。

营业利润、管理费用和财务费用是投资者衡量公司内部运营效率高低需要
重点研究的数据，通常用占主营业务成本的比重进行衡量，如果 3 项费用占主
营业务成本的比重下降或低于同行业，说明该公司在内部管理效率上具有优势。

- ◆ 管理费用：反映公司发生的应由主营业务负担的各项管理费用。

- ◆ 财务费用：反映公司发生的应由主营业务负担的一般性财务费用，主
  要包括利息支出、汇兑损失以及金融机构手续费等。

- ◆ 营业利润：是主营业务利润和其他业务利润之和。

（3）现金流量表

现金流量表是以现金及现金等价物为基础编制的，反映公司财务状态变动
以及原因的主要财务报表。

现金流量表提供公司在年度内有关现金收支的资料，帮助投资者分析公司
的生存能力、发展能力和适应市场变化的能力。

现金流量表所指的现金是广义的概念，主要指库存现金、银行存款、其他货币资金以及短期证券投资。

投资者在分析现金流量表时，可以分析公司现金流入及流出结构，现金收支是否平衡。另一方面可以通过计算有关的财务比率，将现金流量表与其他财务报表提供的资料进行结合分析。

与现金流量表有关的财务比率主要有现金流量与当期债务之比、现金流量与债务总额之比和每股现金流量等。如图 6-7 所示为现金流量表的具体应用。

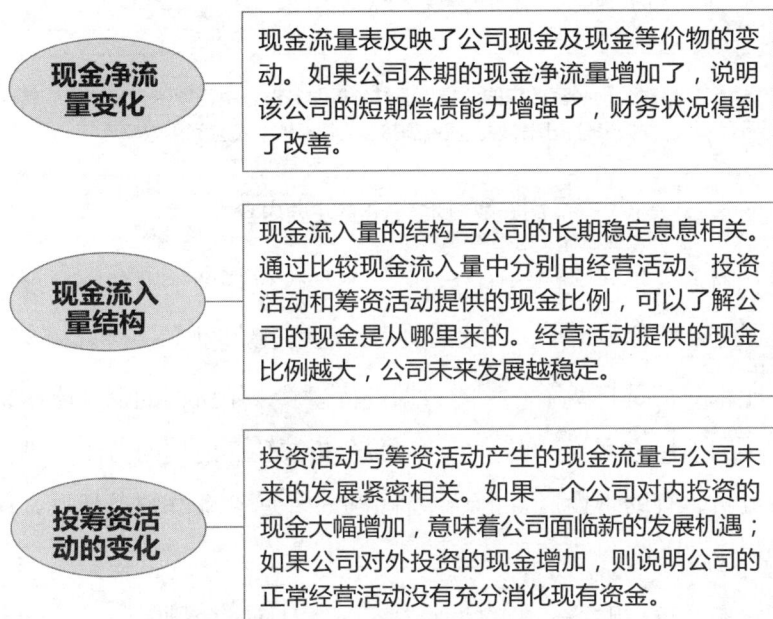

现金净流量变化 —— 现金流量表反映了公司现金及现金等价物的变动。如果公司本期的现金净流量增加了，说明该公司的短期偿债能力增强了，财务状况得到了改善。

现金流入量结构 —— 现金流入量的结构与公司的长期稳定息息相关。通过比较现金流入量中分别由经营活动、投资活动和筹资活动提供的现金比例，可以了解公司的现金是从哪里来的。经营活动提供的现金比例越大，公司未来发展越稳定。

投筹资活动的变化 —— 投资活动与筹资活动产生的现金流量与公司未来的发展紧密相关。如果一个公司对内投资的现金大幅增加，意味着公司面临新的发展机遇；如果公司对外投资的现金增加，则说明公司的正常经营活动没有充分消化现有资金。

图 6-7　现金流量表的应用

（4）财务分析的主要内容

财务分析主要从收益性分析、安全性分析、成长性分析和周转性分析这 4 个方面入手。具体内容如图 6-8 所示。

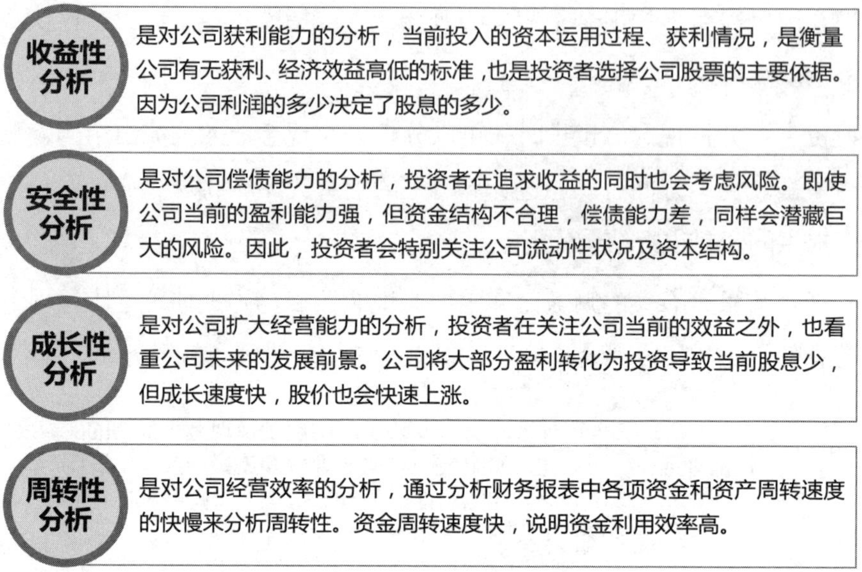

收益性分析 是对公司获利能力的分析，当前投入的资本运用过程、获利情况，是衡量公司有无获利、经济效益高低的标准，也是投资者选择公司股票的主要依据。因为公司利润的多少决定了股息的多少。

安全性分析 是对公司偿债能力的分析，投资者在追求收益的同时也会考虑风险。即使公司当前的盈利能力强，但资金结构不合理，偿债能力差，同样会潜藏巨大的风险。因此，投资者会特别关注公司流动性状况及资本结构。

成长性分析 是对公司扩大经营能力的分析，投资者在关注公司当前的效益之外，也看重公司未来的发展前景。公司将大部分盈利转化为投资导致当前股息少，但成长速度快，股价也会快速上涨。

周转性分析 是对公司经营效率的分析，通过分析财务报表中各项资金和资产周转速度的快慢来分析周转性。资金周转速度快，说明资金利用效率高。

图 6-8　财务分析的主要内容

在进行财务分析四大内容的分析时，不能仅仅停留在财务报表现有的数据上，而是通过计算各种比率，来达到更为直观更有效的财务分析目的。

财务比率分析是将两个有关的数据进行运算，用所得的财务比率来反应财务报表中不同项目之间的逻辑关系的一种分析技巧。运用财务比率进行各种维度的比较分析，有助于投资者正确评估企业的经营业绩和财务状况，便于调整投资结构和投资决策。

财务比率分析与财务分析的四大内容一一对应，分别是收益性比率、安全性比率、成长性比率和周转性比率。

其中收益性比率主要有资产报酬率、每股收益、每股净值、市盈率等，具体内容如表 6-1 所示。

表 6-1

项目	说　明
资产报酬率	又称为投资盈利率，是企业资产总额中平均每百元所能获得的纯利润。主要用以衡量公司运用所有投资资源最终获得的经营成效

续表

项目	说　明
每股收益	是指扣除优先股股息后的税后利润与普通股股数的比率。是衡量股票投资价值的重要指标之一，每股收益越多，则股票投资价值越高
每股净值	又称为每股账面价值或每股净资产额，是股东权益与股本总数的比率。通常而言，股票市价高于其资产净值，而每股资产净值又高于其面额。每股净资产的数额越高，表明公司的内部积累越深厚。因此那些净资产较高而市价不高的股票，具有不错的投资机会
市盈率	是每股市价与普通股每股净收益的比值。通常经营前景良好的公司的股票市盈率趋于升高；而经营前景黯淡的公司，其股票市盈率总会处于较低水平。市盈率是被投资者广泛用于评估公司股票价值的一个重要指标

安全性比率主要有流动比率、速动比率，其具体内容如表6-2所示。

表6-2

项目	说　明
流动比率	是衡量公司短期偿债能力最通用的指标，是流动资产与流动负债的比值。通过流动比率，可以知道公司1元的短期负债，能有几元流动资产可做清偿保证。流动比率越大，表明公司的短期偿债能力越强。财务正常的企业，流动比率不得低于1：1，通常认为2：1是最为科学合理的
速动比率	是速动资产与流动负债的比率。它是衡量公司到期清算能力的指标。通过速动比率，可以知道企业在极短时间内偿付短期债务的能力。通常认为速动比率最低限为0.5：1，保持在1：1则能保证流动负债的安全性

成长性比率是财务比率分析中的重要比率之一，它反映出公司的扩展经营能力，主要指标有总资产增长率、净利润增长率和利润留存率。

◆ 总资产增长率：是指期末总资产减去期初总资产之差除以期初总资产的比值，处于扩张时期公司的基本表现就是总资产增长率不断扩大，而处于生命周期末期的公司则表现为总资产增长率萎缩甚至负增长。

◆ 净利润增长率：本年净利润减去上年净利润之差再除以上年净利润的比值。净利润是公司经营业绩的最终结果。净利润的连续增长是公司成长性的基本特征，如其增幅较大，表明公司经营业绩突出，市场竞争能力强。

◆ 利润留存率：是指公司税后盈利减去应发现金股利后的差额和税后利
润的比率。表示公司的税后利润有多少用于发放股利，又有多少用于
留存收益和扩展经营。利润留存率越高，则表明公司发展的后劲越强。

常用的周转性比率有应收账款周转率、存货周转率、资产周转率等，具体
内容如表 6-3 所示。

表 6-3

项目	说明
应收账款周转率	是指销售收入与应收账款之间的比率。应收账款的周转率越高，每周转一次所需要的周期越短，表明公司收账越快。不同行业的企业，应收账款周转率因行业特性而不同，存在较大的差异
存货周转率	是指销售成本与商品存货之间的比率。周转率越高，说明存货周转速度越快，说明公司对存货的利用率越高，存货积压也少，经营管理效率也越高
资产周转率	是指销售收入与资产总额之间的比率。是用以衡量公司总资产是否得到充分利用的指标，该指标反映资产总额的周转速度，周转越快，企业资产的利用效果越好，企业的偿债能力和盈利能力也让人放心

随着股票市场的发展，为了方便投资者进行投资决策，市面上多数的股票
交易软件都会将大部分财务比率计算出来，供投资者进行查看与分析。如图 6-9
所示为中国建筑（601668）的相关信息示意图。

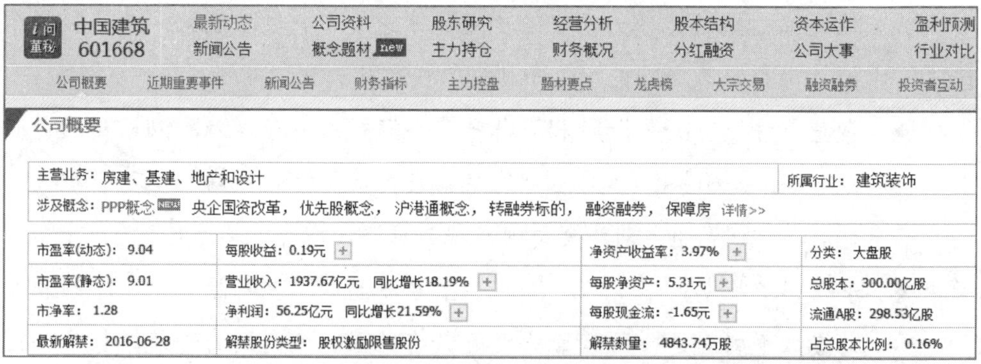

图 6-9　中国建筑信息示意图

通过上图投资者可以得到市盈率、市净率、每股收益、净利润、每股净资产等重要指标数据。这些数据能够满足多数投资者对企业的财务比率分析。

当然投资者还可以进行更为详细的财务分析，如图 6-10 所示为中国建筑主要财务指标示意图。

科目\年度	2015-03-31	2014-12-31	2014-09-30	2014-06-30	2014-03-31	2013-12-31
✅ 基本每股收益(元)	0.19	0.75	0.57	0.40	0.15	0.68
净利润(万元)	562,483.70	2,256,996.70	1,690,184.00	1,181,539.40	462,592.50	2,039,851.20
净利润同比增长率(%)	21.59	10.65	25.95	34.43	29.62	29.64
营业总收入(万元)	19,376,729.90	80,002,875.30	56,604,737.30	37,494,094.40	16,394,607.00	68,179,242.40
营业总收入同比增长率(%)	18.19	17.34	17.84	24.18	29.41	19.17
每股净资产(元)	5.31	4.63	4.42	4.18	4.08	3.93
净资产收益率(%)	3.97	17.70	13.60	9.60	3.85	18.60
净资产收益率-摊薄(%)	3.53	16.24	12.73	9.41	3.78	17.28
资产负债比率(%)	76.62	78.58	79.89	79.52	78.67	79.00
每股资本公积金(元)	0.96	0.96	0.97	0.96	0.96	0.98
每股未分配利润(元)	2.65	2.46	2.29	2.12	2.03	1.87
每股经营现金流(元)	-1.65	0.83	-1.48	-1.09	-1.26	0.09
销售毛利率(%)	11.25	12.58	11.39	12.36	11.25	11.87
存货周转率	0.47	2.09	1.41	0.96	0.43	2.08

图 6-10　中国建筑主要财务指标示意图

通过上图投资者可以详细看到中国建筑一段时间以来的净利润及增长率、营业总收入及增长率、每股净资产、净资产收益率、资产负债比率、存货周转率等多种财务指标的变化情况。

通过这些数据，投资者可以进行横向或纵向的多维度比较，对中国建筑进行综合分析，从而做出投资决策。

实例分析

通过公司的财务数据分析收益率

A 公司 2018 年初资产总额为 32 808 万元，2018 年末资产总额为 46 976 元，则其平均资产总额为（32 808+46 976）÷2=39 892 万元，税后利润为 2 678 万元，则其资产报酬率 =2 678÷39 892=6.71%，表明 A 公司每投入 100 元资产，就能获得收益 6.71 元。

B 上市公司 3 月送股转增股数为 7 363 万股，到 12 月底计算每股收益，3 月份距 12 月份共计 9 个月，所以送股转增股的加权股本应该为 7 363×9÷12=5 522 万股，如果公司原有股本为 9 203 万股，那么到 12 月底公司的加权总股本为 9 203+5 522=14 725 万股。税后利润减去优先股股息等于 2 678 万元。

因此每股收益为 2 678÷14 725=0.18 元。

某企业普通股每股市价为 10 元，每股获利为 0.4 元，则市盈率即为 10÷0.4=25，表示该股票的市价是每股税后利润的 25 倍，其倒数为 4%，表示投资于该股票的投资报酬率为 4%。

NO.006 股东研究

很多投资者可能不明白，投资股票为什么要去研究公司的股东？其实股东研究主要是分析公司的股东人数以及前十大流通股东。通过分析我们可以得到投资者需要的信息，帮助投资者分析企业的投资价值以及投资前景。

◆ 股东人数

股东人数是指当前市场中持有企业流通股的总人数。通常情况下股东人数与股票价格成反比，股东人数越少，股价可能会不断上涨。

投资者同样可以在股票交易软件中，查看某公司一段时间以来的股东人数变换情况，从而帮助预测股价走势。

实例分析

查看璞泰来（603659）的股东人数情况

如图 6-11 所示为璞泰来从 2017 年 12 月 31 日至 2019 年 9 与 30 日的股东人数变化情况。

从图中可以看到在 2017 年 12 月 31 日时，股东人数为 2.68 万户，筹码集中度非常分散化，股价为 55.32 元。而在 2019 年 9 月 30 日时，股东人数为 9234 户，筹码非常集中，此时的股价为 51.20 元。

股东人数不仅仅可以横向与本企业不同周期比较，还可以与同行业进行比较，即参照行业平均水平进行分析。

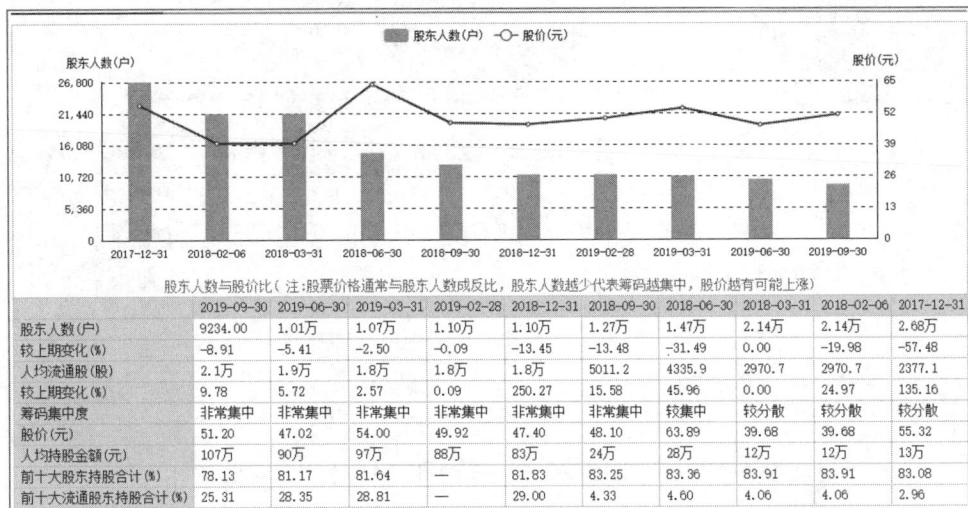

股东人数与股价比（注：股票价格通常与股东人数成反比，股东人数越少代表筹码越集中，股价越有可能上涨）

	2019-09-30	2019-06-30	2019-03-31	2019-02-28	2018-12-31	2018-06-30	2018-03-31	2018-02-06	2017-12-31
股东人数(户)	9234.00	1.01万	1.07万	1.10万	1.10万	1.27万	1.47万	2.14万	2.14万	2.68万
较上期变化(%)	-8.91	-5.41	-2.50	-0.09	-13.45	-13.48	-31.49	0.00	-19.98	-57.48
人均流通股(股)	2.1万	1.9万	2.1万	1.8万	1.8万	5011.2	4335.9	2970.7	2970.7	2377.1
较上期变化(%)	9.78	5.72	2.57	0.09	250.27	15.58	45.96	0.00	24.97	135.16
筹码集中度	非常集中	非常集中	非常集中	非常集中	非常集中	非常集中	较集中	较分散	较分散	较分散
股价(元)	51.20	47.02	54.00	49.92	47.40	48.10	63.89	39.68	39.68	55.32
人均持股金额(元)	107万	90万	97万	88万	83万	24万	28万	12万	12万	13万
前十大股东持股合计(%)	78.13	81.17	81.64	—	81.83	83.25	83.36	83.91	83.91	83.08
前十大流通股东持股合计(%)	25.31	28.35	28.81	—	29.00	4.33	4.60	4.06	4.06	2.96

图 6-11　璞泰来从 2017 年 12 月 31 日至 2019 年 9 与 30 日的股东人数

从图中可以看出虽然持股的人数呈现减少的趋势，但价格却没有跟随下降，说明散户持股较少，盘中持股多为大股东或机构，股价表现稳定走势。

◆ 前十大流通股东

一个企业的前十大流通股东持有着大部分该企业的流通股，所以这些股东的身份会对企业造成不可忽视的影响。

前十大流通股东因其持有的股份比例大，因此都是拥有强大经济实力的机构或个人。主要有社保基金、基金公司旗下的股票型基金、非银金融机构，投资者个人等。

实例分析

查看济民制药（603222）的前十大流通股东

如图 6-12 所示为济民制药 2019 年 9 月 30 日的十大流通股东示意图。

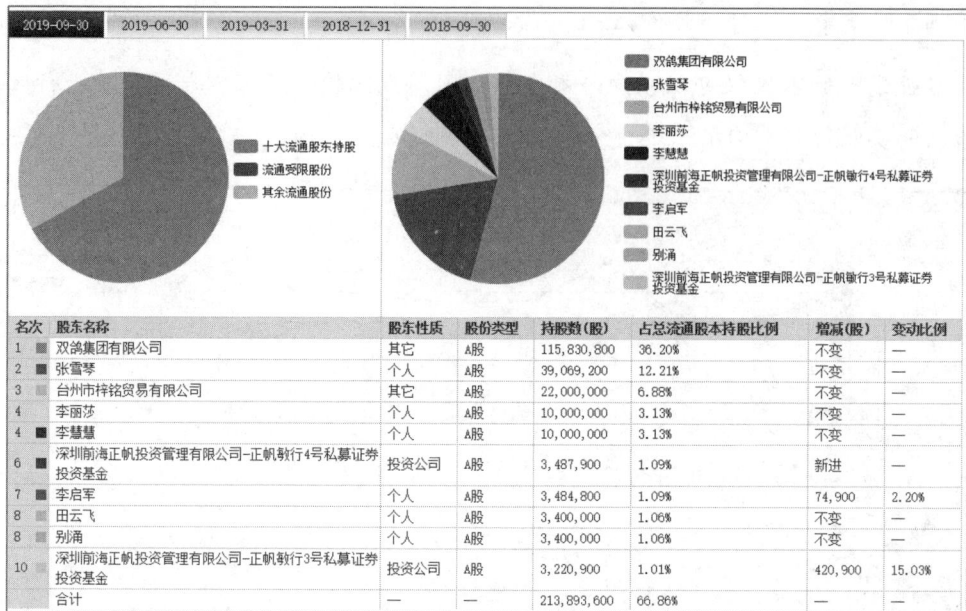

图6-12　济民制药2019年9月30日的十大流通股东

根据上图展示的前十大流通股东来看，该股的前十流通股东类型多样，既有个人股东，也有投资公司，其中个人股东占多数。另外，在持股的增减变化方面可以看到，前十大流通股东都为不变或新进，没有减少的情况，说明他们对该股的后市变化具有极大的兴趣。

投资者不仅可以分析企业最新的十大流通股东，还可以将其与上一个报告期进行对比，观察上个报告期退出的前十大流通股东。

第 **7** 章

基金持仓个股的技术分析

技术分析是股票分析中的支柱，是使用者最多、成功率最高的分析方法。在技术分析中，趋势理论、形态理论以及波浪理论是影响最为深远的3类，本章将重点介绍这3类经典技术理论，并对基本面分析个股做简单讲述。

7.1 经典技术分析理论

所谓的技术分析理论，是应用金融市场最简单的供求关系，观察其变化规律，寻找、摸索出一套分析市场走势、预测市场未来趋势的金融市场分析方法。

NO.001 利用趋势理论分析个股

趋势是指股价的波动方向，也代表着市场的发展方向。在实际情况中，趋势不会单一的上升或下降，而是有很多的曲折和反复，通过每个波段的高点或低点，就可以看出趋势的方向。

股价变动趋势按照时间长短可划分为主要趋势、次要趋势和短期趋势。几个短期趋势形成次要趋势，几个次要趋势又会形成主要趋势。

主要趋势走到尽头，股价无法再朝同方向变动，只能发生反转，开始朝反方向的长期变动趋势发展。

◆ 主要趋势：大部分股票的股价随股市上升或下降的变动趋势。通常，这种趋势持续时间为一年以上，股价变动幅度超过 20%。

◆ 中期趋势：也称次级趋势，因为次级趋势经常与基本趋势的运动方向相反，并对其产生一定的牵制作用，因而也称为股价的修正趋势。这种趋势持续的时间从 3 周至数月不等。

◆ 短期趋势：为股价短暂的波动，其波动时间很少超过 3 个星期，一般少于 6 天。通常情况下，3 个短期趋势即可以形成一个中期趋势。

趋势理论是根据道氏理论衍化而来的，道氏理论的创始者是查尔斯·道，后来又经过威廉姆·皮特·汉密尔顿和罗伯特·雷亚的继承和发展，通过组织与归纳而成今天我们熟知的道氏理论。

趋势理论是反映市场总体趋势的晴雨表，它是根据价格模式的研究，推测未来价格行为的一种方法。

对于股票型基金持仓的个股而言,基金经理一定是看好个股的中长期走势,才会选择买入。而研判股价的长期趋势正是趋势理论的强项所在,所以需要投资者耐心学习。如图 7-1 所示为道氏理论的五大定理。

任何市场都有三种趋势

短期趋势——持续数天至数个星期。
中期趋势(次要趋势)——持续数个星期至数个月。
长期趋势(主要趋势)——持续数个月至数年。

主要走势代表整体的基本趋势

主要走势代表整体的基本趋势,通常称为多头或空头市场,持续时间可能在一年以内,乃至于数年之久。因此,正确判断主要走势的方向,是投资行为成功与否的最重要因素。

主要的空头市场

主要的空头市场是长期向下的走势,其间夹杂着重要的反弹,它来自各种不利的经济因素。

主要的多头市场

主要的多头市场是一种整体性的上涨走势,其中夹杂次级的折返走势,平均的持续期间长于两年。

次级折返走势

次级折返走势是多头市场中重要的下跌走势,或空头市场中重要的上涨走势,持续的时间通常在三个星期至数个月,此期间内折返的幅度为前一次级折返走势结束之后主要走势幅度的 33% 至 66%,次级折返走势经常被误以为是主要走势的改变,例如多头市场的初期走势,会被认为是空头市场的次级折返走势,一样的情况则会发生在多头市场的顶部区域。

图 7-1　道氏理论五大定理

股价的主要走势代表整体的基本趋势,一般分为多头市场或空头市场,持续时间可能在一年以内,也可能达到数年之久,正确判断主要走势的方向,是投资行为成功与否的最重要因素。

如图 7-2 所示为上证指数（999999）2019 年 1 月至 11 月 K 线走势。

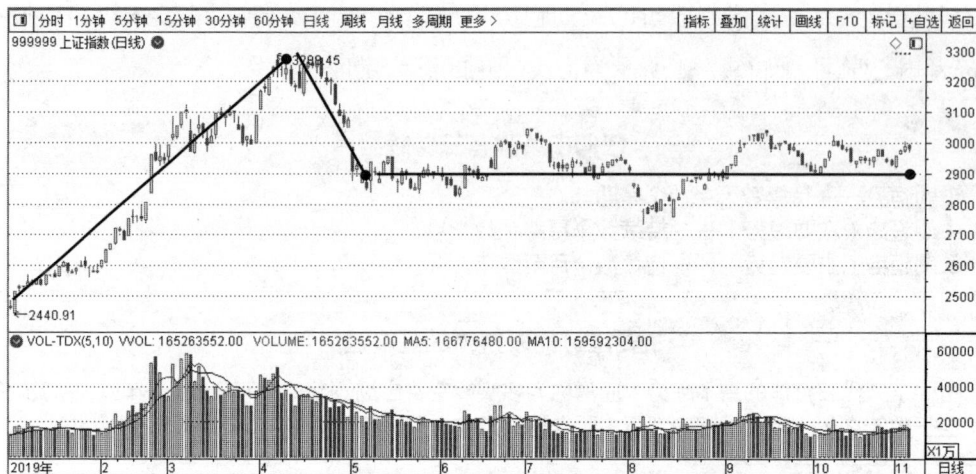

图 7-2　上证指数 2019 年 1 月至 11 月的 K 线走势

从上图可以看到，上证指数在这近一年的时间里形势多变，1 月至 4 月中旬为多头市场，上证指数进入上升通道，表现出稳步向上的趋势，投资者如果能够在此时抓住时机认清趋势方向，就能获利。

上证指数上涨到 4 月中旬见顶下跌，连续放出多根大阴线，大幅向下。下跌至 2900 位置线附近时止跌，随后上证指数在 2900 位置线附近上下波动，直至 11 月。虽然中途有小幅上涨的情况出现，但很快又被拉下，属于空头市场。此时投资者要谨慎入市或持币观望。

◆ 主要的多头市场

主要的多头市场是一种整体性的上涨走势，其中夹杂次级的折返走势，如图 7-3 所示。

图 7-3　多头市场股价主要趋势

在多头市场中，股价普遍上涨，其中会有小幅下跌，但是多头市场总有转为空头的一天，下面我们通过一个图示讲解多头的转化，如图7-4所示。

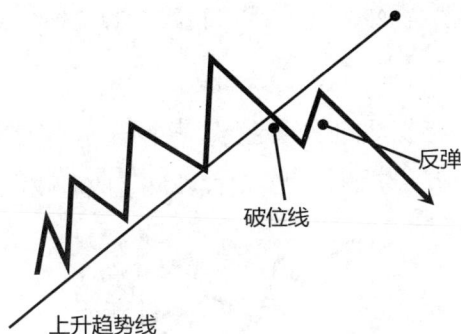

图 7-4　多头市场的转化

股价当前处于多头市场，股价在趋势线上方运行，当股价自上而下突破趋势线时，则意味着股价反转，呈现破位下跌，股价会有一个反弹的向上运行的行为，但是在碰到趋势线处会立刻下降，被称为反弹，但因为股价位于高位，所以有时股价会直接下跌。

如图7-5所示为上证指数（999999）2019年1月至5月的K线走势。

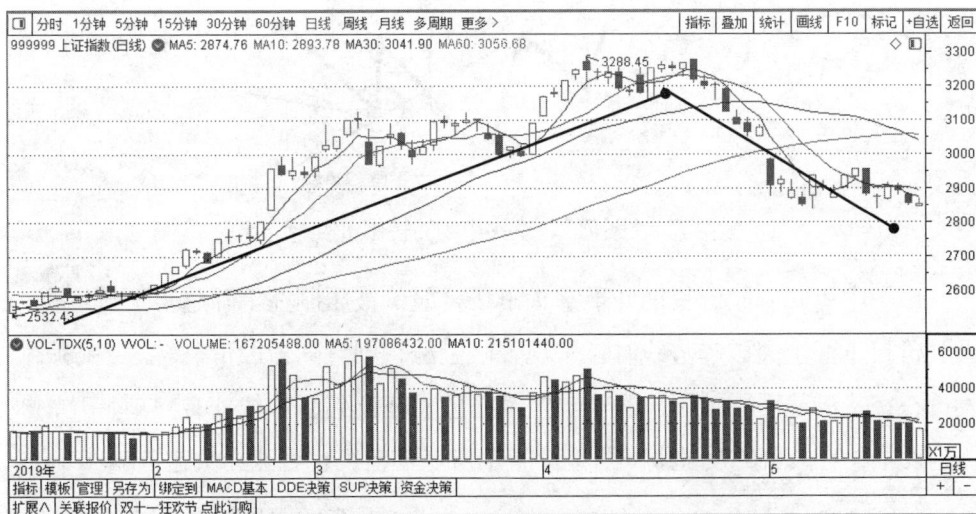

图 7-5　上证指数 2019 年 1 月至 5 月的 K 线走势

从上图可以看到，上证指数在 1 月至 4 月期间，股价在趋势线上方运行，表现多方市场。到 4 月中旬，股价从上向下穿破趋势线，运行至趋势线下方，说明行情反转。当股价跌至 2900 位置线时止跌，表现横盘整理走势。

◆ 主要的空头市场

主要的空头市场是指长期向下的走势，其间夹杂着重要的反弹。它的形成来自各种不利的经济因素，例如公司的负面新闻、政府政策等，如图 7-6 所示。

图 7-6　空头市场的股价表现

在空头市场中，股价一片大跌，其中会有小幅反弹，但是空头市场总有转为多头的一天，下面我们通过一个图示讲解空头的转化，如图 7-7 所示。

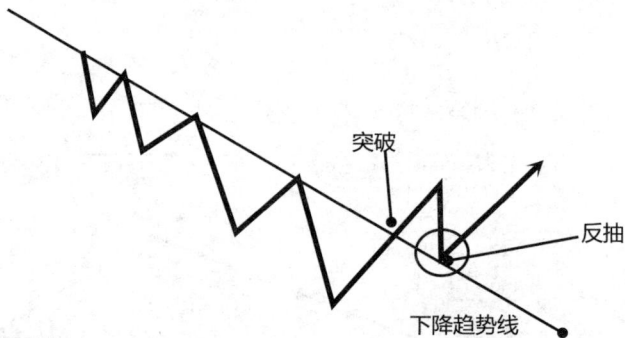

图 7-7　空头市场的转化

由图中可知，股价长期处于空头市场，股价被压制在下降趋势下方运行，当股价自下而上突破趋势线时，呈现突破上涨，则意味着股价反转。突破后，股价在空头的最后一搏下再次小幅下跌，但是在碰到趋势线处会立刻上升，被称为反抽，在股价的反抽期间可能会长期筑底横盘，也可能会快速上涨。

如图 7-8 所示为九州通（600998）2019 年 3 月至 10 月的 K 线走势图。

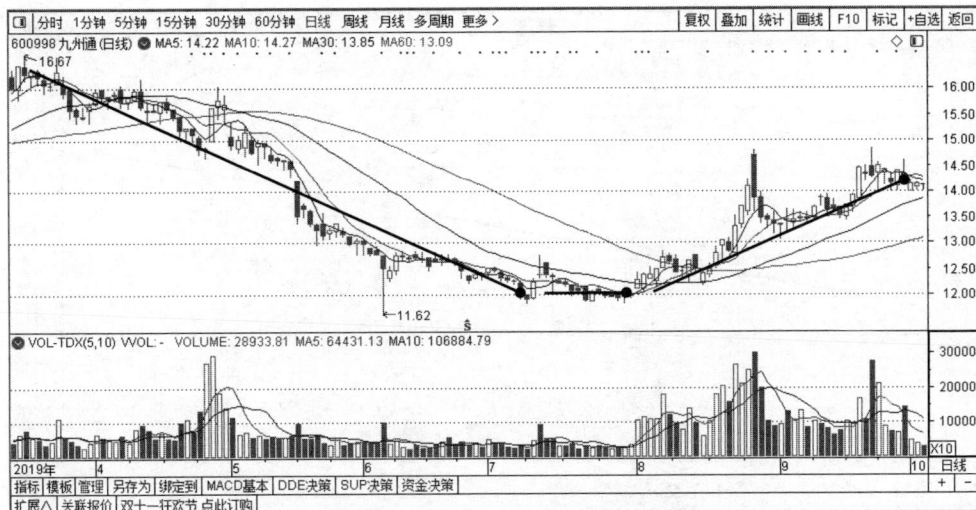

图 7-8　九州通 2019 年 3 月至 10 月的 K 线走势

从图中可以清楚看到，在 7 月之前，股价都处于下跌趋势中，随后在 12.00
元的价位线附近整理了一段时间后，开始回升。在 8 月初开始表现出震荡向上
的走势。

◆　趋势线及应用法则

趋势线是趋势理论分析的重中之重。趋势线主要包括下跌支撑线以及上升
阻力线。

股价在一段时间内一个低点比一个低点高，将多数低点连接起来就形成了
上升趋势线，对股价起着强力支撑作用，支撑股价继续上涨；如果股价一个高
点比一个高点低，将下降的各个高点连接起来就形成了下降趋势线，对股价起
阻力作用。

在确定股价变化的趋势线时，如果股价暂时跌破原有的趋势线，就必须重
新将早期的高点或低点与最近的高点或低点进行连接，形成新的趋势线。

如图 7-9 所示为宝钛股份（600456）K 线图中的上升趋势线。

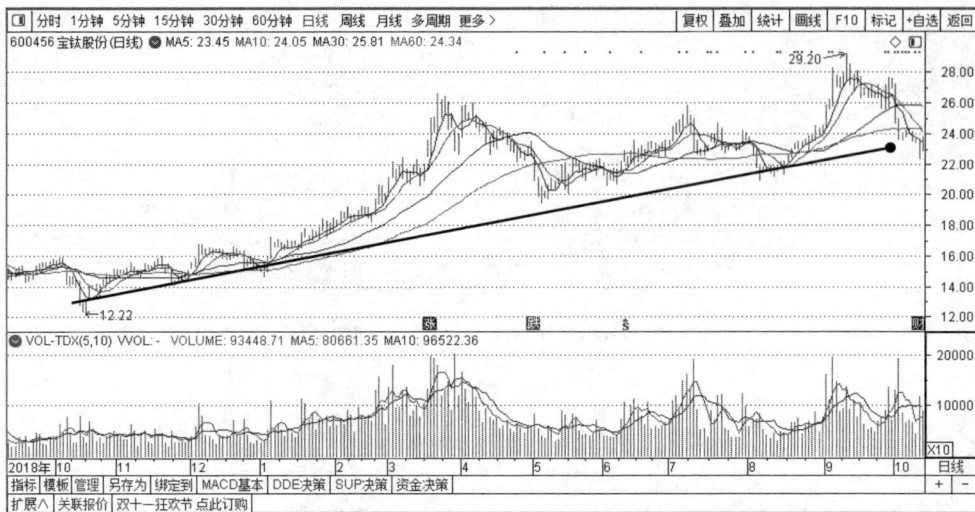

图 7-9　宝钛股份 K 线图中的上升趋势线

在进行趋势分析之前，投资者要根据以下 3 个标准来对趋势线的可靠性进行判断。

①趋势线被触及的次数越多，说明趋势线越可靠。

②趋势线的角度越大，说明市场交易价格变动越大，可靠性越低。

③趋势线所跨越的时间越长，可靠性越高。

当发现上涨趋势形成后，在股价回落到上涨趋势线附近时，是买入时机；当发现下跌趋势形成后，在股价反弹到下跌趋势线附近时，是卖出时机。

当上涨趋势运行一段时间后，若股价从上向下突破上升趋势线，说明行情拐点来临，股价将改变运行趋势，此时是卖出时机。

在中期上涨趋势中，股价在急速上升一段时间后，会进入短期的回调行情中，这时股价会受一条短期下降趋势线的压制，而当股价向上突破该短期下降趋势线时，是中期上升趋势保持的信号。

因此投资者在分析基金持仓个股的趋势时，不要因为短期趋势处于下降中而否定某只股票，而应对其中期趋势甚至长期趋势进行判断。只要中长期趋势保持在上升过程中，这类股票就值得继续持有。

如图 7-10 所示为妙可蓝多（600882）2019 年 3 月至 11 月的 K 线走势。

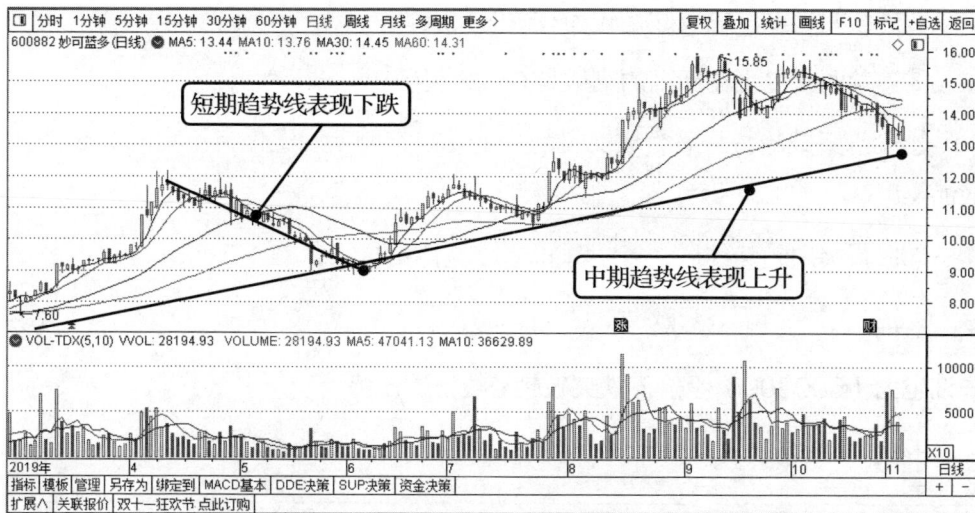

图 7-10　妙可蓝多 2019 年 3 月至 11 月的 K 线走势

从图中可以看到，妙可蓝多在 2019 年 3 月至 11 月这一期间整体上表现出上升的趋势，走势的重心不断升高。但从短期趋势来看，4 月至 6 月，这两个月的时间内，该股一直表现下跌走势，股价不断创下新低，空方占据优势。这种走势一直维持到 6 月中旬，股价才止跌回升。

这样的走势属于正常的状况，随着上升趋势不断发展，跨越的时间不断延长，上升趋势已经成为中期趋势。而在中期趋势中，股价不可能一直上涨。

总会出现短期的回调，投资者不能被短期回调蒙蔽双眼而盲目判断。在对基金持仓个股的趋势进行分析时，所持视角应该更为宏观一点。只要股价仍处于上升趋势中，就值得持有。

正确判断趋势线的有效突破，有助于投资者进行正确的投资分析。当判明股价涨破阻力趋势线后应及时买进，当股价跌破支撑线后应及时卖出。因此正确判断趋势线的有效突破十分重要。通常而言，下列突破都是有效突破。

①收盘价突破趋势线通常是有效的突破，而盘中股价曾经突破趋势线，但收盘价未突破趋势线的突破是无效突破。

②连续两天以上的突破是较为有效的突破。

③连续两天以上创新高的突破是有效的突破。

④股价突破趋势线后，成交量同步上升或与前期相比保持不变的突破是有效的突破。

⑤股价突破趋势线后，持续时间越长，突破越有效。

实例分析

长江电力（600900）股价下跌突破趋势线行情走势

如图 7-11 所示为长江电力 2019 年 1 月至 11 月的 K 线走势。

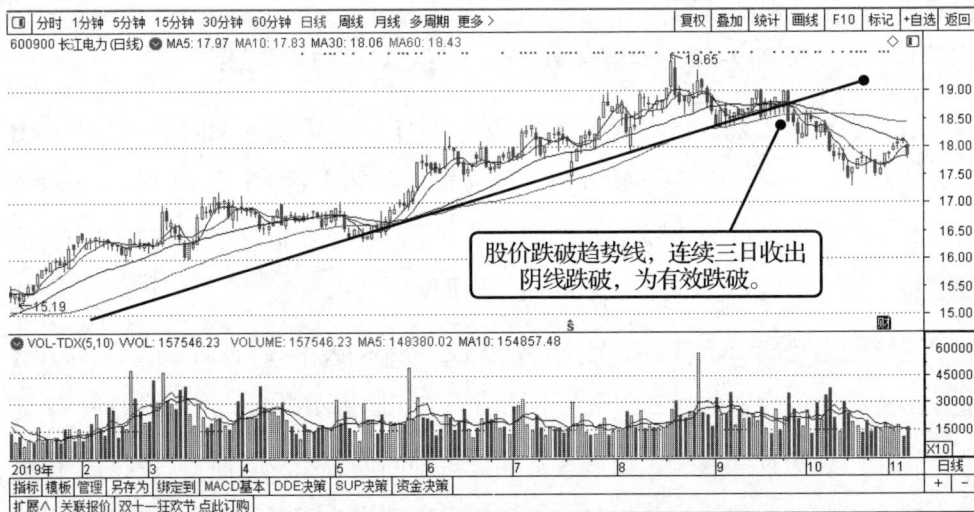

图 7-11　长江电力 2019 年 1 月至 11 月的 K 线走势

从上图可以看到，该股股价在 2019 年 1 月至 8 月底这段时间一直表现上涨行情，股价在上升趋势线的支撑下不断拔高，在 8 月中旬创下 19.65 元的高价后向下回调接近趋势线，在趋势线附近调整。

最终在 9 月 25 日，股价低开低走，收出一根大阴线，股价跌破趋势线，随后两天的交易日连续放出两根中阴线，所以此次的跌破被认为是有效跌破，后市行情看跌。

如果某只基金的持仓中有这类股价见顶回落的股票，投资者则不应再购买此基金。

实例分析

中国平安（601318）股价跌破趋势制造见顶假象

如图 7-12 所示为中国平安 2018 年 12 月至 2019 年 11 月的 K 线走势。

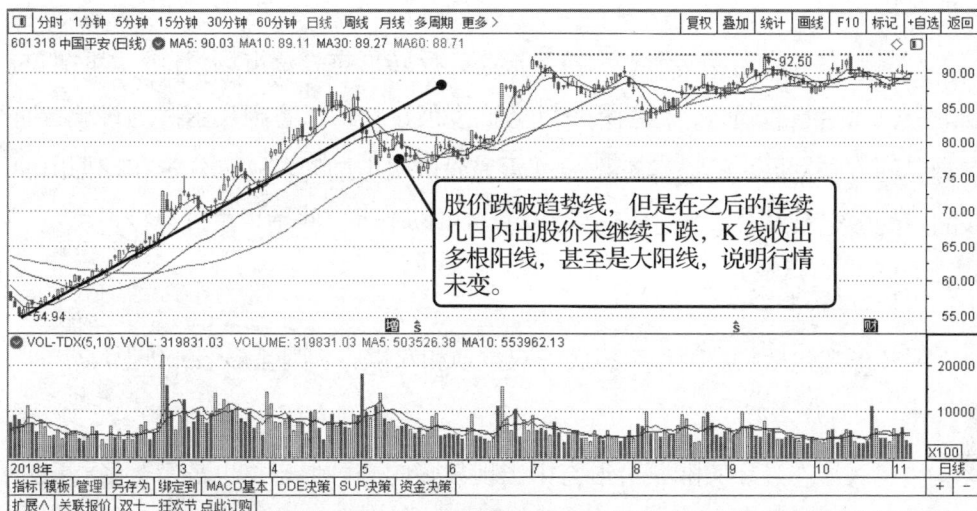

图 7-12　中国平安 2018 年 12 月至 2019 年 11 月的 K 线走势

从上图可以看到，该股在 2018 年 12 月至 2019 年 4 月中旬这一阶段中表现稳定的上升行情，股价在上升趋势线的支撑下稳步向上，不断创下新高。到了 2019 年 4 月中旬，股价向下回调接近趋势线，5 月 6 日一根低开低走的大阴线跌破趋势线，5 月 7 日股价继续走低，K 线收出一根长下影阴线，有股价见顶回落的迹象。

在之后连续多个的交易日中股价没有继续下跌，而是出现多根阳线，甚至是高开高走的大阳线，说明此时场内主力正在整理，清除浮筹，此次的跌破是主力为了之后的拉升做的准备。

从后市的走势也可以看出，股价在假突破之后迎来了短暂回调，随后股价继续上涨，走出良好的上升趋势。

NO.002　个股的形态理论分析

形态分析是技术分析的重要组成部分，它通过对市场横向运动时形成的各种价格形态进行分析，并且配合成交量的变化，推断出市场现存的趋势将会延续或反转。

价格形态可分为反转形态和持续形态，反转形态表示市场经过一段时期的酝酿后，改变原有趋势，而朝相反的方向发展，持续形态则表示市场将顺着原有趋势的方向发展。形态理论是通过研究股价所走过的轨迹，分析和挖掘出曲线的一些多空双方力量的对比结果，投资者可以根据这些结果再进行投资决策。

（1）反转形态

反转形态包括头肩顶和头肩底、双重顶和双重底、圆弧形态、V形反转。

◆　头肩底形态

头肩底形态是在实际股价形态中出现最多的一种形态，也是最著名和最可靠的反转突破形态，头肩底形态只有一个最低点，两肩的低点价位非常接近。如图7-13所示为头肩底形态示意图。

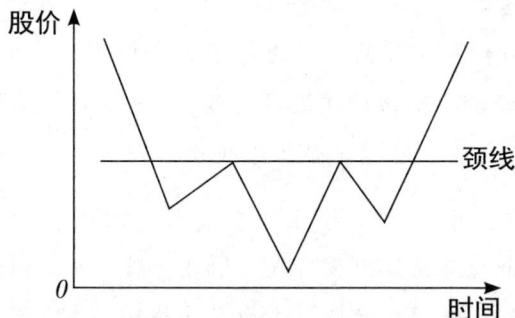

图7-13　头肩底示意图

这一形态具有以下特征。

①头肩底形态的两肩低点大致相等。

②就成交量而言，左肩最少，头部次之，右肩最多。股价突破颈线不一定需要大成交量配合，但是日后继续上涨时成交量会放大。

实例分析

环旭电子（601231）头肩底形态出现行情反转

如图 7-14 所示为环旭电子 2019 年 4 月至 9 月 K 线走势。

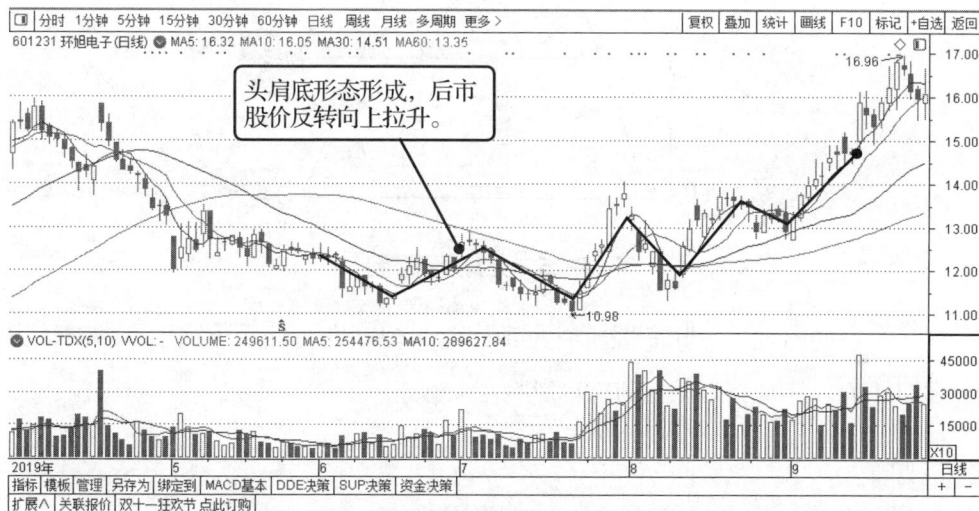

图 7-14　环旭电子 2019 年 4 月至 9 月 K 线走势

从上图可以看出，该股股价在 4 月至 6 月中旬这一阶段处于下跌行情中，股价不断下跌。到 6 月中旬股价止跌，K 线连续走出多根跳空高开的阳线，股价上升，行情维持了半个月，7 月初股价滞涨，K 线连续收出 8 根阴线，股价表现下跌行情，在 7 月 22 日创出 10.98 元的最低价。

在随后的交易日中，K 线连续收出多根高开高走的大阳线，成交量表现放量，股价上涨。但该行情只维持了一周左右，股价又表现下跌行情，但此时成交量仍然表现放量，说明此次的下跌有成交量的支撑，股价没有深跌。当股价跌至

12.00 元位置线附近时股价止跌表现上涨。这两波行情形成了典型的头肩底形态，说明后市股价将发生反转，股价将大幅上涨。

◆ 头肩顶形态

头肩顶形态是一个可靠的卖出信号，通过 3 次连续的起落构成该形态的 3 个部分，也就是有 3 个高点，中间的高点比另外两个高点要高，称为"头部"，左右两个相对较低的高点称为"肩部"。如图 7-15 所示为头肩顶形态示意图。

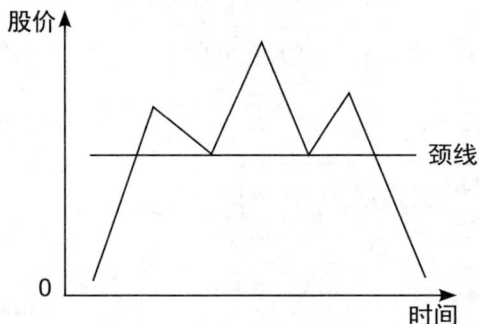

图 7-15　头肩顶示意图

该形态的出现，意味着股价将见顶回落，短期内将处于下跌中。持有该类个股的基金，其收益必然受到直接影响。

实例分析

合康新能（300048）头肩顶形态出现行情反转

如图 7-16 所示为合康新能 2019 年 2 月至 11 月的 K 线走势。

从图中可以看到，该股在 3 月中旬以前表现出稳定的上涨走势，到 3 月中旬股价滞涨下跌，跌至 3.00 元价位线附近股价止跌上涨，形成第一个高点。随后股价一路表现上涨，出现多根跳空高开高走的大阳线，将股价拉升至最高价 4.14 元。

4 月 26 日股价低开低走，收出一根大阴线，随后股价下跌，跌势维持了近两个月，股价跌至 2.80 元价位线附近，形成第二个高点。6 月下旬股价止跌上涨，这一波涨势只维持了十多个交易日，股价便滞涨下跌，由此形成了第三个高点。

这 3 个高点形成了典型的头肩顶形态，说明股价上涨的行情已经结束，后市股价将进入下跌行情。

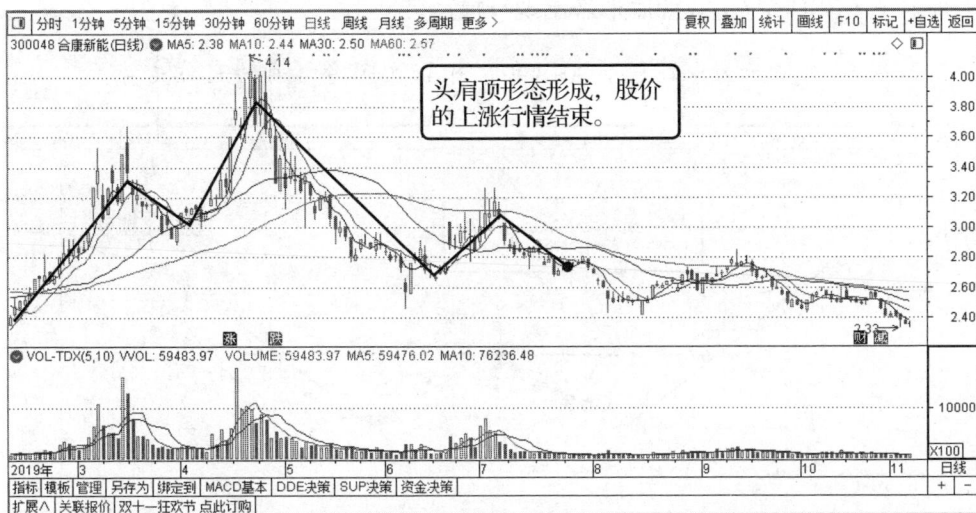

图 7-16　合康新能 2019 年 2 月至 11 月的 K 线走势

◆　双重底形态

双重底又称为 W 形底，W 形底的形成一般是在下跌趋势的末期，股价下跌到第一个低点建立了阶段性最低价位后，股价开始回升，受到下降压力线的打压，这次的下跌在前一个低价位附近停止，过后股价又继续上升，这样就形成了两个底的形状，形态状似"W"，因此又称为 W 形底。如图 7-17 所示为双重底形态示意图。

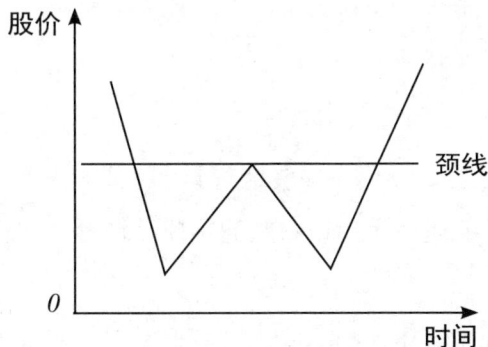

图 7-17　双重底示意图

实例分析

中颖电子（300327）双重底形态出现行情反转向上

如图 7-18 所示为中颖电子 2018 年 7 月至 2019 年 4 月的 K 线走势。

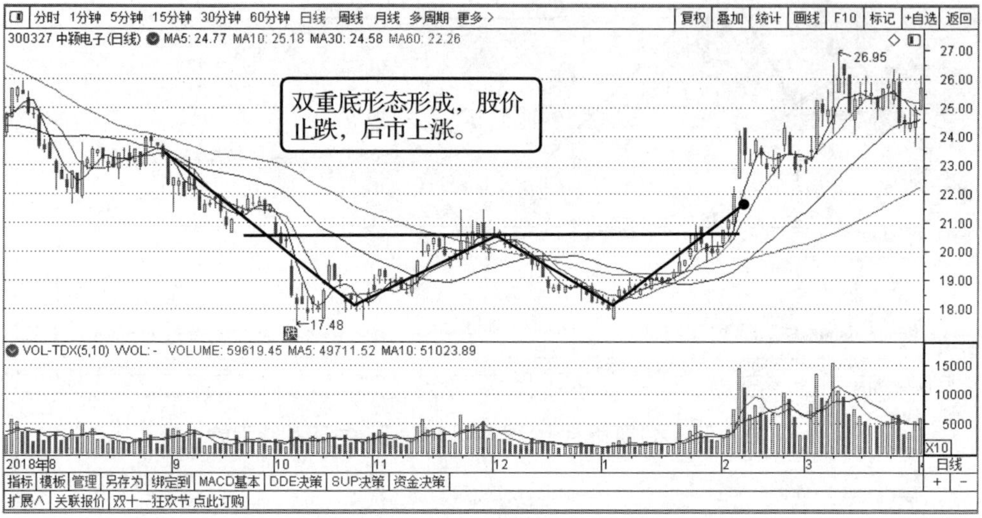

图 7-18　中颖电子 2018 年 7 月至 2019 年 4 月的 K 线走势

从上图可以看到，该股从 2018 年 7 月开始便表现下跌行情，K 线走势重心不断下移。股价运行到 10 月中旬，股价止跌上涨，该段上涨行情维持近两个月的时间，随后股价又开始下跌，下跌至 2019 年 1 月初，股价止跌向上回升。两次下跌回升形成的低点都在价位线 18.00 元附近，形成典型的双重底形态，说明该股的跌势已尽，后市将反转向上，而股价向上突破颈线的位置为投资者最好的介入点。

◆　双重顶形态

双重顶又称 M 形顶，该形态一般是在上升行情的末期出现，它与双重底形态的作用刚好相反，它是一个后市看跌的见顶反转形态。双重顶反转形态一般具有如下特征。

①形态的高点并不一定在同一水平，通常第二个顶点比第一个顶点稍高，是高位追涨筹码介入拉高的结果，由于主力借机出货，因此股价上涨力度不大。

②形态的两个顶点就是股价这轮上升行情的最高点，当股价有效跌破形态
颈线（第一次下跌的低点为颈部）时行情发生逆转，投资者应果断卖出股票。
如图 7-19 所示为双重顶示意图。

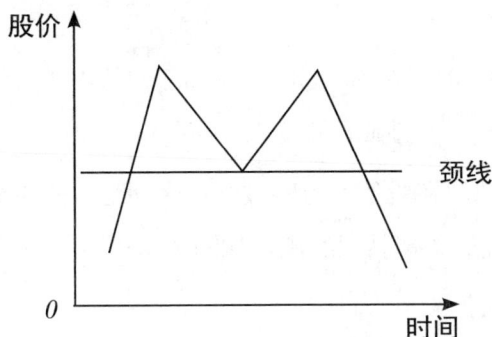

图 7-19　双重顶示意图

实例分析

大唐发电（601991）双重顶形态出现行情反转下跌

如图 7-20 所示为大唐发电 2019 年 2 月至 11 日的 K 线走势图。

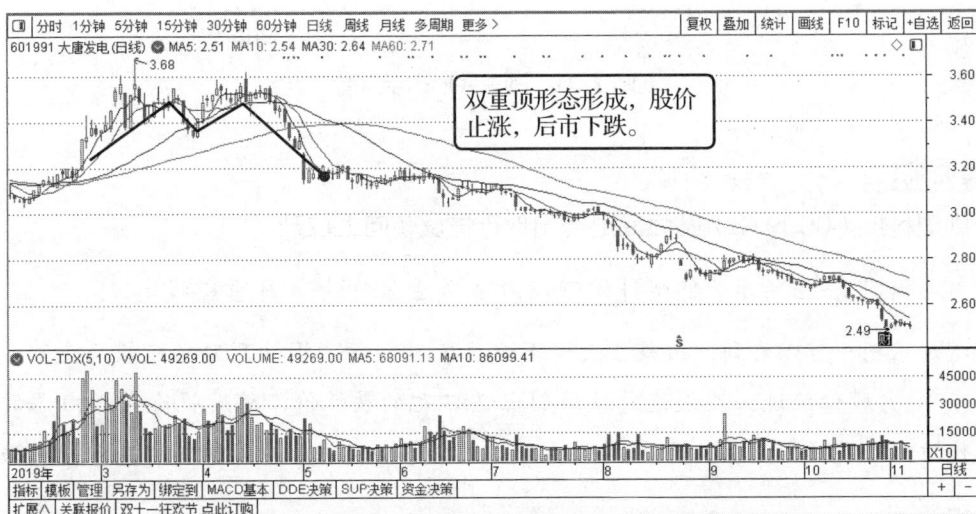

图 7-20　大唐发电 2019 年 2 月至 11 日的 K 线走势图

从上图可以看到，该股从 2019 年 2 月开始便表现出稳定的上升行情，股价

一路高涨，涨至 3.50 元价位线附近时股价滞涨。随后股价下跌，跌势维持了十多个交易日，又止跌继续上涨，随后又表现下跌。两波行情的高点位置相近，形成明显的双重顶形态，说明行情发生反转，后市股价下跌。

◆ 圆弧底形态

圆弧底是指将股价在一段时间内每一局部的低点用折线连起来，会发现这些低点的连线类似于一条圆弧的弧线。

当圆弧底形态出现在股价运行的较低位区间时，是明显的股价见底信号，这时应根据市场变化，借机持股待涨。如图 7-21 所示为圆弧底形态示意图。

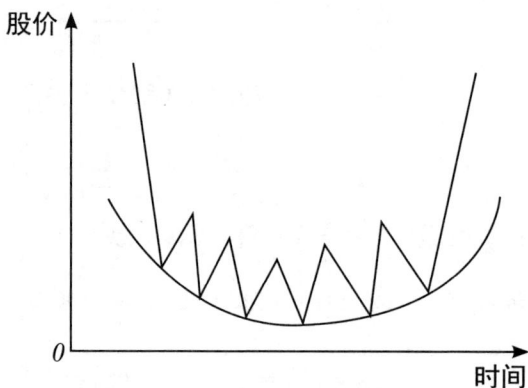

图 7-21　圆弧底形态示意图

实例分析

佛塑科技（000973）圆弧底形态出现行情反转向上拉升

如图 7-22 所示为佛塑科技 2018 年 6 月至 2019 年 4 月的 K 线走势。

从图中可以看到，该股在大幅下跌后在 2018 年 9 月出现跌势减缓的走势，在 10 月股价经过一波快速急跌后创出 2.87 元的最低价，随后股价在 3.00 元的价位线企稳缓慢上涨，形成典型的圆弧底形态，说明后市股价发生反转，止跌上涨。

根据后市的行情可以看出，圆弧底形态出现之后，股价在 3.50 元价位线附近整理一段时间后开始大幅向上拉升。

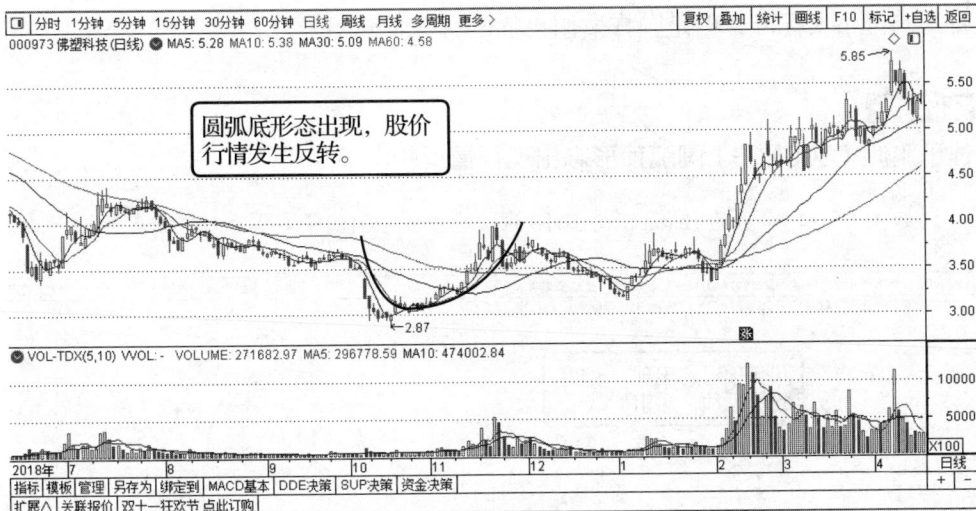

图 7-22 佛塑科技 2018 年 6 月至 2019 年 4 月的 K 线走势

◆ 圆弧顶形态

圆弧顶是指将股价在一段时间内每一局部的高点用折线连起来,会发现这些高点的连线类似于一条圆弧的弧线。

只有当圆弧顶形态出现在股价运行的高位区间时,才会有股价见顶的信号,这时应根据市场变化,择机卖出股票。如图 7-23 所示为圆弧顶形态示意图。

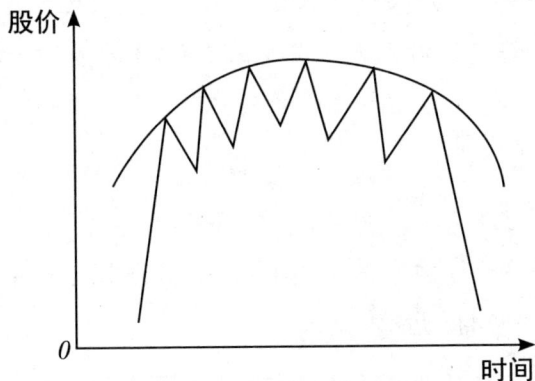

图 7-23 圆弧顶示意图

在实战操盘中,标准的圆弧底和圆弧顶形态比较少见,大多数时候,这两种形态都不太标准，但是同样发出可靠的行情反转信号。

实例分析

佳讯飞鸿（300213）圆弧顶形态出现行情反转向下

如图 7-24 所示为佳讯飞鸿 2018 年 11 月至 2019 年 5 月的 K 线走势。

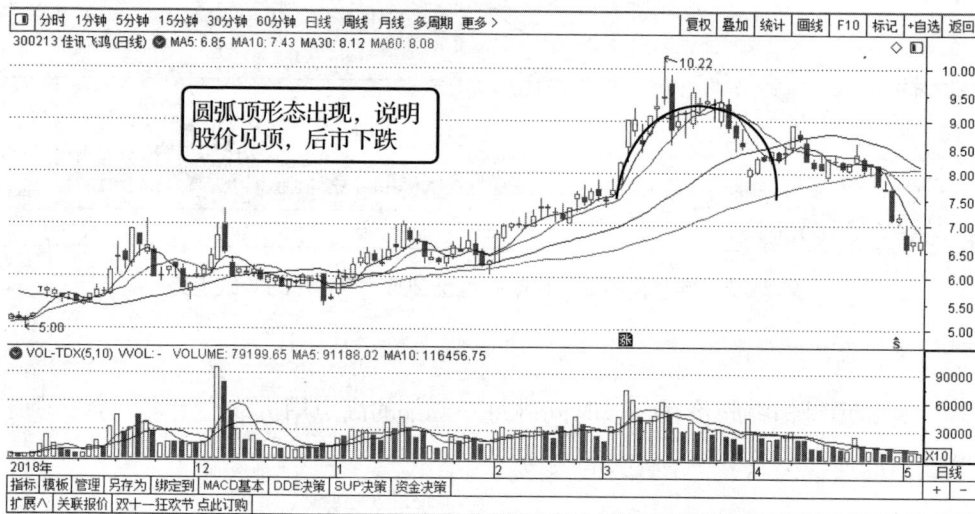

图 7-24 佳讯飞鸿 2018 年 11 月至 2019 年 5 月的 K 线走势

从图中可以看到，该股大幅上涨后在 2019 年 3 月运行到股价的高价位区后涨速变缓，股价始终在 9.00 元价位线附近波动变化，股价出现滞涨行情，在高位形成标准的圆弧顶形态，预示着股价将见顶回落，说明后市股价将发生反转下跌。

◆ V 形底形态

V 形底走势是一个比较常见的反转形态，它在底部出现的频率较高，而且一般出现在市场剧烈的波动之中。

V 形底反转形态与其他的反转形态最大的不同就在于，V 形底没有中间过渡的横盘过程，其关键性的转向过程仅 2 ~ 3 日，有时甚至更短。

V 形底的形态中，一般会有一根较长的下影线探出股价的底部，成功探出底部后，股价一般会有较大的涨幅。如图 7-25 所示为 V 形底形态示意图。

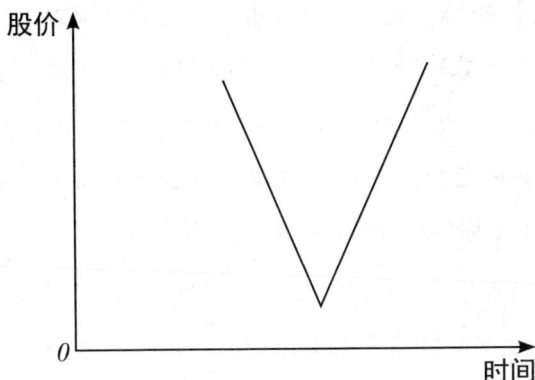

图 7-25　V 形底示意图

实例分析

星宇股份（601799）V 形底形态出现股价止跌上涨

如图 7-26 所示为星宇股份 2018 年 6 月至 2019 年 4 月 K 线走势。

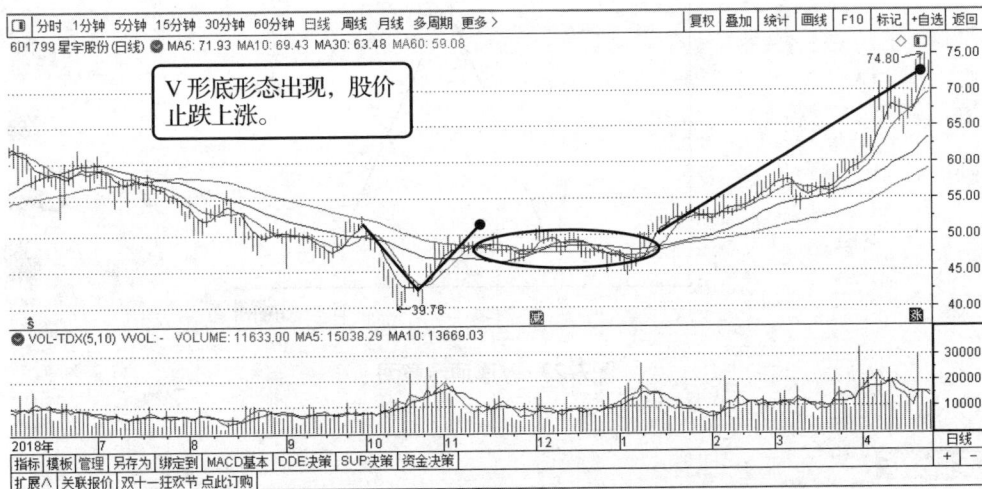

图 7-26　星宇股份 2018 年 6 月至 2019 年 4 月 K 线走势

从上图可以看到该股从 2018 年 6 月便开始表现下跌走势，重心不断下移。10 月初股价突然改变以往的跌势，急剧下降，创下 39.78 元的最低价，随后股价止跌，之后的 3 个交易日内 K 线收出 3 根阳线，其中包含高开高走的大阳线向上拉升股价。股价开始表现出上涨行情，而之前的深跌和急涨形成了典型的 V 形底形态，说明后市股价将发生反转，行情看涨。

通过后市的 K 线走势我们可以看到，V 形底形态出现后股价表现上涨，涨至 48.00 元价位线附近后开始横盘整理，随后便开始了大幅上涨，最高涨至 74.30 元。说明之前的 V 形底形态是有效的反转信号。

◆ V 形顶形态

V 形顶也称倒 V 形反转形态或尖顶形态，其走势同 V 形底一样，也是一个比较常见的反转形态，它在顶部出现的频率较高，而且一般出现在市场剧烈的波动之中。其关键性的转向过程也仅 2 ~ 3 个交易日就完成，有时甚至更短，通常情况下会有一根较长的上影线触顶，随后股价开始大幅下跌。如图 7-27 所示为 V 形顶的一般形态。

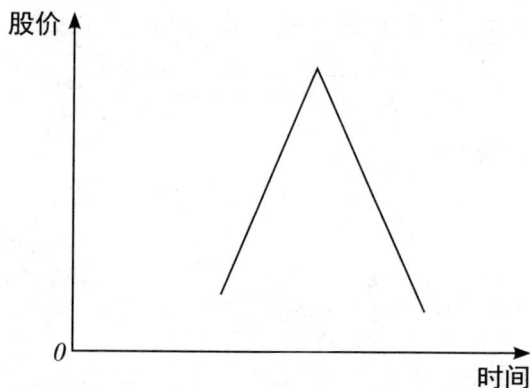

图7-27　V形顶示意图

实例分析

密尔克卫（603713）V 形顶形态出现股价止涨下跌

如图 7-28 所示为密尔克卫 2019 年 1 月至 8 月的 K 线走势。

从图中可以看到该股从 1 月至 3 月处于上升行情中，股价表现出稳定上涨的走势。3月29日、4月1日、4月2日、4月3日股价急涨，K线收出多根跳空高开高走的大阳线，将股价从38.00元价位线附近向上拉升至46.00元，并创下50.13元新高。随后股价下跌，在连续10多个交易日内K线收出多根大阴线，将股价拉低至38.00元附近止跌。这一急涨急跌形成了典型的V形顶形态，说明股价上涨的行情已经结束了，此时的止跌只是暂时的，后市股价将继续下跌。

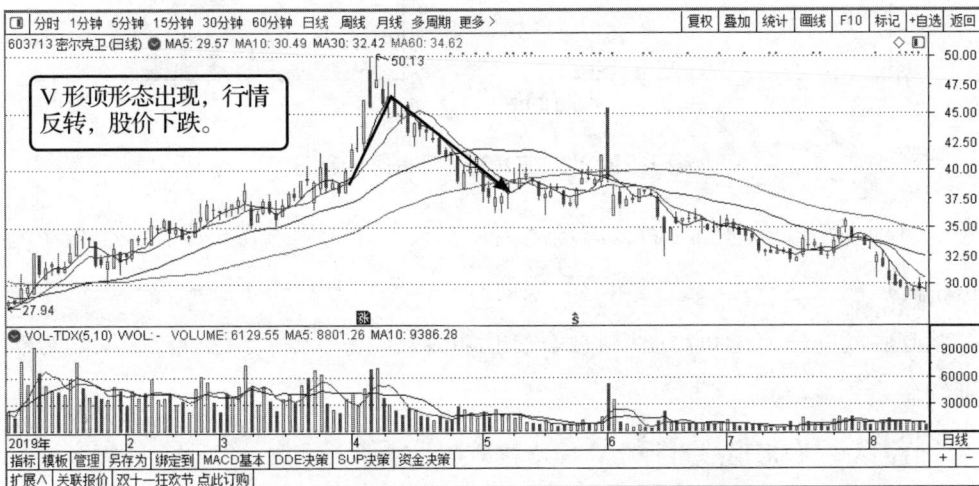

图7-28　密尔克卫2019年1月至8月的K线走势

（2）持续整理形态

持续整理形态包括三角形整理形态、矩形形态、旗形和楔形。

◆　三角形整理形态

三角形整理是持续整理形态中最常见的一种，根据形成整理形态的三角形形状，又可分为对称三角形整理、上升三角形整理和下降三角形整理3种。

①对称三角形

对称三角形也称收敛三角形，它可以出现在上涨趋势或下跌趋势中，它有两条聚拢的直线，上面的直线向下倾斜，起压力作用；下面的直线向上倾斜，起支撑作用，两条线一条向上发展，一条向下发展，显示多空力量对等。两条直线的交点称为顶点，对称三角形一般有6个转折点，示意图如图7-29所示。

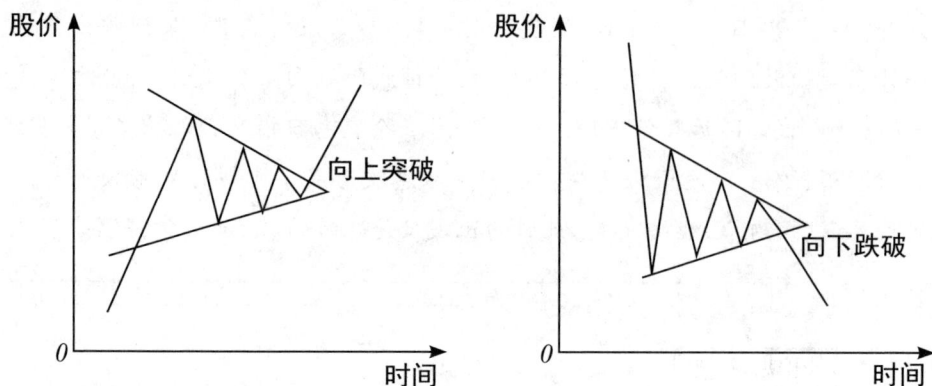

图 7-29 对称三角形整理形态示意图

对称三角形整理的最后，市场多头和空头争夺的焦点将集中在一个很小的价格区域内，这就是收敛三角形的末期，一旦某一方获得了胜利，那么价格将持续向胜利的一方运行，所以收敛三角形的跌破和突破预示这一段中期趋势的延续。

在对称三角形形成过程中，成交量应逐步减小。当股价向上突破需要有大的成交量相配合，而向下跌破时则不必。除了成交量的配合外，最好还需要突破幅度和时间的配合，要求与突破趋势线的要求相同。

②上升三角形

上升三角形形态是对称三角形的变形，它通常出现在上涨趋势中，股价每次上涨的高点基本处于同一水平位置，回落的低点却不断上移，这样将每次上涨的高点和回落低点分别用直线连接起来，就构成一个向上倾的三角形，即上升三角形。

但是，上升三角形在形成过程中，成交量不断萎缩，向上突破压力线时需要放大量，而且突破后通常会有回抽上边线的过程，即在原来高点连接处止跌回升，从而确认突破的有效性，但也有一些强势股突破上边线后不回抽便持续表现上升。如图 7-30 所示为上升三角形整理形态的示意图。

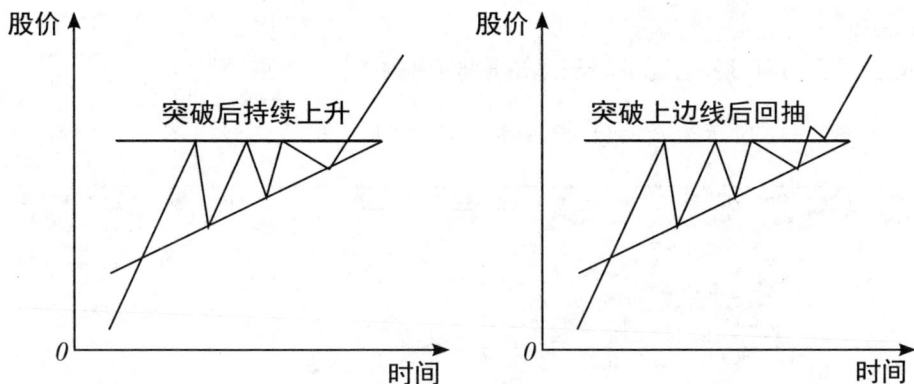

图 7-30　上升三角形整理形态示意图

上升三角形是一个较好的看涨信号，为了安全，股价突破压力线后，小幅回调再创新高后便开始大幅向上拉升，此时可以确认突破有效。

③下降三角形

下降三角形与上升三角形刚好相反，它一般出现在下跌趋势中，每次股价反弹的高点不断下移，但回落的低点基本处于同一水平位置，将每次的上涨高点和回落低点分别用直线连接起来，就构成一个向下倾的下降三角形。下降三角形被跌破后，也可能回抽下边线后再确认下跌，如果跌破时力度较强则可能不会回抽。如图 7-31 所示为下降三角形整理形态的示意图。

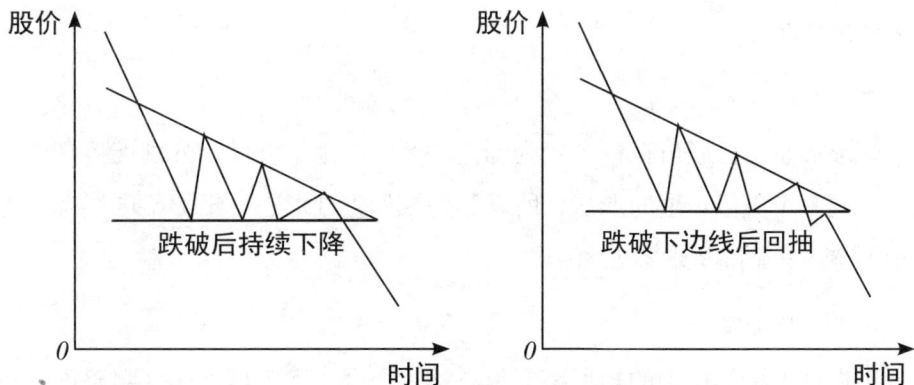

图 7-31　下降三角形整理形态示意图

实例分析

两面针（600249）出现下降三角形形态后股价继续下跌

如图 7-32 所示为两面针 2019 年 1 月至 11 月 K 线走势。

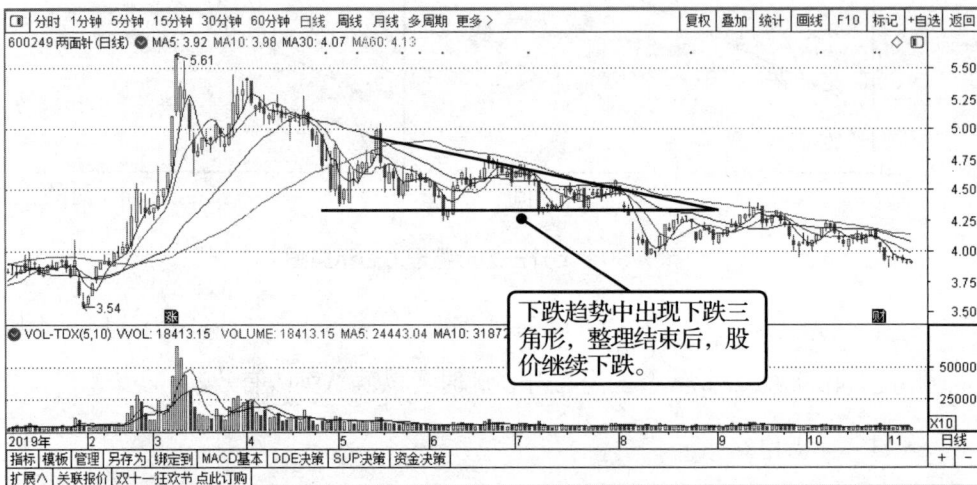

图 7-32　两面针 2019 年 1 月至 11 月 K 线走势

从上图可以看到该股从 4 月开始表现下跌行情，股价跌至 4.50 元价位线时止跌，并在该价位线附近上下波动。通过观察发现，每次股价回落的低点基本处于同一水平位置，将每次的上涨高点和回落低点分别用直线连接起来，构成了一个向下倾的下降三角形，说明股价正在整理，结束后股价将继续下跌，持续之前的下跌行情。

◆　矩形形态

矩形形态是指股价在一个较为固定的区间内上下波动，分别连接高点和低点，形成一个类似矩形的形状，所以称为矩形整理形态。矩形整理形态分为上升矩形整理和下降矩形整理两种。

①上升矩形整理

出现在上涨行情中的矩形整理形态称为上升矩形整理形态，其整理示意如图 7-33 所示。

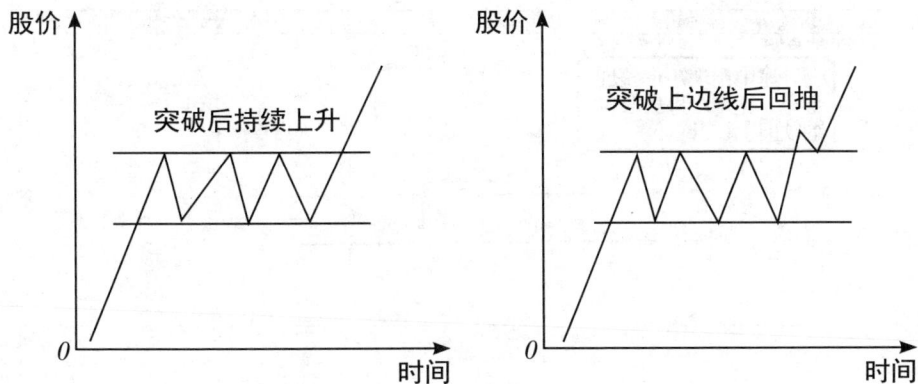

图 7-33　上升矩形整理形态示意图

②下降矩形整理

出现在下跌行情中的矩形整理形态称为下降矩形整理形态，其整理示意如图 7-34 所示。

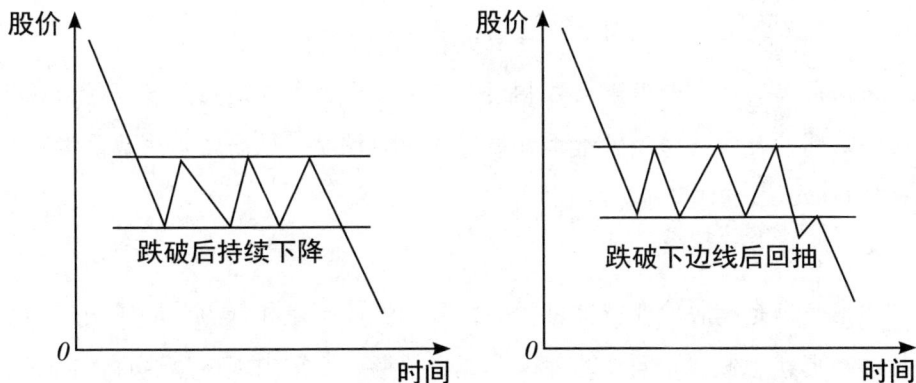

图 7-34　下降矩形整理形态示意图

在实战操作中，很少出现两条界线完全水平的矩形整理形态，近似水平也可看作是矩形整理。

实例分析

皖通高速（600012）上升行情中出现上升矩形后股价继续上涨

如图 7-35 所示为皖通高速 2018 年 10 月至 2019 年 4 月的 K 线走势。

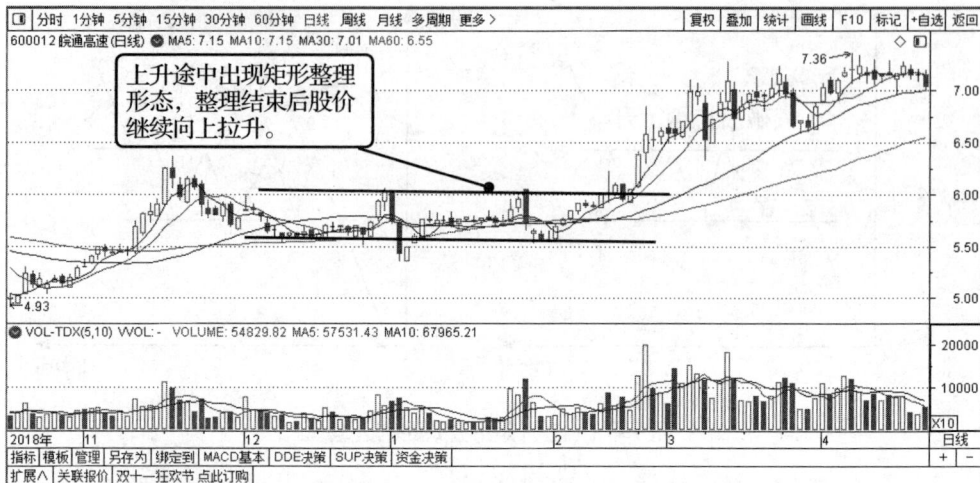

图 7-35　皖通高速 2018 年 10 月至 2019 年 4 月的 K 线走势

从上图可以看到该股股价从 2018 年 10 月至 11 月中旬一直处于上升行情中，股价稳定向上运行。到 11 月中旬，股价运行至 6.00 元价位线时，股价止涨开始下跌，股价跌至 5.50 元价位线止跌，并在价位线上下波动。

每次波动的高点和低点大致相同，将高点和低点分别用直线相连形成矩形形态，说明此时的波动为股价上升途中的暂时调整，调整结束后，股价将继续维持之前的走势向上发展。

◆　旗形整理

旗形整理是指股价在整理过程中，分别连接高点和低点，形成两条倾斜的平行线，形状类似"旗面"的整理形态。该形态通常出现在急速且大幅变动的行情中。旗形整理分为上升旗形整理与下降旗形整理两种。

①上升旗形整理

上升旗形通常出现在急涨的行情中，经过一段快速的上升行情后，股价出现横向整理，形成了一个成交密集、略向下倾斜的股价波动密集区，将这一区域的高点与低点分别连接在一起，形成一个略下倾的平行四边形，这就是上升旗形整理形态。如图 7-36 所示为上升旗形示意图。

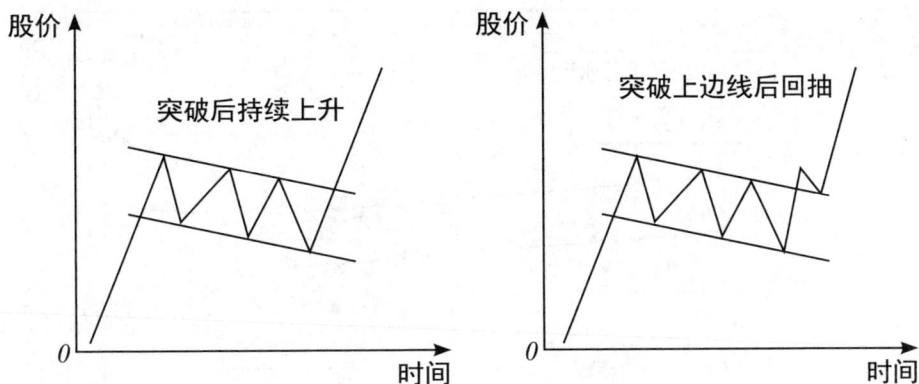

图 7-36　上升旗形形态整理示意图

②下降旗形整理

下降旗形与上升旗形相反，通常出现在急跌市中，经过一段快速的下跌行情后，股价出现横向整理，形成了一个成交密集、略向上倾斜的股价波动密集区，将这一区域的高点与低点分别连接在一起，形成一个略上倾的平行四边形，这就是下降旗形。其整理示意如图 7-37 所示。

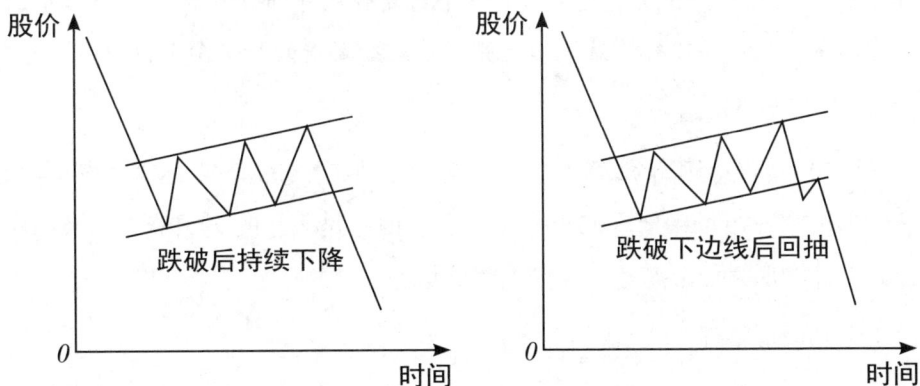

图 7-37　下降旗形形态整理示意图

实例分析

波导股份（600130）上升途中出现上升旗形后股价继续上涨

如图 7-38 所示为波导股份 2018 年 10 月至 2019 年 3 月的 K 线走势。

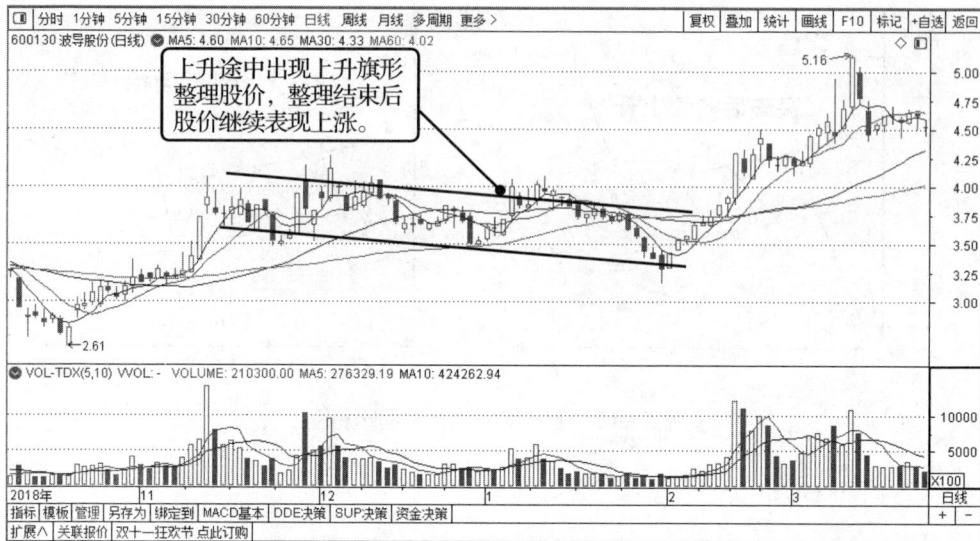

图7-38　波导股份2018年10月至2019年3月K线走势

从上图可以看到，该股股价从2018年10月中旬开始表现上升行情，上升至3.75元价位线时股价止涨，并在该价位线附近上下波动，形成横盘整理走势。连接该阶段的高点和低点发现，形成一个略下倾的平行四边形，这是典型的上升旗形形态，说明整理行情结束后，股价会继续之前的行情向上拉升。

◆　楔形形态

在三角形形态与旗形形态中，有一种居于他们中间的形态，这就是楔形形态，虽然楔形形态在市场中出现的概率比较小，但它是明显的买卖信号。楔形形态也分为上升楔形整理形态和下降楔形整理形态。

①上升楔形整理

由两条斜率不同，但均向上方倾斜的界线所形成的楔形称为上升楔形。与上升三角形不同的是，上升楔形整理通常出现在下跌趋势中，是下跌持续形态。

因为在上升楔形整理形态中，股价上升，卖出压力虽然不大，但是市场中的做多氛围仍然不浓，股价虽然上扬，但每一个新的上升波动都比前一个弱，最后当需求完全消失时，股价便会反转回跌。如图7-39所示为上升楔形整理形态示意图。

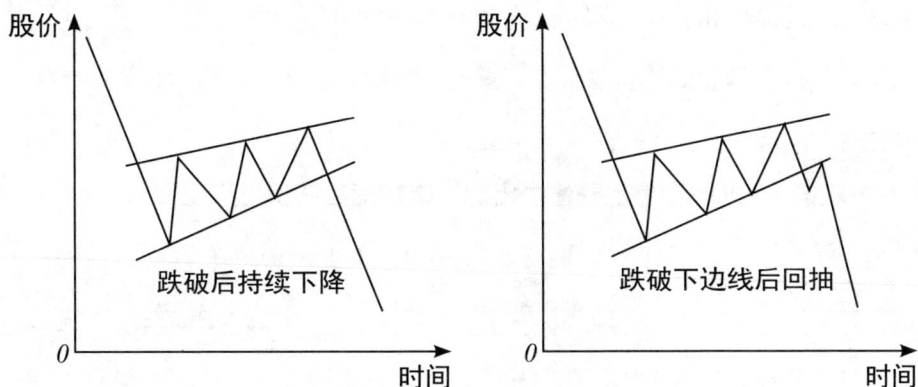

图 7-39　上升楔形整理形态示意图

②下降楔形整理

由两条斜率不同，但均向下方倾斜的界线所形成的楔形称为下降楔形。与下降三角形不同的是，下降楔形整理通常出现在上升趋势中，是上涨持续形态。

因为下降楔形是上升途中回调无力的表现，也就是说股价虽然回调，但回调速度越来越慢，不是真正的下跌，而是主力的洗盘行为。如图 7-40 所示为下降楔形形态示意图。

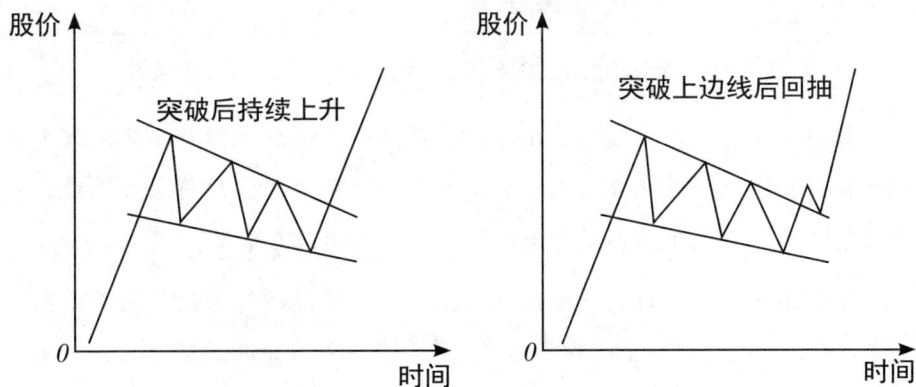

图 7-40　下降楔形形态示意图

投资者在发现基金的持仓个股中出现以上类似的持续整理形态时，应该放心申购或持有。特别对于申购基金的投资者而言，此时是股价处于回调的低点中，基金的净值也会相应降低，此时申购更为划算。

而对于持有基金的投资者而言，应该坚定持有，而不是过于着急进行赎回。

实例分析

ST 新梅股份（600732）上升途中出现下降楔形后股价继续上涨

如图 7-41 所示为 ST 新梅股份 2018 年 11 月至 2019 年 9 月 K 线走势。

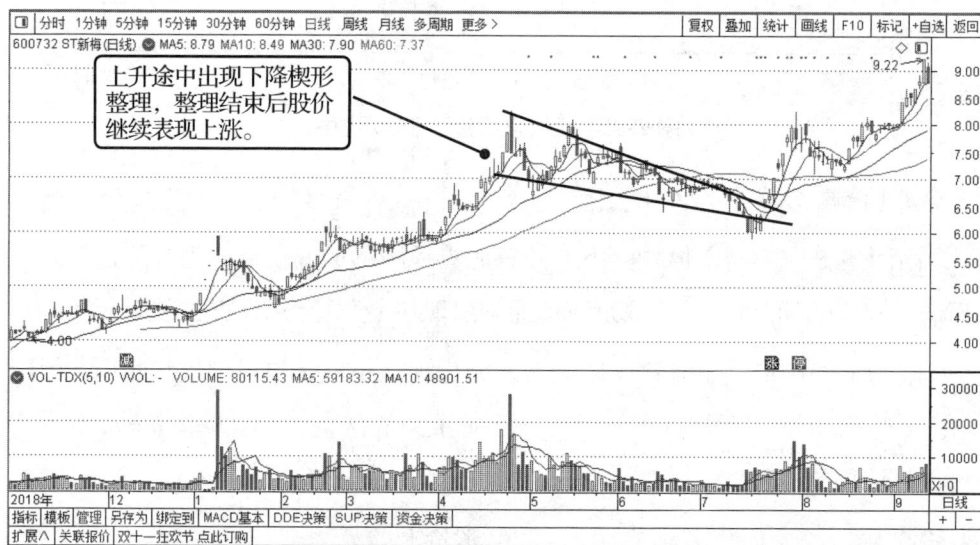

图 7-41　ST 新梅股份 2018 年 11 月至 2019 年 9 月 K 线走势

从上图可以看出，该股从 2018 年 11 月便开始表现上涨行情，K 线走势中重心逐渐向上移动。当股价上涨至 7.00 元价位线附近时，股价止涨下跌，表现出整理走势，且 K 线重心不断向下移动，说明上涨动力不足。

此时连接整理阶段的高点和低点两条直线，发现该线为两条斜率不同但均向下方倾斜，形成典型的下降楔形形态。该形态说明股价仍然处于上升趋势中，一旦整理期结束，股价将继续表现之前的上涨行情。

NO.003　波浪理论与个股

波浪理论，就是股价像波浪一样前进和后退，股价的表现为上涨和下跌。

波浪理论把浪分为 8 个运动阶段，基本模式如图 7-42 所示。上升阶段为五浪，又称为上升五浪，分别为浪 1、浪 2、浪 3、浪 4 和浪 5；下跌阶段为三浪，又称下跌三浪，分别为浪 A、浪 B 和浪 C。

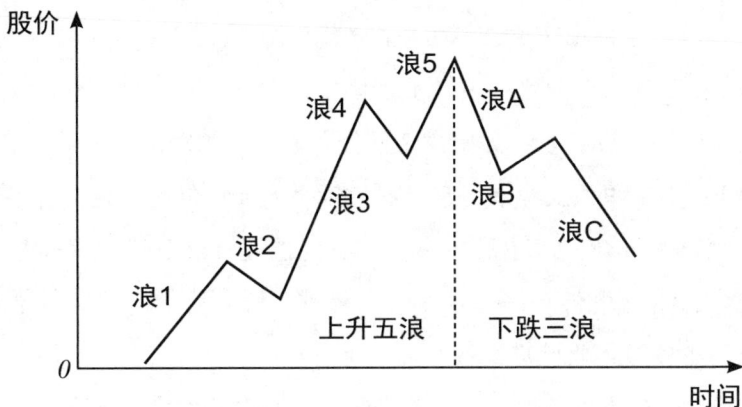

图 7-42　八浪基本形态

每浪都有不同的含义，其具体含义如下。

◆ 浪 1：波浪循环的开始，不会有太大的涨幅。经历过长期的低位横盘，股价的下跌空间有限。主力喜欢这类个股，因为股价拉升起来较为容易，前期建仓成本较低，控盘程度高，投资者可从成交量方面观察该股变化。

◆ 浪 2：浪 1 的调整，调整幅度不会太大。此时的回调，主要有两种目的，一是资金主力进一步打压股价降低控盘成本，二是利用打压股价的行为测试自己的控盘度，这时的调整程度不会太大，时间上一般为短期。

◆ 浪 3：涨幅最大、爆发力最强的一浪。资金主力经过浪 2 的回调，得出控盘程度高的结论后，在拉动股价上便会无所顾忌。此时的量价关系表现为量价齐升，且股价上涨速度较快，强势拉升。

◆ 浪 4：经过浪 3，此时的获利者选择卖出的较多，回调程度视出逃情况而定。经历过最具爆发性的一波拉升行情后，资金主力稍显疲乏，控盘成本逐渐增加，此时的回调程度受到当时的出逃情况影响，同时也会影响股价的后市走势，若调整程度较大，那么股价的最后一波行情不见得会很好。

- 浪5：上升浪，涨幅不会大于浪3，此时会有延长现象出现。浪5时股价已经处于高位，主力的控盘成本达到最高，随时有出货的可能，为了将股价保持在高位，以便于主力顺利出货，浪5的延长现象时有发生。

- 浪A：下跌三浪的第一浪，下跌幅度较大。此时主力的全部意愿在于顺利出货，主力资金一旦撤离，股价急速下跌，众多投资者被套。

- 浪B：下跌中的反弹浪，反弹程度不会太大，但是这是被套牢者的最后一次出手机会。由于股市中有众多的散户在浪5结束后未及时出局被套牢，市场中仍有一部分的散户持股，所以股价的下跌现象在此时会有一个停顿，此时广大散户应及时出局。

- 浪C：浪C的破坏性极强，跌幅和时间都较长，全面看空。此时的股市已经人去楼空，大多投资者已在反弹时出售持股，此时股价完全没有支撑，一路下滑。

波浪理论在实战中的应用，最难的就是数浪。一旦在数浪时出现错误，就可能造成投资的失败。

实例分析
重庆啤酒（600132）波浪形态走势分析

如图7-43所示为重庆啤酒2017年8月至2018年2月K线走势。

从该图可以看到，该股在前期一直表现下跌行情，股价运行到11月中旬创下18.25元的新低后，股价止跌进入上涨行情。此时，可以将2017年11月中旬至2018年1月中旬的上涨看作一轮上涨行情的浪1，而2018年1月下旬至2月初的股价回调就是浪2。

浪2的出现，意味着股价将小幅回调，但不会跌破浪1的起点。从股价的走势来看，浪2的调整幅度也有限。

图7-43 重庆啤酒2017年8月至2018年2月K线走势

一旦确定股价处于完整的上涨行情中，1月的下跌只是浪2的回调，投资者就不应急于赎回持有类似走势个股的基金，而是应该等待浪3，即主升浪的到来，当股价在主升浪中不断走高时，投资者选择赎回基金才是最为明智的决定。

如果大盘行情趋势不明朗时，投资者应暂停购买基金的计划，或选择将基金赎回，避免在震荡中遭受损失，这些损失不仅仅是股票下跌带来的，也有基金经理频繁交易而带来的高额交易费用。

如图7-44所示为重庆啤酒2017年12月至2018年6月的K线走势。

从图中可以看到重庆啤酒在经历浪1、浪2之后走出了标准的浪3、浪4和浪5走势。

股价在浪2回调结束后，进入了浪3的主升行情，股价在主力资金的推动下由20.00元上涨至28.00元附近。此时股价已经有较大的涨幅，投资风格偏向稳重的基金持有者可以选择赎回基金。

而风险承受能力相对更强的投资者可以继续持有，待股价进入浪5后，再伺机赎回，达到基金收益最大化的目标。

图 7-44　重庆啤酒 2017 年 12 月至 2018 年 6 月 K 线走势

根据波浪理论得出，浪 5 为最后一个上升波动，随后股价将进入下跌行情，进入下跌三浪，所以此时为投资者最后的出逃机会。如图 7-45 所示为重庆啤酒 2017 年 12 月至 2018 年 8 月的 K 线走势。

图 7-45　重庆啤酒 2017 年 12 月至 2018 年 8 月 K 线走势

从上图可以看出，该股股价走出浪 5 涨势之后，表现下跌行情，走出了下跌三浪的行情。

7.2 根据基本面分析个股

基本面分析是以证券的内在价值为依据，着重于对影响证券价格及其走势的各项因素的分析，以此决定投资者何时购买何种证券以及购买数量。基本面因素主要包括宏观经济因素、行业因素和公司的发展情况因素等。

NO.004 政策环境分析

股价常随着一些特定的经济指标、经济政策、国家宏观调控以及国际形势等宏观因素的变化而变化，对这些因素的分析是判断当前证券市场形势的主要依据。站在基金管理者的角度，基金的持仓时间都较长，不会频繁地交易。因此基金管理者在进行选股时，一定是选择那些符合国家发展政策企业的股票。如图 7-46 所示为华夏优势精选股票 2019 年 3 季度股票投资明细。

○ 华夏优势精选股票 2019年3季度股票投资明细						来源：天天基金 截止至：2019-09-30		
序号	股票代码	股票名称	最新价	涨跌幅	相关资讯	占净值比例	持股数（万股）	持仓市值（万元）
1	300782	卓胜微	446.50	1.36%	变动详情 股吧 行情	8.95%	2.95	1,106.10
2	600519	贵州茅台	1230.00	0.49%	变动详情 股吧 行情	8.19%	0.88	1,012.00
3	000858	五粮液	134.55	-0.05%	变动详情 股吧 行情	7.60%	7.24	939.15
4	600183	生益科技	23.53	2.57%	变动详情 股吧 行情	6.86%	33.99	847.71
5	002475	立讯精密	35.19	0.00%	变动详情 股吧 行情	5.87%	27.11	725.33
6	002463	沪电股份	23.25	3.06%	变动详情 股吧 行情	4.64%	23.42	573.79
7	603160	汇顶科技	204.48	0.24%	变动详情 股吧 行情	4.15%	2.52	512.57
8	002241	歌尔股份	21.12	2.42%	变动详情 股吧 行情	2.28%	16.01	281.46
9	002916	深南电路	163.19	5.30%	变动详情 股吧 行情	1.70%	1.39	209.89
10	603501	韦尔股份	127.00	2.66%	变动详情 股吧 行情	1.36%	1.71	167.77

图 7-46 华夏优势精选股票 2019 年 3 季度股票投资明细

从上图可以看到，股票基金的持仓明细中，资金分布的行业众多，涉及科技、白酒、电器设备等，说明该基金在符合国家政策的同时，与国民需求紧密相连，投资持股的行业都是较为稳定的板块。

宏观经济的运行比较难把握，所以根据宏观经济运行情况对证券未来价格进行分析，有一些特定方法，如下所示。

- ◆ 总量分析法：是指对影响宏观经济运行总量指标的因素及其变动规律进行分析，例如国民生产总值等，进而说明整个经济的状态。它主要研究总量指标的变动规律，是一种动态分析。
- ◆ 结构分析法：是指对经济系统中各部分及其对比关系变动规律的分析，例如消费与投资的结构、经济增长各因素的结构等。它主要研究一定时间内系统中各组成部分变动规律，是一种静态分析。

财政政策是政府根据当前客观的经济运行情况制定的指导财政工作、处理财政关系的一系列方针、措施的总称。

财政政策主要包括预算、税收、国债、财政补贴、财政管理机制和转移支付制度等，这些政策可以单独使用，也可以结合起来使用。

货币政策是指政府为了实现一定经济目标所制定的关于货币供应与流通组织管理的方针和基本准则。货币政策的主要作用如下所示。

①货币政策可以通过调整货币供应量保持社会总供给与总需求的平衡，使经济达到均衡。

②货币政策通过提高利率和减少货币供应量控制通货膨胀，保持物价总水平的稳定，提高利率可以减少社会相对需求，调低利率可以放大需求。

③货币政策可以通过对利率的调整影响人们的消费倾向和储蓄倾向，例如较低利率可以达到鼓励消费的作用，较高利率则是鼓励储蓄。

④货币政策可以通过利率的变化影响投资成本，较低的利率意味着较低的投资成本，较高的利率意味着较高的投资成本。

货币政策的一般性工具有法定存款准备金率、再贴现政策和公开市场业务等。其具体意义如下所示。

法定存款准备金率。是指中央银行规定的金融机构为保证客户提取存款的需要而放置在中央银行的存款占金融机构存款总额的比例。

再贴现政策。是指商业银行或其他金融机构将贴现所获得的未到期票据，向中央银行转让。

公开市场业务。是中央银行吞吐基础货币、调节市场流动性的主要货币政策工具，通过中央银行与指定交易商进行有价证券和外汇交易，实现货币政策调控目标。

NO.005 分析行业前景

分析行业前景，首先需要进行行业分析。行业分析是指根据经济学原理，综合运用统计学、计量经济学等分析工具对行业经济的运行状况、市场竞争格局和行业政策等行业要素进行深入的分析，发现行业运行的内在经济规律，从而进一步预测未来行业发展的趋势。

行业分析是企业分析的基础与前提，它主要是对上市公司的背景资料进行掌握以及对行业的经济特性进行考察，具体的分析内容如图 7-47 所示。

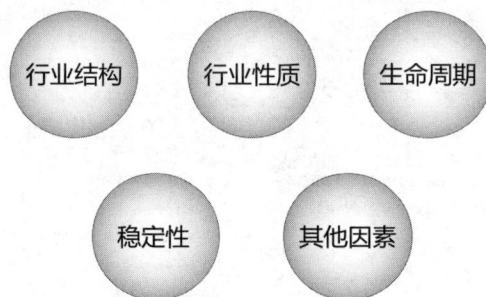

图 7-47 行业分析的内容

◆ 行业结构分析

由于经济结构不同，可以将行业的市场结构分为完全竞争型、垄断竞争型、寡头垄断型和完全垄断型 4 种类型，其具体内容如表 7-1 所示。

表 7-1

类型	说 明
完全竞争型	企业无法主导和影响产品的价格，因为所有企业向市场提供的产品都相同，生产者众多，资源和信息完全自由流动，进出该行业比较容易，代表性行业有食品加工行业、种植业与林业等
垄断竞争型	企业可以自主制定产品的价格，每个企业都在市场上具有一定的垄断力，但它们互相存在着激烈的竞争。进出该行业相对容易，生产者多，产品存在一定的差异化。代表性行业有计算机设备行业、纺织行业等
寡头垄断型	企业为数不多，相互影响、相互依存，可以制定产品的价格。生产者少，进入该行业困难。代表性的行业有钢铁、汽车整车等
完全垄断型	一个行业只有一个企业，其他企业要进入该行业几乎不可能，企业对产品的价格控制程度很大。代表性行业为石油行业

投资者可以在股票行业软件中查看个股的资料，对其所处的行业进行了解，并做出市场结构分析。如图 7-48 所示为伊利股份公司的基本资料示意图。

伊利股份公司简介　　更新时间：2019-11-15

基础信息	
公司简称	伊利股份
股票代码	600887
公司全称	内蒙古伊利实业集团股份有限公司
公司英文名称	Inner Mongolia Yili Industrial Group Co., Ltd.
曾用名	伊利股份、G伊利、伊利股份、*ST伊利
成立日期	1993-06-04
所属行业	食品生产（IV）
所属概念	超级品牌、股权激励、沪港通、和讯大盘股、和讯行业龙头、和讯MSCI中国、和讯央视50、举牌、融资融券、上证50、沪股通
所属地域	内蒙古
法定代表人	潘刚
独立董事	高德步、高宏、张心灵、吕刚
咨询服务机构	

证券信息	
发行日期	1996-01-25
上市日期	1996-03-12
上市交易所	上海证券交易所
证券类型	流通A股
流通股本	605,879.17万股
总股本	609,712.51万股
主承销商	君安证券有限责任公司
发行价	5.95元
上市首日开盘价	9.00元
上市首日涨跌幅	--%
上市首日换手率	--%
特别处理和退市	无
发行市盈率	--倍
最新市盈率	25.13倍

图 7-48　伊利股份公司基本资料示意图

伊利股份是大家耳熟能详的民族乳业品牌，被归在食品加工制造行业中。伊利股份的主营产品是液体乳，是长期排名国内液体乳销售第一的品牌。虽然所处的行业是完全竞争型行业，但伊利股份在行业中的地位是举足轻重的。

◆ 行业性质分析

对行业进行分析，首先需要从其产品形态进行分析，主要是分析企业生产的产品是生产资料或消费品。

生产资料是用于满足企业的生产需求，而消费品则是满足人民的日常生活需求。

当企业的产品为生产资料时，受经济环境的影响较大。经济发展良好时，生产资料的需求大；经济发展陷入困境时，生产资料的需求会迅速萎缩。

其次，从行业的生产形态角度对行业性质进行分析。主要分为劳动密集型、资本密集型和技术密集型，具体内容如图7-49所示。

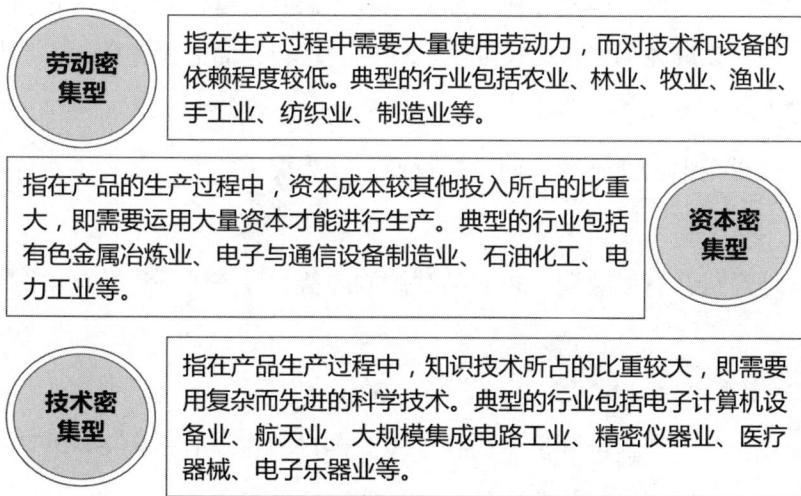

劳动密集型 指在生产过程中需要大量使用劳动力，而对技术和设备的依赖程度较低。典型的行业包括农业、林业、牧业、渔业、手工业、纺织业、制造业等。

指在产品的生产过程中，资本成本较其他投入所占的比重大，即需要运用大量资本才能进行生产。典型的行业包括有色金属冶炼业、电子与通信设备制造业、石油化工、电力工业等。 **资本密集型**

技术密集型 指在产品生产过程中，知识技术所占的比重较大，即需要用复杂而先进的科学技术。典型的行业包括电子计算机设备业、航天业、大规模集成电路工业、精密仪器业、医疗器械、电子乐器业等。

图 7-49　行业的生产形态下的类型划分

◆ 生命周期分析

行业的生命周期是指行业从出现到完全退出社会经济活动所经历的时间。

一个完整的生命周期主要包括 4 个发展阶段：幼稚期、成长期、成熟期和衰退期，如图 7-50 所示。

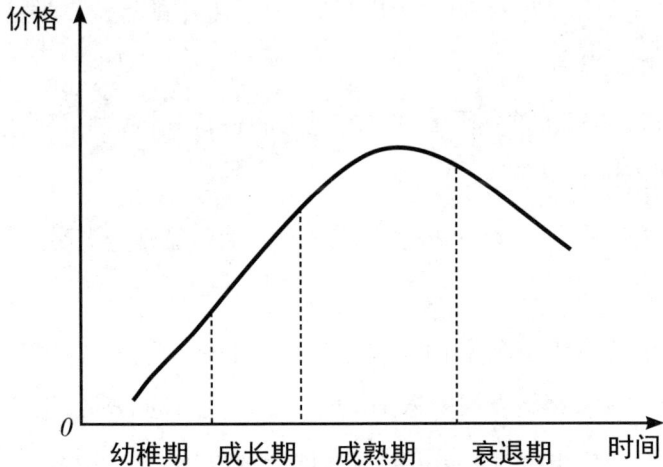

图 7-50　行业的生命周期

　　市面上的多数股票型基金在选择股票时，较为看重企业当前所处的行业生命周期。通常会选择那些在成长期或成熟期的行业，而很少选择幼稚期与衰退期的行业。

　　而当前市场中，处于衰退期中的行业，较为突出的有钢铁、水泥等行业。主要是因为近年来这些行业产能严重过剩，污染太大。

　　而房地产行业有成熟期向衰退期过渡的趋势，投资者进行基金申购时需要多加注意。

　　◆　行业稳定性分析

　　行业稳定性主要通过其每年的营业收入进行判断。但是整个行业的营业数据难以收集，可以通过对行业内的龙头企业进行分析，从而达到对该行业进行分析的效果。

第 **8** 章

货币基金与指数基金投资技巧

近年来货币型基金的投资门槛越来越低，因此也受到了广大投资者的关注。越来越多的工薪阶层、白领等人群，养成了将资金转到货币型基金中，以赢取比银行利息更高的收益。而指数型基金则更为专业，风险更大，同时带来的收益也更高。

8.1 货币基金的特点与风险

货币基金，具体名称为货币市场基金，是将募集而来的资金投资于货币市场中的短期有价证券的一种投资基金。其功能类似于银行活期存款，但收益却高于银行活期存款利率。

NO.001 货币基金的特点

货币市场基金为个人及企业提供了一种类似银行中短期存款，并且相对安全和稳定的投资方式。由此也可以看出，货币基金的收益比银行存款更高，但与银行存款一样的安全。

对于投资者而言，货币市场基金是所有基金中最简单的一种，具有很好的流通性，随时可以转入和提取。这也是近年来货币基金逐渐热门起来的主要原因。

货币市场基金适合那些拥有一定的闲置资金，并且希望获得稳定增值机会的投资者。

具体来说有两类投资者群体更适合货币市场基金：一种是追求本金安全和高流动性并希望获取稳定收益，寻找合适的现金管理方式的投资者；另一种是将货币市场基金作为组合投资中的一个工具，为了达到优化组合和规避风险的投资者。

投资者需要注意的是，货币市场基金只有一种分红方式，就是红利再投资，即货币市场基金单位份额始终保持在 1 元，与流通货币面值保持一致，超过 1 元的收益会自动转化为基金份额。

中国证监会、中国人民银行颁布的《货币市场基金管理暂行规定》中提到，货币市场基金的投资范围有：现金；1 年以内的银行定期存款与大额存单；剩余期限 397 天以内的债券；期限在 1 年以内的债券回购；期限在 1 年以内的中央银行票据；中国证监会、中国人民银行认可的其他具有良好流动性的货币市场工具。

例如，近年来火爆起来的余额宝、理财通、活期宝等货币市场基金。这些产品依托于互联网的快速发展，为用户提供一键转入、一键转出的快捷理财服务。如果投资者打算将闲置资金转入余额宝可以进行如下操作。

实例分析

余额宝一键转入资金

用户打开自己的支付宝APP，进入首页。在页面中点击"我的"按钮，如8-1左图所示。在页面中点击"余额宝"按钮，如8-1右图所示。

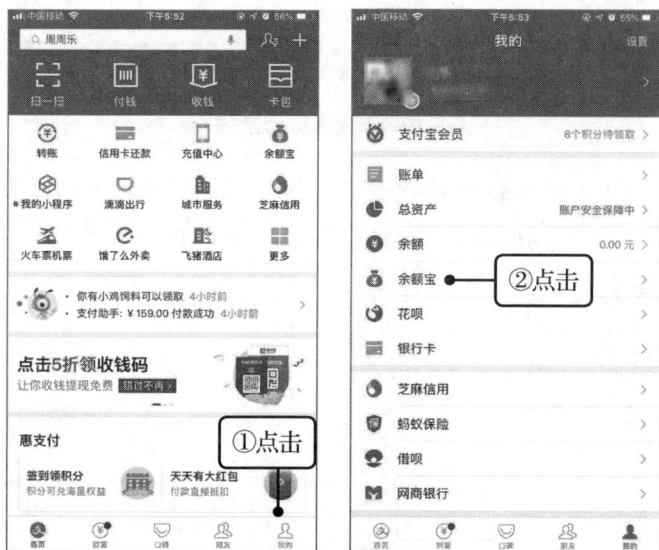

图8-1　进入余额宝页面

在余额宝页面中点击"转入"按钮，进入资金转入页面，如8-2左图所示。如今余额宝提供的货币基金类型分为3类，即余额宝-银华货币基金A、余额宝-长盛添利宝货币以及余额宝-兴全添利宝。用户在进入"转入余额宝"页面后需要选择货币基金类型，这里以选择"余额宝-长盛添利宝货币"基金为例，选中"余额宝-长盛添利宝货币"后的单选按钮，再点击"下一步"按钮，如8-2

右图所示。

图 8-2 选择货币基金

在转入金额文本框中输入"1000"，选中"同意《余额宝销售及服务协议》"单选按钮，再点击"确认转入"按钮，如 8-3 左图所示。在弹出的输入支付密码页面中输入支付密码，点击"付款"按钮，如 8-3 右图所示。

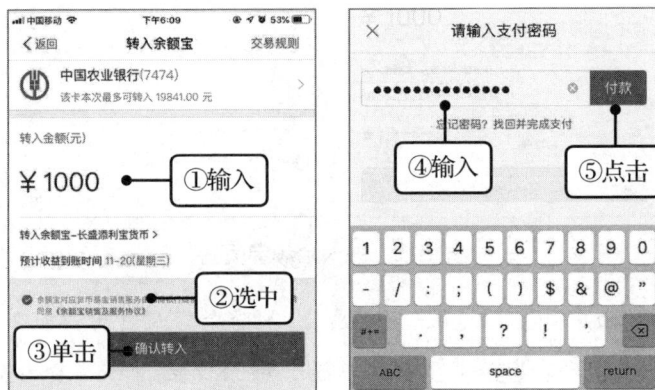

图 8-3 转入资金

此时，页面显示成功转入资金的提示，并自动显示货币基金收益计算的时间和收益到账的时间，如8-4左图所示。点击"完成"超链接，页面自动跳转回余额宝页面，在页面中点击"累计收益（元）"或"七日年化（%）"，如8-4右图所示。

图8-4 进入我的余额宝

进入"我的余额宝"页面，在"资金明细"选项卡下可以查看余额宝的收益情况，如8-5左图所示。在"基金详情"选项卡下可以查看货币基金的收益走势变化，如8-5右图所示。

图8-5 查看我的余额宝详情

余额宝在发布之初，其收益率就处于非理性范围之内，达到7%以上。随着参与者越来越多，余额宝的收益率经过小幅上涨后开始回落。进入 2014 年后，快速跌破 7%，随后又跌破 6%。截至 2019 年 11 月份的数据，余额宝的收益率仅为 2.8% 左右。可以说余额宝的发展历程，也是货币市场基金收益率回归理性的过程。

货币市场基金有其特点存在，经过总结可以得到总共五大特点，具体内容如图 8-6 所示。

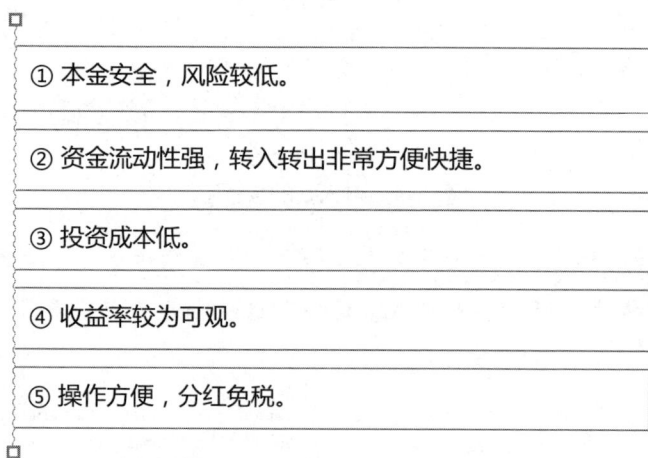

① 本金安全，风险较低。

② 资金流动性强，转入转出非常方便快捷。

③ 投资成本低。

④ 收益率较为可观。

⑤ 操作方便，分红免税。

图 8-6　货币基金的特点

货币市场基金作为投资基金的一种，与其他类型的基金相比，有着风险小、成本低、流动性强的主要特点，适合将资金短期投资获取收益。例如以备不时之需的投资者，是机构和个人有效的现金管理工具，其特点具体表述如下。

◆ 本金安全、风险低：货币市场基金的投资对象为剩余期限在 1 年以内的国债、金融债、央行票据、债券回购等低风险证券产品。低风险的投资产品也就决定了货币市场基金在各类基金中风险是最低的，本金自然也就安全。货币市场工具的投资期限很多，平均期限一般在 4 ~ 6 个月，其价格也只受到市场利率的影响，因此也大大降低了货币市场基金的风险。

◆ 资金流动性高：货币市场基金借助互联网与移动互联网的发展，申购与赎回完全可以在电脑或手机上进行，转入转出方便且不受时间限制，资金到账时间也很快，流动性极高。投资者不受时间和日期的限制，可以随时根据需要进行份额转让。近年来，货币市场基金已经快速发展到转出即时到账，非常方便。

◆ 投资成本低：货币市场基金不收取申购和赎回的费用，实现了投资的零成本，也使得更多的投资者愿意投资货币型基金。货币市场基金的管理费用也很低。以天弘增利宝货币基金为例，销售服务费率为0.25%，基金管理费率为0.3%，基金托管费率为0.08%。而且与银行存款利息收入需要缴纳20%的利息税相比，货币基金的收益免税。

NO.002 货币基金的风险

货币市场基金不得投资于剩余期限高于397天的债券，且投资组合的平均剩余期限不得超过180天，因此货币基金的风险还是较低的。

因此，近年来货币基金业成为基金市场的"新宠"，成为资金量最大的一类基金。

货币市场基金具有准储蓄的特色，即申购赎回方便快捷，并且享受税收优惠，与银行存款相比，不征收利息所得税，所以能持续受到市场关注。

但是投资于货币基金并不是完全没有风险，且随着货币市场基金产品数量不断增加，各个基金管理人为了提高收益率来吸引投资者的眼球，可能会采取一些激进的投资策略，这使得投资货币市场基金的风险不断加大。

货币市场基金不能保证本金不亏损，因为这是基金而不是银行存款，没有保本的承诺。在债市极度萧条的情况下，货币市场基金业有出现亏损的情况。如下所示为货币市场基金将要面临的风险。

◆ 道德风险

货币市场基金之所以存在风险，是因为它与银行存款有一定的区别。货币市场基金实质上是契约的组合，是多数投资者以集合出资的方式构成基金，由基金管理人运营基金资产。

投资者在选择好基金管理人之后，不能直接参与和观察到基金管理人进行了什么样的具体投资操作，因此基金管理随时有出现道德风险的可能，即基金管理人在最大限度为自己谋取利益时，做出不利于广大基金投资者的行为，通常表现为挪用。

◆ 信用风险

又称为违约风险，是指企业在债务到期时无力还本付息而产生的风险。多数的货币基金都是以货币市场上的短期信用工具为投资对象，其中商业票据占其基金组合的一定比例。企业发行的商业票据受其自身的发展、经营规模和业绩等因素的影响，他们所发行的商业票据信用程度也不一样。一旦公司经营恶化，就无法兑付这些商业票据，导致货币市场基金投资受损。

◆ 流动性风险

流动性是指投资者将金融资产转换为现金的能力。对于货币基金而言，流动性是指基金经理人在面对赎回压力时，将其所持有的资产投资组合在市场中变现的能力。货币基金常面对两类流动性风险，一是所持有的资产在变现过程中由于价格的不确定性而可能遭受损失；二是现金不足，无法满足投资者的赎回要求。

◆ 经营风险

虽然基金管理人都是专业投资人，但基金管理人仍然避免不了投资决策失误的情况，基金内部控制等失灵的情况也偶有发生，可能会导致货币基金出现收益降低甚至亏损的情况。因此基金整体运营能力和研究人员的专业水平高低很大程度上决定着经营风险的大小。

随着货币基金市场的发展，货币基金的收益率逐渐趋于合理。

NO.003 货币基金的收益

货币市场基金的单位资产净值是固定不变的，基金单位始终保持在 1 元，这是与其他类型的基金区别较大的一点。

货币市场基金的分红方式是红利转投资，利用收益进行再投资，增加基金份额，可以让收益不断累积。

衡量和计算货币基金收益率高低主要靠两个指标，分别是每万份基金单位收益和 7 日年化收益率。

每万份基金单位收益是以人民币计价收益的绝对数，是从上次公告截止次日起至本次公告截止日期间所有自然日的收益合计数，1 年按当年实际天数计算的收益。每万份基金单位收益的计算公式如下。

$$每万份基金单位收益 = \frac{基金收益总额}{基金份额总数} \times 10000$$

每万份基金单位收益越高，它反映出投资者每天可获得的真实收益越高。

实例分析

查看建信天添益货币 A 基金的收益情况

如图 8-7 所示为建信天添益货币 A 基金的基本情况。

建信天添益货币A(003391)

每万份收益（11-14）	7日年化（11-14）	14日年化	28日年化
0.6668	3.0570%	2.76%	2.86%

近1月: 0.24%　　近3月: 0.66%　　近6月: 1.34%
近1年: 2.79%　　近3年: 11.16%　　成立来: 11.37%

基金类型: 货币型 | 低风险　　基金规模: 4.71亿元（2019-09-30）　　基金经理: 陈建良等
成立日: 2016-10-18　　管理人: 建信基金　　基金评级: 暂无评级

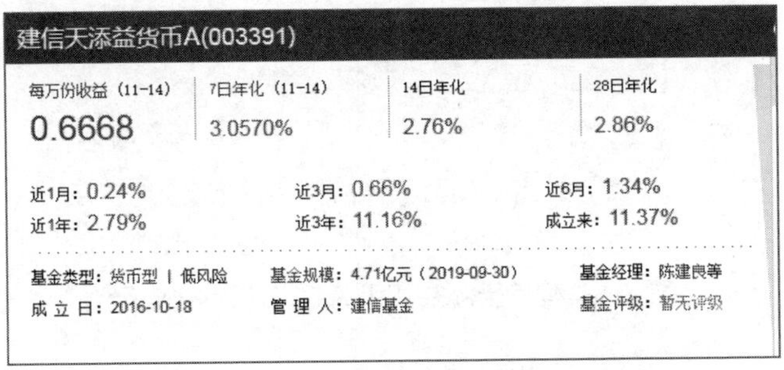

图 8-7　建信天添益货币 A 基金的基本情况

从上图可以看到，建信天添益货币 A 基金的每万份收益为 0.6668 元，即每万元每天可以获得 0.6668 元的收益。

7 日年化收益率是指货币基金过去 7 个交易日每万份基金份额净收益折合成的年收益率，同理可得 14 日年化收益率和 28 日年化收益率。

有了 7 日年化收益率这样的比较基准，市场中的各类货币市场基金的收入水平就能很直接的进行比较。

但是货币市场基金的每日收益情况都会随着基金管理人的投资操作和市场利率的波动而进行变化，在实战中不可能出现基金收益率保持 1 年时间不变的情况。

因此，7 日年化收益率只能当作一个短期指标来看，不能代表一只货币市场基金的实际收益。所以很多投资者在买入货币市场基金时，其 7 日年化收益率达到 6%，而在一段时间后发现，基金的收益连 5% 都不到，大有上当受骗的感觉。实际上，7 日年化收益率始终是处于变化中，这是常理。

如图 8-8 所示为上述案例中建信天添益货币 A 的 7 日年化走势。

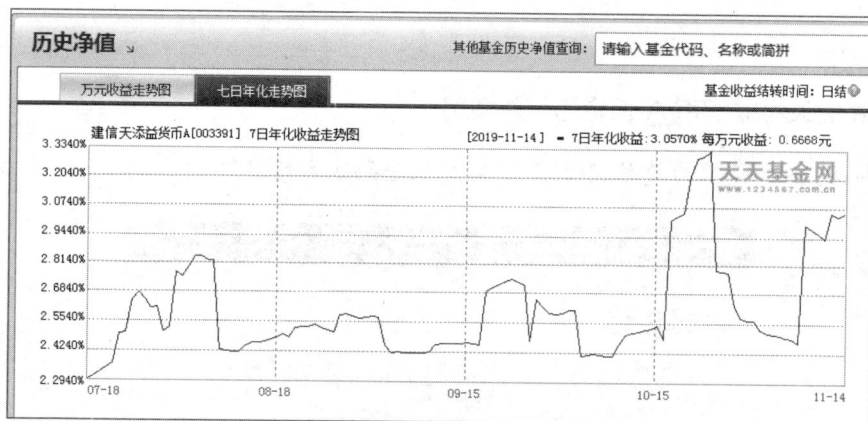

图 8-8　建信天添益货币 A 的 7 日年化走势

从上图可以看出，该基金产品的 7 日年化收益率走势变化大，最高达到 3.3340%，最低至 2.2940%。在同类的货币基金市场中，该基金收益表现优异，具有竞争优势。

8.2 选择货币基金的技巧

货币基金的投资风险很小，收益较银行存款略高，所以很多投资者在进行货币市场基金投资时，不注意投资技巧，从而错过了投资货币基金获取收益的时机。

NO.004 货币基金的投资策略

在欧美发达国家的家庭之中，货币基金很早以前就成为家庭的主要投资理财工具，因为其低风险、高流动性的特点与家庭实际情况和需求完美契合。

我国的货币基金发展较晚，近年来市场上的货币市场基金同质化严重，各产品之间没有太大的区别。所以投资者在选择基金时，就应格外注意投资策略。

货币市场基金的投资策略的具体内容如图 8-9 所示。

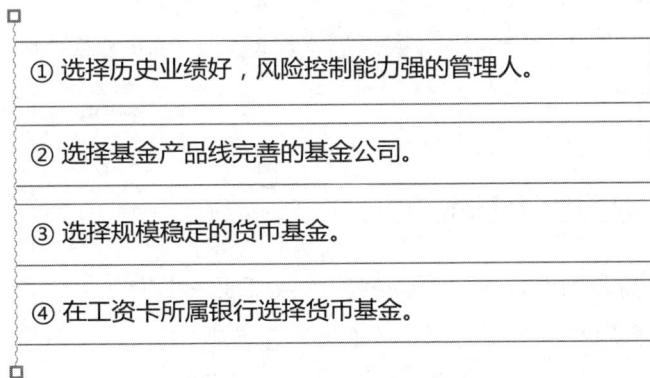

① 选择历史业绩好，风险控制能力强的管理人。

② 选择基金产品线完善的基金公司。

③ 选择规模稳定的货币基金。

④ 在工资卡所属银行选择货币基金。

图 8-9　货币基金的投资策略

◆ 选择历史业绩好，风险控制能力强的管理人

投资者购买基金的特点之一就是由管理人代为管理投资者的资金，因此好的基金管理人对基金的获利情况有着直接影响。只有在保证资金安全的前提下，投资者才能获利，所以对于流动性强的货币市场基金而言，选择实力强大的基金公司和基金管理者是重中之重。

◆ 选择基金产品线完善的基金公司

货币市场基金的特点决定了它不仅是良好的现金管理工具，也是投资风险更大的金融产品的避风港。在股市行情不好时，投资者可以将资金转为货币市场基金，规避风险；如果股票市场转好，投资者可以快捷方便地将货币基金转为股票型基金，所以选择产品线完善的基金公司，可以享受到各类基金间转换的便利。因为不同基金公司之间进行转换，会收取一定的手续费，浪费了投资者的资金。所以投资者在进行货币市场基金选择时，还应关注基金公司旗下其他基金的收益情况，方便随时进行基金转换。

◆ 选择规模稳定的货币基金

货币市场基金的收益虽然与其规模大小没有直接关系，但是与规模的稳定性却有着较大关联，规模不稳定的货币市场基金所蕴含的投资风险极大。

◆ 在工资卡所属银行选择货币基金

货币基金最大的优势就在于其交易的便捷和流动性强，投资者可以将每月的工资扣除必要的支出以后，将剩余部分定投到货币市场基金中，享受比银行储蓄更高的收益。

NO.005　购买货币基金

随着互联网的发展，货币市场基金发展迅速，也更为开放。与其他类型的基金不同的是，现在购买货币基金不必开立基金账户，也可以进行申购。

下面以近年来热门的理财通为例进行介绍，投资者可以通过官网购买。

实例分析

在理财通官网上购买货币基金

投资者登录理财通官网首页（https://qian.qq.com/），扫描官网中的二维码微信登录自己的账户，或者单击"登录"按钮，选择微信或QQ扫描二维码登录，如8-10左图所示。再在页面中单击"买入余额＋"按钮，进入货币基金买入页面，如 8-10 右图所示。

图 8-10　登录自己的微信账号

页面自动显示出货币基金类型列表，这里选中"汇添富全额宝"基金的单选按钮，如图 8-11 所示。

图 8-11　选择货币基金类型

如果是没有在理财通购买过基金的新用户，此时还不能操作购买，还需要在页面中完成风险测评。如 8-12 左图所示，单击"立即测评"按钮，进入风险测评。

风险测评是一系列的风险测试问题，包括经济收入情况、家庭负债情况以及投资意愿等，一共有 13 道题，如 8-12 右图所示。

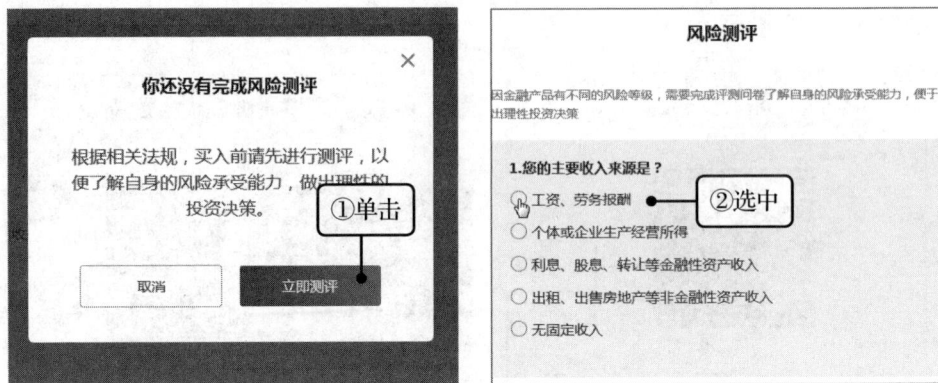

图 8-12　风险测评

风险测评结束后，系统会根据用户的回答结果说明用户的投资类型，然后推荐风险适度的产品。在页面中单击"我已了解，立即买入"按钮，开始金融产品购买，如 8-13 左图所示。再在弹出的页面中单击"同意协议并升级服务"按钮，同意理财通的服务协议，如 8-13 右图所示。

图 8-13　进入产品购买

在买入金额后的文本栏中输入金额"1000 元"，在支付方式下选择"手 Q支付"，最后单击"去 QQ 钱包支付"按钮，完成支付即可，如图 8-14 所示。

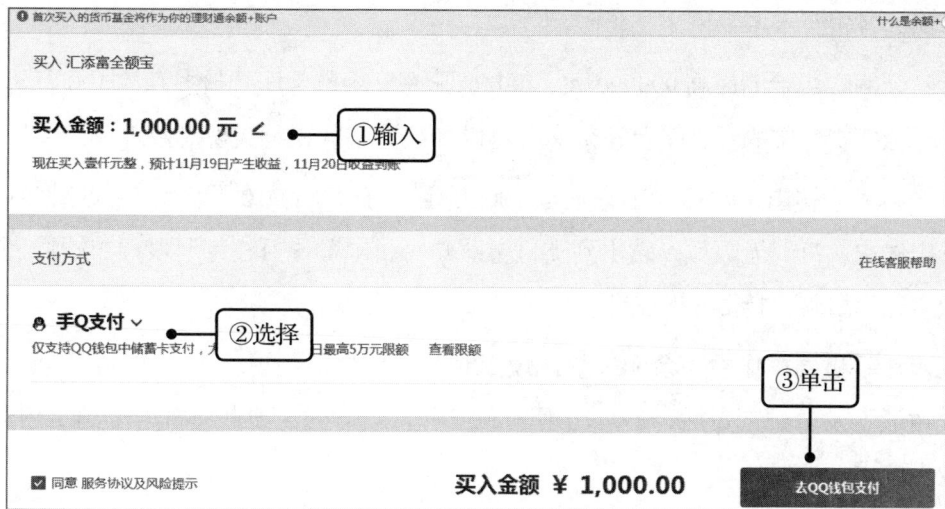

图 8-14 买入货币基金

通过上述操作可以发现，理财通与支付宝的余额宝大同小异，这是因为随着余额宝的推出，拉开了互联网金融战争的大幕。自余额宝掀起滔天巨浪后，各家不甘示弱，纷纷推出自己的理财神器。

不少投资者都在余额宝与理财通之间徘徊，不知道应该如何选择。下面就针对这两类理财产品进行对比分析。

理财通的转入资金最低为 0.01 元，由 PICC 提供赔付服务，保障账户资金安全。目前，理财通仅支持 14 家银行卡购买，其中建设银行和农业银行每笔单日最高限额为 1 万元，中国银行为 2 万元，浦发银行为 30 万元，其余的银行都为 5 万元。

理财通的转入转出都是实名银行卡操作，即购买时使用的银行卡将被默认为理财通安全卡，仅能使用该卡购买和赎回基金，不能转到别的银行卡中。

在安全性上，由于实名单张银行卡对接，如果出现手机、账户被盗情况，理财通中的资金更不容易被盗。

余额宝转入最低金额为 1 元，由平安保险全额赔付。储蓄卡单笔购买金额限额为各银行卡本身网上支付限额。

余额购买单笔最高 999999 元，每日无限额，余额宝账户最多存放 100 万元。由于依托支付宝的强大平台，余额宝可以和绝大多数银行实现对接。

余额宝转出至银行卡单笔限额 100 万元，每日限额 100 万元，每日最多可转出 3 次，每月无限额。转出到支付宝账户每日限额 5 万，每月限额 20 万。余额宝在手机端支持 2 小时到账，电脑端 24 小时到账。

在手机端操作中，余额宝整体赎回时间比理财通稍短。在金额限制方面，理财通不及余额宝灵活，一旦出现大额资金急用情况，理财通将无法满足用户取现要求。

支付宝有两种转出方式，转出到余额和银行卡。其中转出到银行卡，必须为账户所绑定的银行卡，也就是用户的个人卡中，这种风险很小。而转出到余额后，通过余额可以转移给任何支持的银行。

从 7 日年化收益率上来看，尽管每日都有波动，但余额宝和理财通收益并无明显区别，在投入资金额度较少的情况下，并无明显差异感。

8.3 指数基金相关内容

指数基金，是指以指数成分股为投资对象的基金，以模仿和跟踪目标指数的变化为原则，实现与市场的同步发展。

NO.006　指数基金的五大优点

投资者购买指数基金，实际上就是通过购买一部分或全部的某指数所包含的成分股，从而构建出指数基金的投资组合，使该投资组合的变动趋势与目标指数相一致，收益率与指数的涨幅相等。

指数基金是成熟的证券市场中不可或缺的一类基金，在运作上，它与其他投资基金一样。而它与其他投资基金的区别就在于，它跟踪股票和债券市场业绩，所遵循的投资策略偏向稳定。

指数型基金可以有效规避非系统风险，交易费用低廉，能延迟纳税，并且还具有监控投入少、操作简便等特点。

相对于其他类型的基金而言，指数型基金有自己独特的优势。因为指数基金是以跟踪目标指数变化，以投资成分股为对象的基金。因此，指数型基金具有费用低、分散投资、延迟纳税、监管较松和业绩透明度高的优点，具体内容如表 8-1 所示。

表 8-1

优点	说　明
费用低	这是指数型基金最大、最为突出的优势。基金的基本费用有管理费用、交易成本和销售费用 3 个方面。由于指数型基金采取的是持有策略，不需要在投资过程中经常交易，因此费用远远低于积极管理的基金。尽管这点费用的差异投资者看起来不太明显，但因为存在复利效应，所以这些费用对基金的收益也会产生巨大影响
投资分散，规避风险	指数型基金进行广泛的分散投资，因此任何单个股票的波动都不会对指数基金的整体表现造成太大影响，因此就达到了规避风险的效果。能够选择指数的成分股，都是各行各业具有代表性的个股，经营业绩稳定，所以不会出现业绩地雷或黑天鹅等事件。可以说一定程度上指数型基金的风险是可以预测的，这也就降低了防范风险的难度
延迟纳税	指数基金采取的是购买并持有的策略，所持有股票的换手率很低，只有当一只股票从指数中剔除或者投资者要求赎回基金的时候，才会出手所持有的股票，因此投资者每年所需要交纳的资本利得税就很少。由于复利效应产生的作用，延迟纳税会给投资者带来很多好处，尤其在累计时间久了之后，复利效应就会更明显
监管轻松	指数型基金的整体投资操作是被动的，不需要进行主动的投资决策，因此基金管理人基本上不会投入太大的精力来监控。指数基金管理人的主要任务是监控基金对应指数的变化，从而保证指数型基金的组合构成与之相适应。因此相较于其他类型的基金，指数型基金的监控和管理要轻松许多

续表

优点	说　明
业绩透明度高	指数基金完全按照指数的构成原理进行投资，透明度很高。基金管理人不能根据自己的投资风格来买卖股票，这样也就不能把投资者的资金挪作他用，从而杜绝了基金管理人用不道德的行为损害投资者利益的行为。一些看得清市场趋势但看不准个股的投资者比较喜欢投资指数型基金

指数型基金拥有诸多有利于投资者投资获利的优势，同时也为投资者减少了很多烦恼，因此指数型基金逐渐受到广大投资者的青睐。

如图 8-15 所示为华夏沪深 300 指数增强 C 基金示意图。

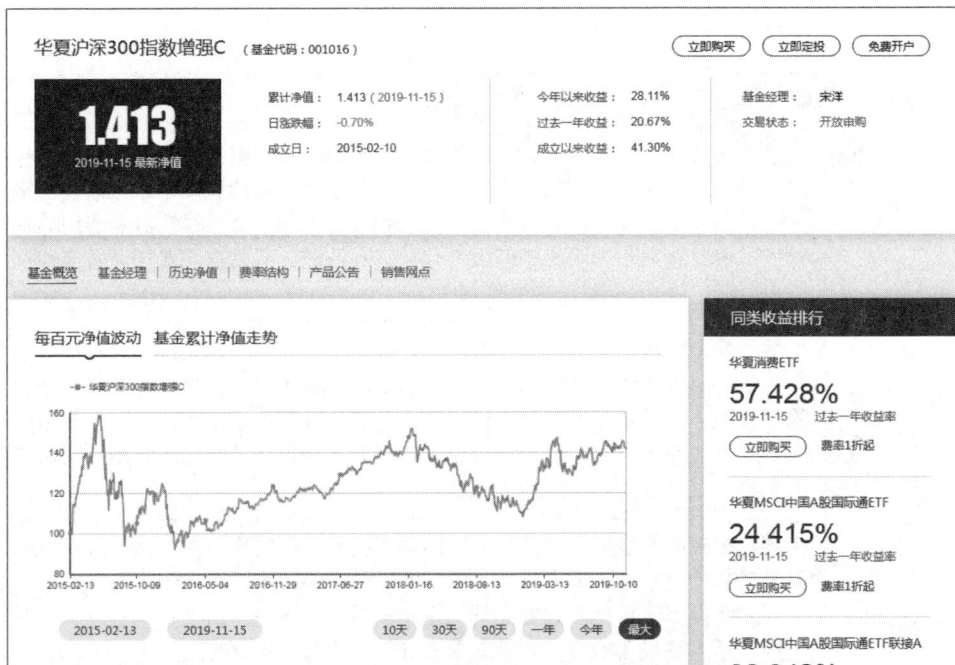

图 8-15　华夏沪深 300 指数增强 C 基金

从图上可以看到，该基金从 2015 年 2 月 13 日至 2019 年 10 月 10 日，这段时间内的百元净值的走势。该基金从 2015 年 6 月中旬开始表现下跌走势，虽然中途有所回调，但整体表现向下走势。运行至 2016 年 1 月底创下最低之后止跌回升，开始走出平稳向上拉升的走势，该轮上涨行情持续了两年左右的时间。

到 2018 年 1 月底，创下 151.8 元的高位之后表现下跌行情，该轮下跌行情持续了 1 年，跌至 108.0 元。进入 2019 年后，行情变化幅度较大，前期表现稳定上涨，随后表现下跌，但从整体来看，仍然表现向上拉升的行情。2019 年 1 月到 11 月累计收益率达到 28.11%，成立以来的累计收益率达到 41.30%，投资者如果投资了该基金便会获得不菲的收益。

NO.007 指数型基金分类

指数型基金按不同的标准分类，可以分为不同的类型。

（1）根据复制方式不同分类

按复制方式来说，可以分为增强指数型基金和完全复制指数型基金。

◆ 增强指数型基金：在将大部分资产按照基准指数为权重配置的基础上，也用一部分资产进行积极主动的投资，其目标为在紧密跟踪基准指数的同时获得高于基准指数的收益。

如图 8-16 所示为汇安沪深 300 指数增强 A 的基础信息。

汇安沪深300指数增强A(003884)		
净值估算2019-11-15 15:00	单位净值（2019-11-15）	累计净值
1.2326 ↓ -0.0087 -0.70%	1.2336 -0.62%	1.2336
近1月：2.25%	近3月：9.99%	近6月：13.38%
近1年：24.32%	近3年：—	成立来：23.36%
基金类型：股票指数｜高风险	基金规模：1.70亿元（2019-09-30）	基金经理：朱晨歌
成立日：2017-01-25	管理人：汇安基金	基金评级：暂无评级
跟踪标的：沪深300指数｜跟踪误差：0.29%		

图 8-16　汇安沪深 300 指数增强 A

从基金的基础信息可以看到，该基金的资产净值当日涨跌幅、申购状态等信息。除概况中的信息之外，还有一项重要的信息，即该基金与跟踪标的之间的跟踪误差。

跟踪误差是跟踪偏离度的标准差，是根据历史的收益率差值数据来描述基金与标的指数之间的密切程度，同时揭示基金收益率围绕标的指数收益率的波动特征。一般来说，跟踪误差越小，基金经理的管理能力越强。

汇安沪深 300 指数增强 A 的跟踪标的为沪深 300 指数，跟踪误差为 0.29%，同类的平均跟踪误差为 0.18%。可见增强型指数基金并不完全追求与指数保持一致。

◆ 完全复制指数型基金：力求按照目标指数的成分和权重进行投资配置，以最大限度地减小跟踪误差为目标。

如图 8-17 所示为易方达中债 7-10 年国开债指数基金基本信息。

易方达中债7-10年国开债指数(003358)

净值估算2019-11-15 15:00	单位净值 (2019-11-15)	累计净值
1.0575 ↑ +0.0001 +0.01%	1.0590 0.15%	1.0590

近1月: 0.37%	近3月: -0.47%	近6月: 2.27%
近1年: 4.76%	近3年: 6.53%	成立来: 5.90%

基金类型：债券指数 | 中低风险　　基金规模：18.09亿元 (2019-09-30)　　基金经理：张雅君
成 立 日：2016-09-27　　　　　　管 理 人：易方达基金　　　　　　基金评级：暂无评级
跟踪标的：中债7-10年国开行债券财富(总值)指数 | 跟踪误差: 0.03%

图 8-17　易方达中债 7-10 年国开债指数

从上图可以看到该基金的收益率变化之外，还可以发现该基金与增强指数型基金最大的差异在于该基金与跟踪标的之间的跟踪误差为 0.03%。说明该基金在最大限度地减小与跟踪标的之间的误差。

（2）根据交易机制不同分类

按交易机制不同，可以分为封闭式指数型基金、开放式指数型基金、指数型 ETF 和指数型 LOF。

◆ 封闭式指数基金：可以在二级市场中进行交易，但不能申购和赎回的指数型基金。

◆ 开放式指数型基金：不能在二级市场中交易，但可以随时向基金公司申购和赎回。

◆ 指数型 ETF：可以在二级市场中交易，也可以申购和赎回，但申购和赎回必须采取证券组合的形式。

◆ 指数型 LOF：既可以在二级市场中交易，也可以申购和赎回。

NO.008 如何选择指数型基金

指数型基金是跟踪某个特定的指数，属于被动型投资。因此，投资者不用担心基金经理的变更，或者是投资策略上的失误，对基金收益造成的影响。所以在选择指数型基金之前，投资者也不用花太多的时间去了解基金公司和基金经理。

随着指数型基金的发展，其所跟踪的目标指数也越来越多元化，不在仅仅局限于国内沪深两市，或者香港股市，而是遍布全球。要选择合适的指数型基金，投资者需要做好以下几点。

（1）了解基金跟踪的指数

基金跟踪的指数很大程度上决定了基金的风险和收益特征，通过考察指数在不同情况下的表现，投资者可以大概预测指数基金的表现。在跟踪的指数一定时，跟踪误差越小，其跟踪效果也更好。如图 8-18 所示为 2019 年 11 月 15 日按涨幅从高到低排列的指数型基金前八位。

比较	序号	基金代码	基金简称	日期	单位净值	累计净值	日增长率	近1周	近1月	近3月	近6月	近1年	近2年	近3年	今年来	成立来	自定义
☐	1	005112	银华中证全指	11-15	1.3939	1.3939	0.41%	0.58%	8.09%	17.41%	25.24%	34.29%	36.04%	---	55.33%	39.39%	35.84%
☐	2	007431	浙商中证50	11-14	0.9836	0.9836	0.32%	-2.37%	-2.57%	-1.67%				---		-1.64%	
☐	3	502023	鹏华钢铁分级	11-15	0.6630	0.7570	0.30%	-2.79%	-6.49%	-3.77%	-12.62%	-17.97%	-34.21%	-22.88%	-5.37%	-26.27%	-16.97%
☐	4	168203	中融国证钢铁	11-15	0.8150	0.3430	0.25%	-2.86%	-6.11%	-3.89%	-13.57%	-29.19%	-44.37%	-35.59%	-6.96%	-67.14%	-21.43%
☐	5	001023	华夏亚债中国	11-15	1.2120	1.3170	0.17%	0.33%	0.00%	-0.49%	2.02%	3.95%	11.40%	6.69%	2.28%	33.87%	3.59%
☐	6	006962	南方7-10	11-15	1.0282	1.0282	0.16%	0.50%	-0.08%	-1.09%	1.53%					2.82%	2.82%
☐	7	006961	南方7-10	11-15	1.0289	1.0289	0.16%	0.50%	-0.08%	-1.07%	1.57%					2.89%	2.89%
☐	8	003988	银华中债10	11-15	1.1023	1.1023	0.15%	0.49%	0.10%	-0.98%	1.79%	4.44%	12.64%	---	2.02%	10.23%	3.93%

图 8-18　指数基金日涨幅排行榜

在当天的排行中，排行前列的分别是医药、中证、钢铁等板块指数，由此可见跟踪某个单一行业指数的基金涨幅比跟踪某大盘指数更大。

投资者在进行基金投资之前，可以先分析自己最熟悉的行业，或者选择某一个自己看好的行业进行了解分析，做出理性判断后，再对该行业的指数型基金进行购买。

当日投资者也可以选择购买跟踪国外股票市场指数的基金，例如跟踪美国纳斯达克指数的有大成纳斯达克100指数型基金、华安纳斯达克100指数型基金、广发纳斯达克100指数型基金等。

（2）了解基金指数化投资的比例

指数基金市场的不断发展，让国内不少的指数基金向增强型指数基金变化，在进行跟踪目标指数的投资以外，还会进行适当的主动投资，而不再是简单复制指数的走势。

增强型指数基金会受跟踪指数以外的因素影响，如基金经理的投资策略、择时能力等。只有充分地了解指数基金的主动投资部分占整个基金资产的比例，投资者才能充分地了解基金的风险。

实例分析

银华中证全指医药卫生指数基金的投资比例分析

如图 8-19 所示为银华中证全指医药卫生指数基金的基本信息。

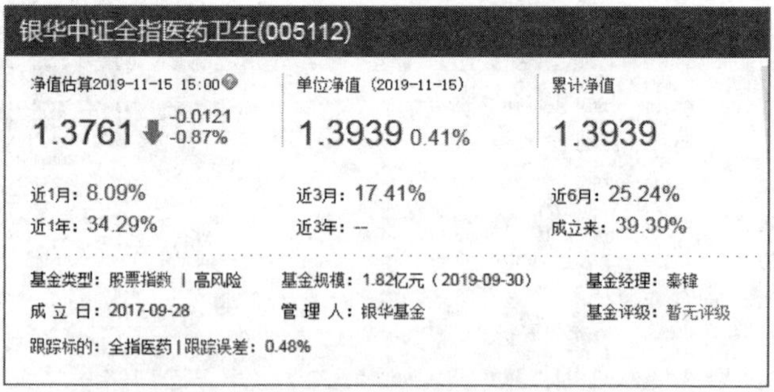

图 8-19　银华中证全指医药卫生指数基金

从基金的基本信息可以看出，该基金表现优异，不管是从长期来看，还是从短期来看，该基金均表现出不低的收益增长率。再查看该基金与跟踪标的之间的跟踪误差发现，误差值达 0.48%，误差较大，说明该指数基金除了跟踪目标指数之外，还做了其他适当的投资。

如图 8-20 所示为银华中证全指医药卫生指数基金 2019 年第三季度持仓前十股情况。

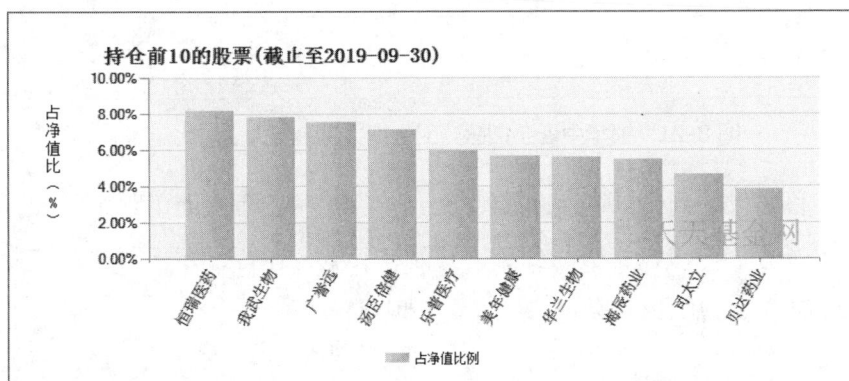

图 8-20　银华中证全指医药卫生指数持仓前十股

从上图可以看到，该基金的前十仓持股分别为恒瑞医药、我武生物、广誉远、汤臣倍健、乐普医疗、美年健康、华兰生物、海辰药业、司太立和贝达药业。这是因为该基金的跟踪标的为全指医药指数，所以该基金为了跟踪该标的，其持仓方向为医疗行业和医药制造。

但是可以发现，其中的汤臣倍健并非医药行业，而是属于食品饮料行业，说明该基金经理在跟踪标的的基础上，还进行了适当的投资，由此造成了跟踪误差。

这样孤立地观察增强型指数基金的收益水平，无法准确评判其表现情况的优劣。投资者在进行基金选择时应将其与大盘指数进行对比，查看基金的表现情况。

如图 8-21 所示为上述案例中的银华中证全指医药卫生指数基金 2019 年与

从零开始学
基金投资交易（财富增值版）

大盘指数的对比情况。

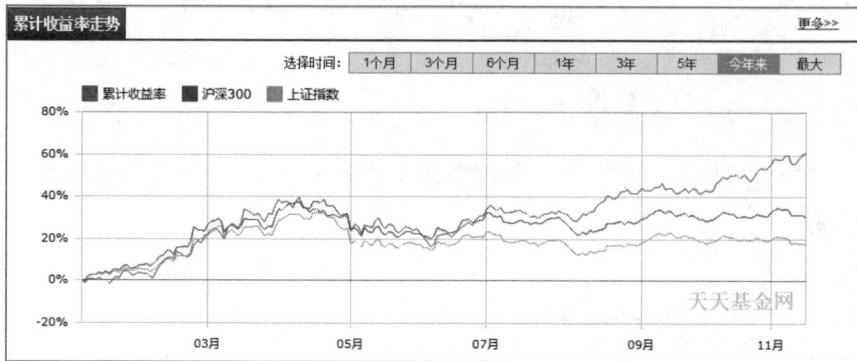

图 8-21　银华中证全指医药卫生指数基金与大盘对比走势

从上图可以看到，该基金随着大盘的上涨而上涨，下跌而下跌。从 7 月开始，该基金开始摆脱与大盘指数的纠缠，开始在其上方运行，并逐渐拉开与大盘指数之间的距离，说明该基金走势良好，表现优异。

（3）投资时间的选择

投资指数型基金对投资时间非常讲究，当大盘指数处于单边下跌时，肯定不是买入时机；当大盘指数处于上涨通道中，肯定不宜在此时赎回。

指数型基金在股市下跌和震荡时几乎没有任何可以抵抗风险的能力，因为基金资产的 90% 以上都用来购买股票，因此投资时间成为投资者唯一可以控制风险的途径。

实例分析

根据沪深 300 指数走势查看基金买入卖出机会

如图 8-22 所示为沪深 300 指数 2019 年 1 月至 11 月的 K 线走势。

从图中可以看到，在 2019 年 1 月至 4 月中旬的阶段中，该指数表现出上升行情，此时不失为投资者买入指数型基金的大好时机。

但进入 2019 年 4 月下旬之后，沪深 300 指数开始剧烈下跌，从 4 126.09 元

204.

的高位区域跌至 3 600 元价位线附近。此时未持有指数基金的投资者应保持观望；持有指数型基金的投资者应及时赎回，保存前期的收益。

该轮跌势持续了 2 个月的时间，随后 K 线止跌上涨，表现出震荡走势，行情不明。保守型的投资者可以先持币观望，待行情明朗再入手，激进的短线投资者可以抓住机会做短线投资。

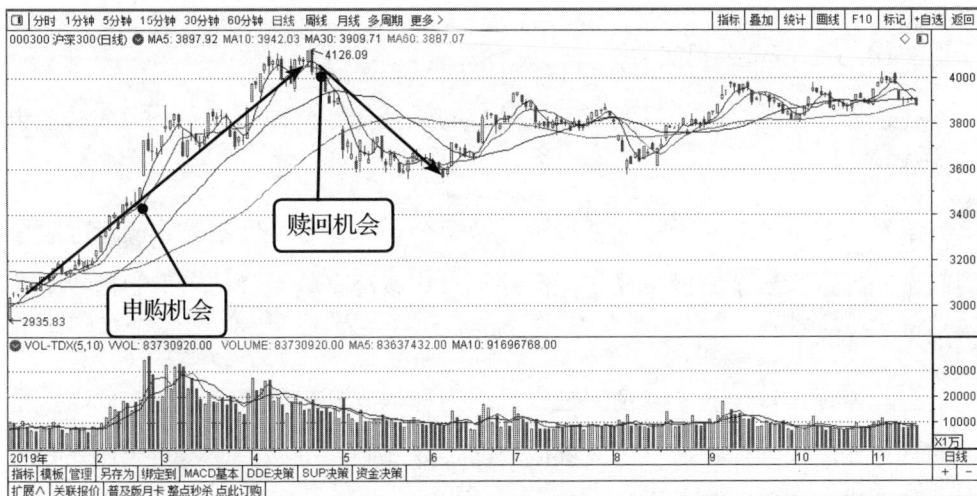

图 8-22　沪深 300 指数 2019 年 1 月至 11 月的 K 线走势

8.4 操作指数型基金的技巧

投资指数型基金，要一看指数，二看比例，三看时间，只有将影响投资的各个方面都考虑到，才能帮助投资者尽量规避风险，从而更好地实现预设的投资获利目标。

NO.009　指数型基金的交易技巧

指数型基金的特点，决定了其在单边的上涨行情中能够充分表现出自身的优势。此外，在投资周期很长的情况下，其优势也会随着时间的累积而体现出来，因此投资指数型基金比较适合的方式是坚持 3 年甚至更长的时间长期持有。

（1）了解基金公司实力

在选择任何基金时，投资者首要关心的就是基金公司的实力，指数基金也不例外。

虽然指数型基金属于被动型投资，基金公司与基金经理不需要像管理股票型基金一样进行复杂的投资操作，但并不意味着每家基金公司旗下的指数型基金都是一样的。

跟踪目标指数是一个复杂的过程，因为每只成分股的权重不一样，需要精密的计算和严谨的操作流程来实现最终的指数复制。市场上跟踪同一指数的基金，其净值增长率也有所差距。

如富荣沪深 300 指数增强 A2019 年 8 月 16 日到 11 月 15 日的涨幅为 9.15%；同期的汇安沪深 300 指数增强 A 的涨幅为 9.99%；同期的长信沪深 300 指数增强 A 的涨幅为 8.45%。从该阶段的涨幅情况来看，汇安沪深 300 指数增强 A 基金的表现更优异。

产生这种差距的原因之一，就是基金公司跟踪目标指数能力上的差距。投资者在选择指数型基金时，应该对基金公司的实力进行简单了解，判断基金公司是否值得托付。

如图 8-23 所示为晨星基金网公布的截至 2019 年中国基金公司基金规模排行榜。

序号	基金公司	城市	成立日期	▼基金规模 (亿元)	旗下基金 (只)	在职基金经理 (人)	平均任期	今年以来业绩最佳	回报率 (%)
1	天弘基金	天津	2004-11-08	6657.10	62	24	2年281天	天弘文化新兴产业股票	76.99
2	华夏基金	北京	1998-04-09	5870.92	169	53	3年161天	华夏乐享健康灵活配置混合	60.50
3	易方达基金	广州	2001-04-17	5636.73	175	54	3年24天	易方达生物科技指数分级B	148.21
4	工银瑞信基金	北京	2005-06-21	4239.50	141	52	3年245天	工银瑞信医药健康股票A	78.46
5	嘉实基金	北京	1999-03-25	3277.80	169	59	3年84天	嘉实新兴产业混合	72.69
6	广发基金	广州	2003-08-05	3148.58	202	46	3年159天	广发中证医疗指数分级B	129.38
7	建信基金	北京	2005-09-19	3054.88	117	34	4年58天	建信央视财经50指数分级B	106.88
8	南方基金	深圳	1998-03-06	2642.52	202	51	3年75天	南方新兴消费增长分级股票 - 消费进取	213.12
9	中银基金	上海	2004-08-12	2578.90	113	36	3年272天	中银医疗保健灵活配置混合	78.74
10	汇添富基金	上海	2005-02-03	2429.42	143	40	3年260天	汇添富创新医药主题混合	78.60
11	招商基金	深圳	2002-12-27	2231.37	148	41	2年330天	招商中证白酒指数分级B	201.14
12	富国基金	上海	1999-04-13	1821.29	147	52	3年116天	富国中证移动互联网指数分级B	139.37
13	华宝基金	上海	2003-02-12	1819.71	78	29	4年194天	华宝中证医疗指数分级B	159.02
14	博时基金	深圳	1998-07-13	1781.06	197	54	3年67天	博时医疗保健行业混合A	92.09
15	鹏华基金	深圳	1998-12-22	1634.79	168	43	3年87天	鹏华中证酒指数分级 - B	174.80
16	银华基金	北京	2001-05-28	1482.40	120	47	3年1天	银华深证100指数分级 - 银华锐进	136.25
17	华安基金	上海	1998-06-04	1393.47	134	42	3年159天	华安媒体互联网混合	81.60
18	华泰柏瑞基金	上海	2004-11-18	1257.29	61	22	4年203天	华泰柏瑞医疗健康混合	80.04
19	上投摩根基金	上海	2004-05-12	1132.92	72	32	3年289天	上投摩根医疗健康股票	74.82
20	兴全基金	上海	2003-09-30	1097.59	28	24	2年151天	兴全合润分级混合 - B	76.72
21	大成基金	深圳	1999-04-12	1089.93	88	28	3年194天	大成中证互联网金融指数分级B	113.59
22	融通基金	深圳	2001-05-22	858.71	70	28	2年261天	融通中国风1号灵活配置混合	74.77
23	农银汇理基金	上海	2008-03-18	858.17	58	22	3年90天	农银消费主题混合H	248.12
24	诺安基金	深圳	2003-12-09	831.36	91	24	4年1天	诺安成长混合	80.66
25	交银施罗德基金	上海	2005-08-04	791.33	81	24	3年59天	交银成长30混合	86.83
26	国泰基金	上海	1998-03-05	784.58	120	30	3年3天	国泰深证TMT50指数分级B	156.62

图 8-23　基金公司排行榜

从排行榜上可以清楚地看到，天弘基金一枝独秀，基金规模大幅领先第二名，拉开差距的原因则是旗下的余额宝等货币基金带来的大量基金资产。

（2）了解基金费用

与股票型基金相比，指数型基金的优势之一就是费用低廉。但是不同的指数型基金，其低廉程度也有所区别。

投资者需要关注的指数型基金费用主要有两方面，即申购费和赎回费。申购费通常存在前端收费和后端收费的区别，不同指数基金跟踪不同的目标指数，其申购费率也会有一定的差别，同时也会影响到赎回费。

如图 8-24 所示为天弘中证电子指数 A 基金的基金费率示意图，包括了申购费和赎回费。

基本概况		其他基金基本概况查询:	请输入基金代码、名称或简拼
基金全称	天弘中证电子指数型发起式证券投资基金	基金简称	天弘中证电子指数A
基金代码	001617（前端）	基金类型	股票指数
发行日期	2015年07月28日	成立日期/规模	2015年07月29日 / 0.100亿份
资产规模	2.12亿元（截止至：2019年09月30日）	份额规模	2.2231亿份（截止至：2019年09月30日）
基金管理人	天弘基金	基金托管人	海通证券
基金经理人	张子法	成立来分红	每份累计0.00元（0次）
管理费率	0.50%（每年）	托管费率	0.10%（每年）
销售服务费率	0.00%（每年）	最高认购费率	0.10%（前端）
最高申购费率	1.00%（前端） 天天基金优惠费率：0.10%（前端）	最高赎回费率	1.50%（前端）
业绩比较基准	中证电子指数收益率×95%+银行活期存款利率(税后)×5%	跟踪标的	中证电子指数
基金管理费和托管费直接从基金产品中扣除，具体计算方法及费率结构请参见基金《招募说明书》			

图 8-24　天弘中证电子指数 A 基金

NO.010　3 个投资技巧

指数型基金并非看起那么完美，其仍然存在自身的特点和局限性，所以投资者应该根据其特性和当前行情的特点进行操作，否则很难取得理想的收益，失败的指数型基金投资收益甚至不如货币基金。

首先，指数型基金是一种趋势性的投资产品，不存在做空机制，所以只有在指数上涨趋势中才能取得较好的收益，这也是投资者进行买入和持有的前提条件。因此，指数型基金只有在确定行情已经处于且将长期处于上涨行情中的前提下，才适合买入并长期持有。

其次，投资者虽然可以进行指数型基金的低买高卖的波段操作，但这种操作方式只适合在中线范围内才能取得一定的效果，且在基金费率较高时，效果并不会太好。

无论是封闭式基金还是 ETF，又或者是 LOF，都因为各种原因，不适合进行短线操作。因此，指数型基金的第二个投资技巧就是买入并长期持有。在行情向好的前提下，长期持有的收益率肯定会高于短线操作。

最后，在投资者买入并持有指数型基金的过程中，应该保证一定的关注度，在行情趋势发生反转的情况下，及时赎回可以保证获得大部分的投资收益。

投资者不应该在买入基金之后就将其抛到脑后，一年看一次，甚至几年看一次，这样会错过绝佳的赎回时机。这些都是投资指数型基金过程中应该避免的行为。

NO.011 指数型基金的风险

指数型基金以控制跟踪指数误差为投资目标，其收益率与标的指数共同增长。那么应该如何衡量指数型基金的风险呢？

虽然指数型基金通过一定的投资组合避免了非系统性的投资风险和主动投资产生的决策错误风险。但是不能因此说指数型基金的风险小于其他类型的基金。

指数型基金最大的风险在于系统性风险，而系统性风险是不可以通过分散投资来完全消除的。当市场行情趋坏时，主动投资型基金可以通过更改资金配置来削弱系统风险带来的损失，而指数型基金的投资配置是无法更改的，只能跟随市场趋势的变化而变化。

系统性风险主要是由政治、经济和社会环境等宏观因素造成的，其事件本身就会对股票市场造成不利影响，而最直接受影响的往往是那些指数的成分股。

因此在某种意义上来说,指数型基金的风险反而会比主动型投资基金更大。作为一种中长线的投资产品，在股市不明朗时，投资者投资指数型基金需要格外注意风险。

投资者对于不可消除的系统性风险应该在投资之初就对其加强认识并提高

警惕，当市场的整体趋势出现大幅度的上涨，成交量不断创下新高的时候，也是投资者涌进市场的时候，而此时正是投资者忽视风险的时候，要知道这种股市过热，就极有可能是系统性风险出现的前兆。

总而言之，是投资就会有风险，且风险和收益是成正比的。投资者应根据自己的实际情况进行适当的投资，指数型基金比较适合具备一定市场分析能力的投资者进行买入。

第 **9** 章

投资LOF基金与ETF基金

LOF基金与ETF基金是普通投资者接触得比较少的两类基金，但是近年来却受到了不少经验丰富的投资者青睐。那么LOF基金和ETF基金到底有什么样的优势，能让投资者如此追捧，一起来了解它们。

9.1 认识 LOF 基金与 ETF 基金

LOF 基金的全称是 List Open-Ended Fund，即上市开放基金。ETF 基金的全称是 Exchange-Traded Fund，即交易所交易基金。两者有一定的相似性，也存在着区别。

NO.001 什么是 LOF 基金

LOF基金，全称为上市型开放式基金，也就是上市型开放式基金发行结束后，投资者既可以在指定网点申购与赎回基金份额，也可以在交易所买卖该基金。

不过投资者如果是在指定网点申购的基金份额，想要上网抛出，需办理一定的转托管手续。同样，如果是在交易所网上买进的基金份额，想要在指定网点赎回，也要办理一定的转托管手续。

截止到 2019 年 11 月，市场中较为出色的 LOF 基金有：银华内需精选混合（LOF）、万家行业优选混合（LOF）、景顺长城鼎益混合（LOF）以及招商优质成长混合（LOF）等。

一般的开放式基金场外交易采用未知价交易，T+1 日交易确认，申购的份额 T+2 日才能赎回，赎回的金额 T+3 日才从基金公司划出，需要经过托管银行、代销商划转，投资者最迟 T+7 日才能收到赎回款。

LOF基金增加了开放式基金的场内交易，买入的基金份额 T+1 日可以卖出，卖出的基金款如果参照证券交易结算的方式，当日就可用，T+1 日可提现金。与场外交易比较，买入比申购提前 1 日，卖出比赎回最多提前 6 日，减少了交易费用，加快了交易速度，直接的效果是基金成为资金的缓冲区。

总结来说，LOF 基金的特点主要有 3 个。

① LOF 基金本质上仍是开放式基金，基金份额总额不固定，基金份额可以在基金合同约定的时间和场所申购、赎回。

②LOF 基金发售结合了银行等代销机构与深交所交易网络二者的销售优势。银行等代销机构网点仍沿用现行的营业柜台销售方式，深交所交易系统则采用通行的新股上网定价发行方式。

③LOF 基金获准在深交所上市交易后，投资者既可以选择在银行等代销机构按当日收市的基金份额净值申购、赎回基金份额，也可以选择在深交所会员证券营业部按撮合成交价买卖基金份额。

投资者要想查看 LOF 基金的实时行情信息，非常方便。登录天天基金网，单击"基金排行"按钮，如图 9-1 所示。

图 9-1　单击"基金排行"按钮

进入基金排行页面，单击"LOF"按钮，页面下方按照 LOF 基金的近 1 周收益情况进行排列，如图 9-2 所示。

图 9-2　LOF 基金列表

选择页面中的某一只 LOF 基金即可查看到 LOF 基金的详情，如图 9-3 所示为平安鼎越混合（LOF）基金详情。

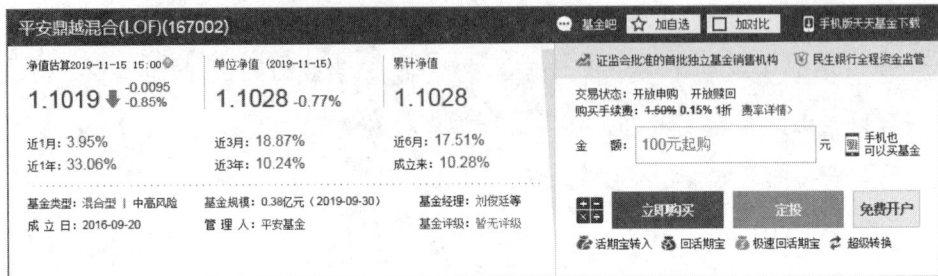

图 9-3　平安鼎越混合（LOF）

NO.002　什么是 ETF 基金

ETF 基金是指交易所交易基金，一般将其称为交易型开放式指数基金。ETF 是可以在基金交易所交易的开放式基金，投资者可以在场外申购和赎回 ETF 基金，也可以在二级市场中买卖 ETF 基金。

交易 ETF 基金与交易股票类似，如果投资者已经开立股票账户，不用重新开立账户即可进行交易。

与股票一样，ETF 基金的 100 个基金单位为 1 手，涨跌幅度同样被限制在每天 10%。ETF 基金跟踪某一目标指数，该指数就是 ETF 的标的指数。

ETF 基金最大的特点便是实物申购、实物赎回。为了使 ETF 基金的价格能够更直观反映目标指数，所以通常将 ETF 基金的净值与指数联系在一起，主要方式是将 ETF 基金净值设置为指数的某一百分比。

例如，沪深 300 指数 ETF 基金的净值设置为沪深 300 指数的 1‰，当沪深 300 指数为 4000 点时，沪深 300 指数 ETF 基金的净值就为 4.00 元，当沪深 300 指数上涨或下跌 10 点时，沪深 300 指数 ETF 基金的净值就会上涨或下跌 0.01 元。

投资者进行申购和赎回 ETF 基金的要求比较高，通常为基本基金单位的 100 万份，即当前净值为 2.267 元的广发 500，进行申购和赎回需要的资金为 226.7 万元。

上海证券交易所 ETF 基金交易规则。

交易时间：上海证券交易所的开市时间（周一至周五的上午 9:30～11:30 和下午 1:00～3:00，节假日除外）。

交易方式：在交易日的交易时间通过任何一家证券公司委托下单。

交易单位：100 份基金份额为 1 手，并使用大宗交易的相关规定。

交易价格：15 秒更新一次基金净值，是跟踪指数的一定百分比，通常为 1‰。

价格最小变动单位：0.001 元。

涨跌幅限制：10%。

交易费用：无印花税，佣金不高于成交金额的 0.3%，不足起征点的单笔交易 5 元。

清算交收：T 日交易，T+1 日交收。

NO.003 LOF 与 ETF 的异同

从表面上来看，LOF 基金与 ETF 基金都是同时存在于一级市场和二级市场的特殊类型基金，它们之间不仅仅有相同处，也存在着不少的区别。

（1）LOF 与 ETF 的相同点

LOF 基金与 ETF 基金的相同点如下所示。

①LOF 基金与 ETF 基金同时存在于二级市场。

②两者理论上都存在套利机会。

③费用低廉，流动性强。

④折价与溢价的幅度小。

ETF 基金和 LOF 基金都同时存在于发行市场和二级市场，可以和其他类型的基金一样在基金发起人、证券公司、银行等代销机构进行申购与赎回，同时又可以像封闭式基金一样在二级市场中通过交易所进行网上交易。

LOF 与 ETF 在理论上都存在套利机会，因为它们跨越了发行市场和交易市场，两种方式并存，因此他们具备了开放式与封闭式基金的双重属性。申购和赎回的价格取决于基金单位资产净值，而市场交易价格由系统撮合形成，受到市场供求的影响，当发行价与市场交易价格出现偏离时，就出现了套利机会。

LOF 与 ETF 在交易过程中没有申购、赎回费用，只需要支付最高为 0.5% 的双边费用。其中 ETF 基金是跟踪某一目标指数的被动型投资，管理费用低廉。由于 LOF 与 ETF 同时存在于发行市场和交易市场，所以其流动性明显高于一般的开放式基金。

（2）LOF 与 ETF 的区别

LOF 基金与 ETF 基金的区别如下所示。

①适用的基金类型不同。

②申购与赎回的标的物不同。

③参与门槛不同。

④套利的操作方式不同。

ETF 基金是跟踪某一目标指数的被动型投资基金，而 LOF 基金虽然也采取了开放式基金上市交易的方式，但其不仅可以是被动投资的基金产品，也可以是主动投资的产品。

ETF 基金的最大特点就是"实物申购，实物赎回"，在申购时，投资者需要用一篮子股票去交换基金份额，而在赎回时，投资者得到的也是一篮子股票；而 LOF 基金则是基金份额与投资者资金的交换。

ETF 基金申购和赎回的基本单位是 100 万份基金单位，起点很高，比较适合机构投资者和大户投资者；LOF 基金的申购赎回起点是 1000 份基金单位，比较适合中小型投资者。

套利操作方式的不同主要体现在 ETF 基金在套利过程中必须通过一篮子股票的买卖，同时涉及股票和基金两个市场，而 LOF 基金套利只需要在基金市场中完成。ETF 基金可以实时套利，实现 T+0 交易，而 LOF 基金有交易规定限制，申购和赎回的基金单位由中国注册登记系统托管，市场买卖的基金单位由中国结算深圳分公司系统托管，跨越两个系统进行交易需要两个交易日。所以在套利上 ETF 基金更为便利，当然也因为跨越了两个市场，费用也增加了。

9.2 LOF、ETF 的运转机制与交易方式

LOF 基金与 ETF 基金虽然都同时存在于发行市场和交易市场，但其运转机制和交易方式却有很大的区别。下面对 LOF 基金、ETF 基金的运转机制与交易方式进行详细讲解。

NO.004　掌握 LOF 基金的运转机制

LOF 基金运转机制的核心是份额登记制度，既与开放式基金需要在过户机构登记不同，又区别于封闭式基金需要在交易所证券登记结算系统登记。LOF 基金需要同时在过户机构（TA）和证券登记结算系统中登记，才能同时进行场内交易和场外交易。

LOF 基金采用开放式基金和股票结合的发行方式，在交易所进行发行。认购 LOF 基金与认购新股没有区别。认购结束后，投资者获得与认购金额相等的基金份额，根据认购的方式不同，投资的基金份额得到的托管方式不同。

通过股票账户认购的基金份额托管在证券登记结算公司系统中，同时通过基金账户认购的基金份额托管在过户机构中。托管在证券登记系统中的基金份额只能在证券交易所进行交易，不能直接认购、申购或赎回；托管在过户机构系统中的基金份额只能进行认购和赎回，不能在证券交易所进行交易。

LOF 基金的场内交易，就是投资者按照证券交易的方式在证券交易所进行基金交易，交易价格受到买卖双方的出价不同而发生变化，交易发生的基金份额的变化登记在证券登记结算系统中。LOF 基金的交易与股票交易一样，通过卖出基金份额得到的资金当天可用于其他基金交易，但基金 T+1 日交收。

LOF 基金的场外交易，就是投资者采用未知价的交易方式，以基金净值进行申购赎回。投资者通过场外交易进行基金申购，基金 T+2 日交收；赎回基金，T+7 日内到账。

NO.005 如何交易 LOF 基金

LOF 基金本质上仍是开放式基金，基金份额总额不固定，基金份额可以在基金合同约定的时间和场所申购、赎回。投资者可以在交易所进行买卖，也可以在指定代销网点进行申购和赎回，在赎回、卖出时要办理一定的转托管手续。

（1）LOF 基金的购买

购买 LOF 基金主要有两种渠道：一是在深圳证券交易所购买；二是通过代销机构购买。

以在深圳证券交易所购买为例，首先投资者需要开设深圳证券账户，认购的金额必须是 1000 的整数倍。

除了在深圳交易所进行 LOF 基金购买之外，还可以通过代销机构进行认购，认购时应使用中国结算公司深圳开放式基金账户。已有深圳证券账户的投资者，可通过基金管理人或代销机构申请注册深圳开放式基金账户。

（2）转托管手续的办理

投资者通过深圳证券交易所买入的 LOF 基金份额只能在深圳交易所进行买卖，不能直接申请赎回，如果投资者想要赎回份额，则需要办理跨系统转托管，即将基金份额转入基金管理人或其代销机构，然后再进行赎回。

此种情况下，办理转托管手续的流程具体如图 9-4 所示。

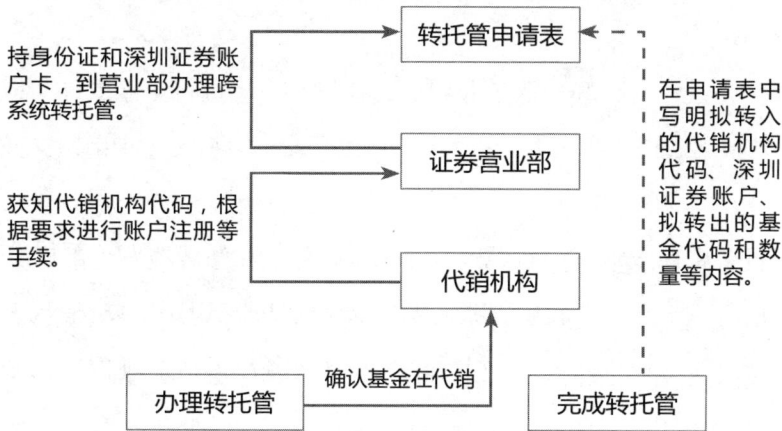

图 9-4　转托管流程

通过代销机构认购和申购的 LOF 基金只能赎回，不能通过深圳交易所进行卖出。如果投资者想要将该基金份额通过深交所交易系统进行卖出，则需要在线办理跨系统转托管，即将基金份额转入深交所交易系统，之后再委托证券营业部卖出。投资者在办理跨系统转托管之前，需要与基金份额拟转入的证券营业部联系，获知该证券营业部在深交所的席位号码。办理此类转托管手续的具体流程如图 9-5 所示。

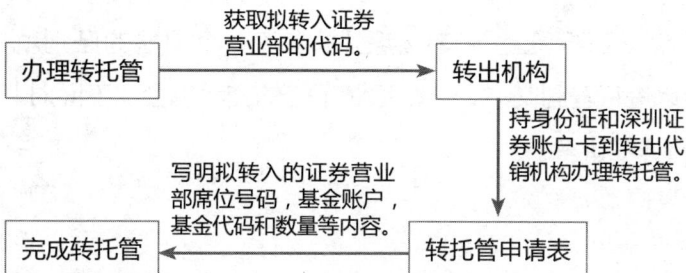

图 9-5　办理转托管流程

NO.006　ETF 基金的交易方式

ETF 基金的交易与股票和封闭式基金完全相同，基金份额是在投资者之间买卖的。投资者利用现有的证券账户或基金账户即可进行交易，不需要另开设账户。

ETF 基金在二级市场交易同样需要遵守交易所的相关规定，例如当日买入的基金份额，下一个交易日才能卖出。

如果一个投资者买好一篮子股票后，在发行市场进行申购 ETF 基金，申购成功后，并不用等待基金到账，当天就可以在二级市场中进行卖出，实现"T+0"交易。

如果投资者在二级市场中买入 ETF 基金，可以在当天在发行市场申请赎回，赎回成功后，也不必等待股票到账，就可以将这些股票抛出。

但投资者应注意，如果申购和赎回在不同市场内进行时，则不能实现"T+0"交易。

ETF 也可以通过申购和赎回进行交易，但门槛较高，一般是基本单位的100 万份，需要几十万甚至上百万的资金，因此这种交易方式只对机构投资者和大户投资者开放。

9.3 LOF 与 ETF 套利

LOF 基金、ETF 基金与其他类型基金有一个明显的区别就是，LOF 与 ETF 基金可以进行套利交易，存在稳赚不赔的交易机会。下面对 LOF 与 ETF 套利交易进行详细讲解。

NO.007　LOF 基金的套利原理

LOF 基金在一级市场的申购和赎回是按照申请提出当天的基金净值进行结算的，而其在二级市场上的价格则是由市场供求决定的，因此当两个市场之间的偏差大于交易成本时，投资者就可以在两个市场之间进行套利。

当 LOF 基金的市场交易价格低于净值，即在二级市场的交易价格低于发行市场的申购价时，投资者可以在二级市场上买入，然后到发行市场中赎回，这种套利方法叫作反向套利。

当 LOF 基金的市场交易价格高于净值，即在二级市场的价格高于发行市场的申购价，投资者可以在发行市场上进行申购，然后到二级市场中卖出，这种套利方法叫作正向套利。

除了正向和反向套利之外，还有一种称为复牌套利的套利方法，即当 LOF 基金持仓中持有复牌预期涨幅很高的股票时，投资者进行买入，待该股复牌快速上涨后进行套利。

由于 LOF 基金的套利需要进行跨系统托管，至少需要 3 个交易日以上，同时还需要支付相关费用。因此，LOF 基金的套利需要承担较大风险，如果套利机会在两个工作日后消失了，那么投资者就会承受损失。

例如，某沪深 300LOF 基金在 2019 年 9 月出现套利机会。

买入时间：2019 年 09 月 02 日，买入数量：4300 份，成交价：0.73 元（二级市场时价），发生金额 3 148.42 元（包含 0.3% 手续费 9.42 元）。

赎回申请时间：2019 年 09 月 03 日。

赎回确认时间 2019 年 09 月 04 日，成交数量 4300 份，成交价：0.75 元（9月 3 日基金单位净值），发生金额 0 元（尚未到账）。

到账日 2019 年 09 月 05 日（T+3），发生金额：3 213.15 元（手续费 11.85元）。

此次交易套利：64.73 元。

NO.008 ETF 基金的获利方式

ETF 基金在市场风险暴露的时候，是不少投资者的第一避险选择。投资 ETF 基金的获利方式主要有三种，如图 9-6 所示。

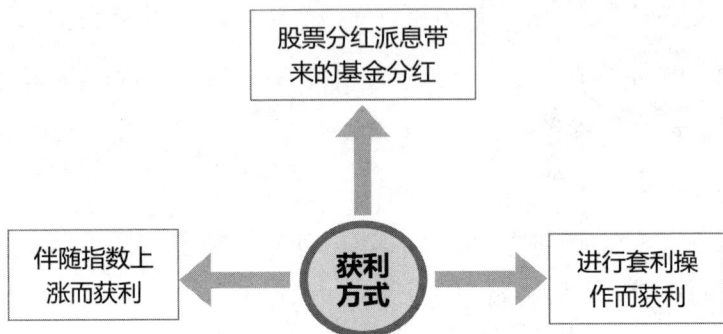

图 9-6　ETF 基金的获利方式

当 ETF 基金跟踪的目标指数不断上涨，基金净值和市场交易价格也会随之上涨，投资者可以通过二级市场卖出或赎回，从而获利。

第 10 章

保本型与债券型基金的投资技巧

　　保本型基金与债券型基金是所有基金产品中风险较小，收益较稳定的两种基金类型。对于稳健型的投资者而言是较好的投资选择，但是并不意味着风险小、收益稳定就可以随意进行基金投资，也要掌握一定的技巧。

10.1 认识保本型基金

保本型基金是安全、稳定的投资选择，但因其名称受到了许多投资者的误解，认为该类基金十分保守，收益极低。随着金融市场的发展，投资者对保本型基金的认识也不断改变。

NO.001 什么是保本型基金

保本型基金在国外非常流行，因为不论市场走多或空，都不会影响日常生活或原先既定计划。但是因为保本基金有投资期间的限制，提前赎回不但无法保障本金，还必须支付赎回费用，因此在投资这类商品时，必须注意赎回手续费的比例与相关赎回条件。

保本基金指在一定的保本周期内，我国一般为 3 年，对投资者所投资的本金提供一定比例的保证保本。

另外，基金利用极小的资产比例或者是利息来进行高风险的投资，而将大部分资产从事固定收益的投资。使得无论市场如何变化，基金都不会低于所担保的价格，从而实现保本的目的。

投资者在保本周期结束后可以拿回原来的投资本金，如果提前进行赎回，则不能享受保本优待。

保本基金的风险承受能力较弱，但是可以保障所投本金的安全，同时又能参与股市上涨带来的红利。

保本基金将大部分资产用于固定收入债券的投资，使得基金在到期时能够支付投资者的本金，而将剩余资产，通常将 15% ~ 20% 投资于股票等高收益金融产品，以此来提高投资者的收益。

因此，保本型基金是风险承受能力弱的投资者的首选，既能保住投资本金，又有获得额外收益的可能。

如图 10-1 所示为和讯基金中列示的保本型基金列表。

序号	代码	基金名称	类型	单位净值	累积净值	日增长率	今年来涨幅	风险等级	基金经理	规模（亿）
1	002296	长城行业轮动	股票型	1.1730	1.1730	-0.05%	4.53%	中风险	廖瀚博	22.92
2	002596	华商回报1号	股票型	0.8884	0.8884	0.00%	0.52%	中高风险	张永志	19.09
3	000030	长城核心优选	股票型	1.1240	2.0809	-0.16%	3.94%	中风险	雷俊	39.07
4	001800	华安新乐享灵	股票型	1.2394	1.2394	0.35%	8.15%	中低风险	马晓璇 | 贺涛 | 蒋璆	23.57
5	001858	建信鑫利混合	股票型	1.0354	1.0354	0.52%	11.41%	中风险	朱虹 | 陶灿	34.93
6	002959	汇添富盈泰混	股票型	1.1700	1.1700	0.00%	4.75%	中高风险	曾刚 | 吴红宏	26.13
7	200016	长城稳健成长	股票型	1.3375	2.0605	0.96%	4.66%	中风险	张捷	16.12
8	700004	平安灵活配置	股票型	1.2719	1.5861	0.68%	15.20%	中高风险	刘杰	4.89
9	000028	华富安鑫债券	股票型	1.0390	1.4170	-0.01%	4.74%	中低风险	张惠	4.04
10	000058	国联安保本	股票型	1.1859	1.3893	-0.02%	3.47%	中低风险	朱靖宇 | 林淏	0.60
11	001704	国投瑞银进宝	股票型	1.2511	1.2761	1.25%	32.30%	中低风险	邓彬彬 | 徐栋	29.86
12	002137	诺安利鑫保本	股票型	1.2401	1.2401	0.76%	12.88%	中低风险	史高飞	1.01
13	002542	长城久鼎混合	股票型	1.1102	1.1102	-0.12%	0.93%	中风险	廖瀚博	38.01
14	080007	长盛同鑫保本	股票型	0.9940	1.0250	1.12%	12.18%	中低风险	陈亘斯	2.10
15	163411	兴全精选	股票型	2.0890	2.4249	1.52%	51.77%	中低风险	陈宇	15.39

图 10-1　保本型基金列表

从图中可以看到，虽然同为保本型基金但是基金之间的涨幅差异是非常大的，其中涨幅较高的保本型基金 2019 年的涨幅达到 51.77%，涨幅较低的保本型基金同期涨幅为 0.52%。

NO.002　查看分析保本基金信息

市面上的保本基金产品数量较少，但保本基金产品的数量稀少也给投资者进行选择降低了难度。

进入和讯基金网基金排行页面，在页面内选择"基金收益排行"选项，再选择"保本型"基金，此时页面中的保本型基金将按照近 3 个月的收益从高到低进行排列，如图 10-2 所示。

图 10-2　保本型基金排行榜

这里选择长城久鼎保本混合基金，在页面中可以看到基金净值当天的走势，以及基金持仓的风险资产的明细，如图 10-3 所示。

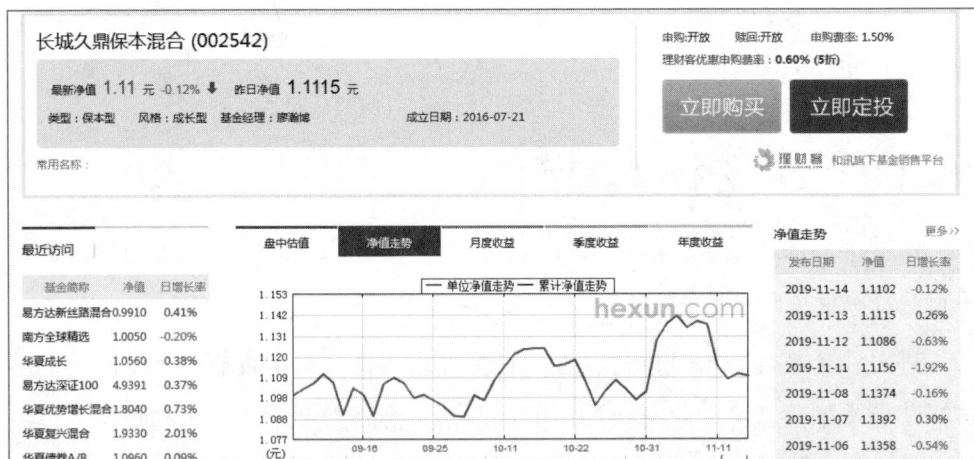

图 10-3　长城久鼎保本混合基金详情

在长城久鼎保本混合基金页面中可以看到基金净值、盘中估值、净值走势、月度收益、季度收益以及年度收益等信息。

保本基金的多数资金都投资于固定收益债券，因此市场中不同保本基金收益率出现明显差距的原因，就在那很小一部分的风险投资中。

基金经理如果在运作这一小部分资产时，可以获得极高的收益，那么保本基金的最终收益也会很高。因此基金经理的投资能力，直接影响着保本基金的最终收益，而基金持仓则是基金经理投资能力的直观反映。

保本型基金的保本周期有 3 年之久，因此投资者在关注保本基金的业绩时不能关注一天或者一个月的周期，至少应该以一年为起点，这样才能看到基金长期的、稳定的业绩，才能作为投资者进行投资决策的可靠依据。

在牛市中能够以少部分资金达到与大盘指数相同的涨幅，已经是难能可贵。长期的、稳定的收益，才是投资者选择保本基金的首要原因，仅是在牛市中表现良好也不足以证明该基金有长期稳定的盈利能力，应查看其更长时间的收益情况，再进行判断。

NO.003　保本型基金是怎样保本

在对保本型基金的巨额资金进行运作时，基金公司首先要寻找一个没有风险的投资产品，如年收益6%的国债，保本周期为3年。在资金总量已知的情况下，可以通过现值计算，得出需要将多少资金买入收益为6%的国债，在 3 年后与现值的本金相等。

例如，保本基金的初始资金为 100 亿元，则需要将80%的资金购买国债，剩余20%的资金，则会用于投资股票、外汇、期货等风险资产，为投资者赚取额外利润。虽然这部分资金的收益并不确定，甚至有亏损的可能，但并不会让投资者损失本金。

如图 10-4 所示为保本基金的运作过程示意图。

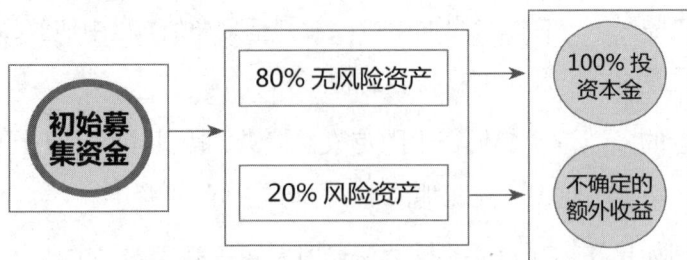

图 10-4 保本基金的运作过程

保本基金在运作过程中展现出来的运作特点主要有 3 个,分别是保证本金、半封闭式和增值潜力。

◆ 保证本金:这是保本型基金的核心,是指在投资者持有基金到期时,可以获得 100% 的本金,以及本金一定比例的超额收益。

◆ 半封闭式:保本基金会规定一个保本周期,投资者只有待持有周期到期后才能得到保本承诺。在没有到达保本周期时就选择赎回,基金公司无法保证本金的安全,投资者还需要支付高昂的赎回费用。正是因为有这样的特性,所以保本基金更适合那些有大量闲置资金的长期投资者。

◆ 增值潜力:保本型基金的基金经理在保证本金安全的前提下,需要将少部分资金用于高风险、高收益金融产品投资,分享市场向好带来的收益。而增值潜力是影响保本基金最终收益的关键因素。

NO.004 保本基金的风险和收益计算

保本型基金的核心特点就是能够以一个固定的比例保证投资者的本金安全,这个固定的比例就是保本比率。

根据保本比率的不同,投资者在投资时所面临的风险和收益也会相差甚远。

某基金公司募集了一个资金规模达到 30 亿元的保本基金,保本比率为 100%,保本期为 3 年。会在投资初期选择一种固定收益的投资产品,如选择投资收益为 10% 的三年期国债，基金公司为了保证投资者本金 100% 安全，会将 30 亿中的 27.3 亿用于购买这类国债，具体计算公式如下。

30×100%÷（1+10%）=27.3 亿

基金公司将 27.3 亿元用于购买国债，剩余的 2.7 亿元左右用于投资高风险、高收益的金融产品。

如果投资者希望获利 106% 的保本比率，基金需要用 28.9 亿元来购买国债，用于投资风险资产的资金仅有 1.1 亿元。

如果投资者希望获利 90% 的保本比率，基金需要用 24.5 亿元来购买国债，用于投资风险资产的资金有 5.5 亿元。

不同的保本比率将面临不同的风险，较为常见的保本比率有 90%、100%、106%，分别面临的风险如表 10-1 所示。

表 10-1

保本比例	投资国债比例	风险产品比例
100% 保本	90.9%	9.1%
106% 保本	96.4%	3.6%
90% 保本	81.82%	18.18%

由此可以总结得到，保本比率越高，基金投资高风险的金融产品的比率就越低，投资者持有基金的风险也越小，投资者的预期收益也会随之降低。

10.2 了解债券型基金

债券型基金是发展时间较长的一类基金，主要依托于各种类型的债券而存在。随着债券型基金的发展，衍化出纯债券型基金与偏债券型基金。债券型基金又存在哪些投资技巧呢？

NO.005 什么是债券型基金及其特点

债券型基金是指以国债、金融债等固定收益类金融工具为投资对象的投资基金。

因为其投资的对象收益较为稳定，所以又被称为"固定收益基金"。债券型基金又被分为纯债券型基金和偏债券型基金。

两者的区别主要在于纯债券型基金不投资股票，而偏债券型基金可以投资部分股票。

偏债券型基金的优点在于可以根据股票市场走势灵活地进行资产配置，在控制风险的同时分享来自市场上涨带来的红利。

根据基金管理人的资金投资比例情况，可以将债券基金进行分类，具体如表 10-2 所示。

表 10-2

类型	内容
纯债基金	基金资产只投资于债券，不投资股票的基金，在债券基金中纯债基金的风险最低。纯债基金根据投资时间又分为短期纯债基金和中长期纯债基金
混合债券型一级基金	简称为"一级债基"，基金中至少 80% 仓位的资金投资于债券，其余的资金可投股票一级市场和可转债。一级债基原则上是不能直接参与股票二级市场的。所持有的股票来源有两个方向：一个是股票一级市场（即"打新股"），第二个是因可转债转股而持有的股票
混合债券型二级基金	简称为"二级债基"，基金中至少 80% 仓位的资金投资于债券，其余的资金可直接买卖股票。二级债基可以理解为一级债基的延生，二级债基不仅可以投资一级市场和可转债，亦可投资于股票二级市场，即直接买卖股票（仓位均不高于 20%）

债券型基金由于其投资对象是各种固定收益债券，所以有着与其他类型基金不同的特点，具体如图 10-5 所示。

低风险和低收益

费用较低 ← 获利方式 → 收益稳定

注重当期收益

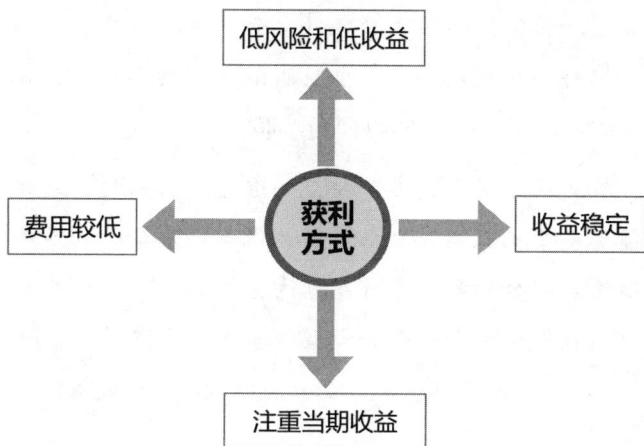

图 10-5　债券基金的特点

◆ 低风险和低收益：由于债券型基金的投资对象是债券，其收益稳定，风险很小，所以债券型基金的风险也很小。又因为债券的收益率是较为固定的，因此相较于其他股票型基金而言，收益也不高。

◆ 费用较低：因为债券型基金没有复杂的投资操作过程，因此基金的管理费用很低，也造成了债券型基金的低费用。

◆ 收益稳定：将基金资产投资于债券，有定期回报，到期承诺还本付息，因此债券型基金的收益很稳定。

◆ 注重当期收益：债券型基金追求的就是较为固定的收入，相对于股票型基金而言，缺乏成长空间，适合不愿过多冒险，满足于稳定的当期收益的投资者。

下面来看一个债券基金投资的实例。

实例分析

低迷股市下选择的混合债基获得稳定收益

陈先生一直是股票投资爱好者，奈何 2018 年我们看到：上证指数全年下跌24.9%，深证成指全年下跌 34.6%，创业板指数全年下跌 28.8%，沪深 300 指数全年下跌 25.8%，上证 50 指数全年下跌 20.4%。总体而言，各大指数全年集体大幅下跌，且除了一月份的短暂上涨之外，全年呈现非常明显的下跌趋势，中间几乎没有大的像样的中级反弹。整个股市陷入深度熊市中，在此之际，陈先生也不得不开始考虑重新选择其他的金融产品。

通过了解，陈先生了解到债券基金，知道它分为两种，即纯债基金和混合型基金，两种债券基金的收益差别很大。纯债券型基金的收益率通常只有几个百分点，混合型债券基金的收益率最高可达30%以上。在陈先生看来，纯债基金过于保守，收益较低不适合。而混合型债券基金，配置了20%左右的股票，80%的债券基金，能够让其在享受股票高收益的同时，还能放心资金的安全性，比较适合。

随后，陈先生在2019年3月中旬时，果断从股市退出，转投基市。

因为陈先生考虑到，在股市平均市盈率超过40倍的估值水平下，不管股市涨跌，混合债券基金年收益超过20%的可能性较大。因此，经过多方面的查看，最终陈先生选择了博时医疗保健行业混合A（050026）基金。

然后股市大盘经历了短期上涨后开始进入长期下跌行情，如图10-6所示。

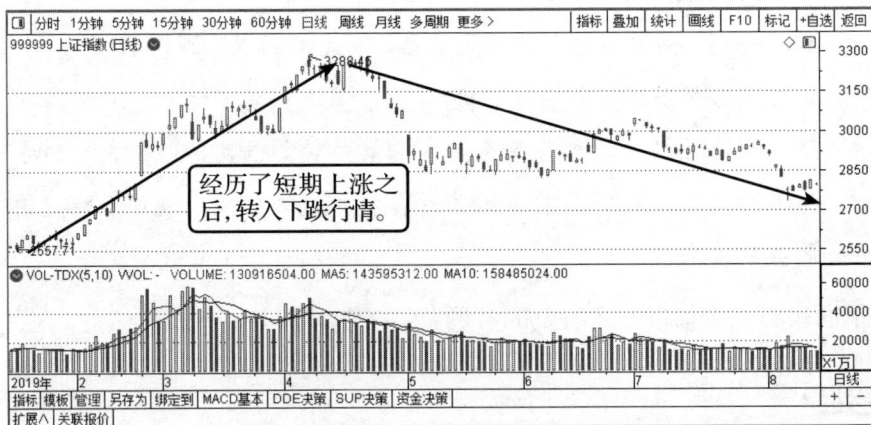

图10-6　大盘走势

而此时，博时医疗保健行业混合A基金的收益却呈现出稳定上涨的走势，如10-7所示。

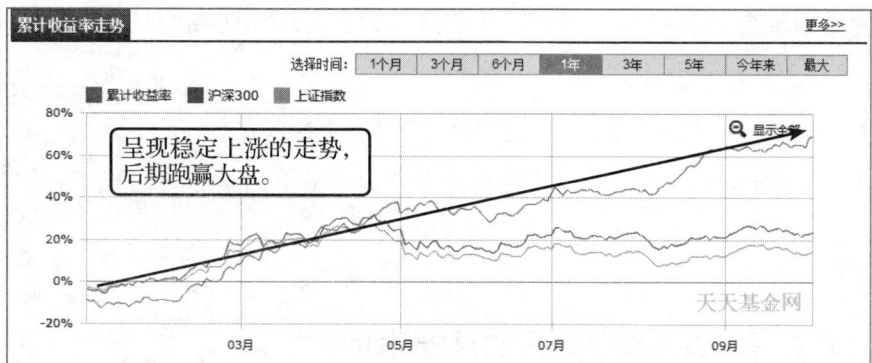

呈现稳定上涨的走势，后期跑赢大盘。

图 10-7　博时医疗保健收益走势

总的来说，陈先生的投资结果还不错，因为混合型基金在股市下跌的大行情下抵抗风险的特性充分地展示了出来，使得陈先生获得了稳定的收益，累计收益率超过 30%。

通过案例我们可以看出，债券型基金投资的优势明显，能够帮助投资者抵御风险，获得稳定收益。但是投资者在投资债券基金时也需要掌握一定的技巧策略，才能确认自己的收益率。

NO.006　债券型基金的优缺点

债券型基金的优点非常明显，即风险低，同时缺点也很明显，即收益不高。那么债券型基金具体的优缺点到底有哪些呢？优点如图 10-8 所示。

① 债券型基金可以随时变现，流动性好。投资者需要赎回基金时，可以以申请当日的基金单位资产净值为基准随时赎回，虽然从赎回到资金到账需要 T+3 个工作日左右，但与银行定期存款和国债等相比，不用负担提前兑付的利息损失。

② 与投资者直接购买债券相比，进行债券型基金的购买，可以享受更多的优惠，获得更高的收益。例如，可以间接进入债券发行市场，获得更多的投资机会；可以进入银行间市场，持有收益更高的金融产品。

图 10-8　债券型基金的优点

债券型基金存在优点，就会存在缺点，如下所示为债券型基金缺点的具体内容。

◆ 只有长时间持有后，才能获得投资者满意的收益。

◆ 股票市场行情趋好时，收益稳定在平均水平上，但仍远低于股票型基金；
当债券市场波动时，有亏损的可能。

NO.007　购买债券型基金的注意事项

在股市处于长期的震荡走势时，债券型基金会得到投资者的青睐。因为在震荡行情中，普通的投资者赚钱的难度极大，反而容易亏损。而债券型基金可以提供稳定可观的收益。

但投资者应该注意的是，虽然债券型基金具有抗风险、收益稳定的特点，但债券型基金仍然不适合投资者进行全仓买入，此时投资者需要了解一些注意事项。

首先，要了解债券型基金的投资范围。债券型基金之所以能够在股市震荡时抵抗风险，是因为债券型基金的大部分资产不会投资于股市，而主要通过投资债券市场进行获利。

即使是债券型基金中的偏股型基金，在投资于股市的资金比例上也有严格要求，仅以小部分投资于股市，通常不能超过 20%。

其次，投资者需要了解债券型基金的交易成本。不同的债券型基金费用差距很大，因此，投资者应根据自身的投资目标选择那些费用尽可能低的债券型基金。

最后，投资者不要对债券型基金的收益预期过高，因为债券型基金的收益与持有时间有很大关系。

如果投资者只是为了暂时躲避股市震荡风险而选择债券型基金，持有时间很短，可能不会得到太高的收益。

第**11**章

封闭式基金投资技巧

封闭式基金与股票类似，实行竞价交易、折价交易，即基金的成交价格与基金净值相比可能出现折价或溢价的情况。与开放式基金相比，封闭式基金发行总额是事先确定的，发行后规模固定。

11.1 认识封闭式基金

封闭式基金是相对于开放式基金而言的，开放式基金规模不固定，多数时间可以自由申购、自由赎回。而封闭式基金则在募集资金后规模固定，在一定情况下不接受申购与赎回。

NO.001 什么是封闭式基金

封闭式基金是指基金的发起人在设立基金时，限定了基金单位的发行总额。筹足总额后，基金宣告成立并进行封闭，在一定时间内不接受申购与赎回。

如图 11-1 所示为沪深两市所有的封闭式基金按照 2019 年 11 月 16 日涨幅进行排行的示意图。

	代码	名称	涨幅%↑	现价	涨跌	涨速%	净值	总手	换手%	量比	现手	开盘	昨收	最高	最低	买价	卖价
1	150059	资源A级	+9.73	1.038	+0.092	+0.00	1.043	5	0.004	0.05	5↑	1.038	0.946	1.038	1.038	1.005	1.038
2	150278	高铁B	+7.48	0.675	+0.047	+0.00	0.517	316	0.134	1.04	1↑	0.682	0.628	0.682	0.590	0.650	0.672
3	150144	转债B级	+4.32	1.160	+0.048	+0.00	1.126	2	0.002	0.01	1↑	1.180	1.112	1.180	1.160	1.138	1.196
4	150260	重组B	+4.13	0.832	+0.033	+0.00	0.801	1	0.001	0.01	1↑	0.832	0.799	0.832	0.832	0.791	0.819
5	150165	可转债B	+3.52	1.177	+0.040	-1.92	1.100	53	0.149	0.57	1↑	1.129	1.137	1.200	1.129	1.138	1.155
6	150294	高铁B级	+2.98	0.380	+0.011	+0.00	0.356	308	0.789	2.44	0↓	0.369	0.369	0.380	0.369	0.352	0.388
7	150187	军工B级	+2.57	1.039	+0.026	+0.00	0.945	35	0.010	0.09	2↑	1.010	1.013	1.039	1.010	1.011	1.023
8	150308	体育B	+2.51	1.610	+0.040	+0.00	1.581	4	0.008	0.06	2↑	1.588	1.570	1.610	1.588	1.540	1.718
9	150218	新能源B	+2.38	0.862	+0.020	+0.00	0.757	42	0.022	0.15	1↑	0.792	0.842	0.862	0.792	0.800	0.862
10	150274	带路B	+2.13	1.102	+0.023	+0.00	1.087	1	0.001	0.00	1↑	1.102	1.079	1.102	1.102	1.042	1.059
11	150050	消费进取	+2.00	1.685	+0.033	-0.30	1.648	32	0.025	0.03	3↑	1.615	1.652	1.719	1.615	1.639	1.685
12	150170	恒生B	+1.71	1.310	+0.022	+2.34	1.277	306	0.041	1.14	1↑	1.271	1.288	1.339	1.271	1.272	1.310
13	150265	一带A	+1.35	1.052	+0.014	+0.00	1.050	140	0.023	4.43	140↑	1.052	1.038	1.052	1.052	–	1.053
14	150214	成长B级	+1.28	1.349	+0.017	+0.00	1.367	1	0.002	0.00	1↓	1.319	1.332	1.349	1.319	1.203	1.394
15	150173	TMT中证A	+1.08	1.031	+0.011	+0.00	1.041	8991	6.76	15.54	175↓	1.021	1.020	1.031	1.021	1.031	1.044
16	150316	工业4B	+0.88	1.601	+0.014	+0.00	1.673	472	0.790	1.93	20↑	1.613	1.587	1.615	1.600	1.590	1.616
17	150215	TMTA	+0.87	1.039	+0.009	+0.00	1.039	8	0.007	0.57	1↑	1.049	1.030	1.049	1.026	1.026	1.038
18	150204	传媒B	+0.82	0.857	+0.007	+0.00	0.785	1	0.001	0.00	1↓	0.815	0.850	0.857	0.815	0.819	0.857
19	150016	合润A	+0.61	0.988	+0.006	+0.00	1.000	530	0.131	0.18	20↓	0.984	0.982	0.988	0.984	0.983	0.988
20	150193	地产B	+0.49	1.030	+0.005	+3.00	1.005	626	0.283	0.23	3↑	1.043	1.025	1.043	1.000	0.991	1.030
21	150327	新能A级	+0.48	1.039	+0.005	+0.00	1.048	90	0.470	0.07	30↑	1.039	1.034	1.039	1.039	1.019	1.039
22	150246	互联B	+0.41	0.985	+0.004	+0.00	1.048	54	0.098	0.47	50↑	0.971	0.981	0.985	0.971	0.966	0.987

图 11-1 封闭式基金排行

封闭式基金的流通采取在二级市场，即证券交易所上市交易的方式，投资者要想买卖封闭式基金的份额，只能通过证券公司在二级市场中进行竞价交易，交易规则与股票市场一样。

投资者可以在上图中看到基金代码、名称、最新价、涨跌幅和总手等信息。还可以双击某个基金名称，进入基金分时图，更深入地了解基金当天走势。

如图 11-2 所示为银华锐进基金 2019 年 11 月 5 日分时走势。

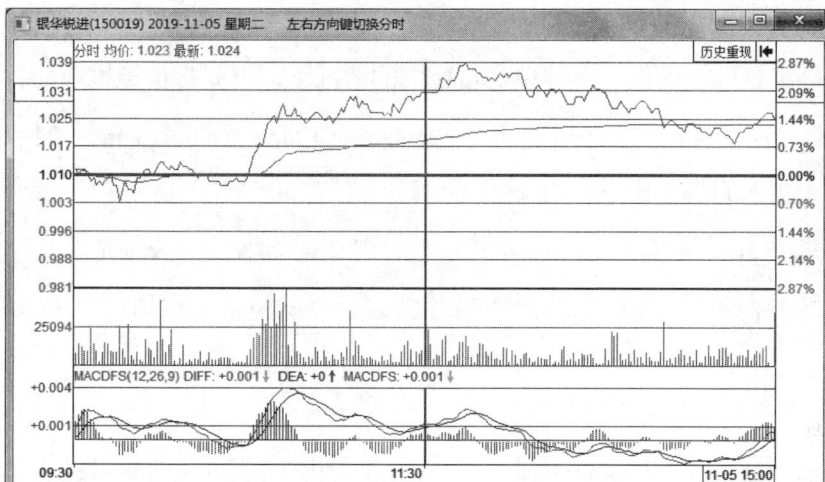

图 11-2　银华锐进基金 2019 年 11 月 5 日分时走势

投资者在分时图中可以看到当天的价格走势、成交量分布、买盘与卖盘等信息。

NO.002　基金的买卖盘信息解读

如图 11-3 所示为银华锐进基金 2019 年 11 月 15 日买卖盘信息图。

图 11-3　银华锐进基金买卖盘

◆ 买盘

基金的买盘与股票一样，是按照"价格优先，时间优先"的原则，谁挂单的价格高谁就排在前面；在挂单价格相同的情况下，谁先报价谁排前面。

以图 11-3 为例，买 1 后面的数值就是买入价格，为 0.976 元，价格后面的数值即为买入的基金份数，为 4425 份。

五档买盘是多头主力的前线战地，是投资者委托买入筹码的交易数据动态显示区域，随着五档买盘中的委托单变化，可以清楚地看到盘中买入力量的变化。

◆ 卖盘

卖盘中谁挂的价格低谁就排在前面，如果卖出价格相同，谁先挂单谁排前面。

五档卖盘是空头主力的前沿阵地，是投资者委托卖出基金的交易数据的动态显示区。五档卖盘中的卖单变化可以直接反映盘中卖出力量的实时变化。

当五档卖盘的委托单小于五档买盘的委托单量时，说明卖方力量弱，基价可能出现上升。当五档卖盘委托单量大于五档买盘时，说明卖出力量强，基金的价格可能下跌。

以图 11-3 为例，卖 5 后面的数值就是卖出价格 0.981 元，价格后面的数值即为卖出的基金份数，为 5343 份。

11.2 封闭式基金的业绩与分配原则

基金的业绩表现是投资者选择封闭式基金的首要标准，封闭型基金虽然不直接以净值交易，但基金在二级市场中的交易价格是以净值为基础的，而净值又与基金业绩息息相关。

NO.003 封闭式基金的业绩

封闭式基金业绩的评价方法与其他类型基金相似，主要看基金的历史业绩，过去的操作记录等。投资者考查基金业绩主要参考 3 个指标，具体内容如图 11-4 所示。

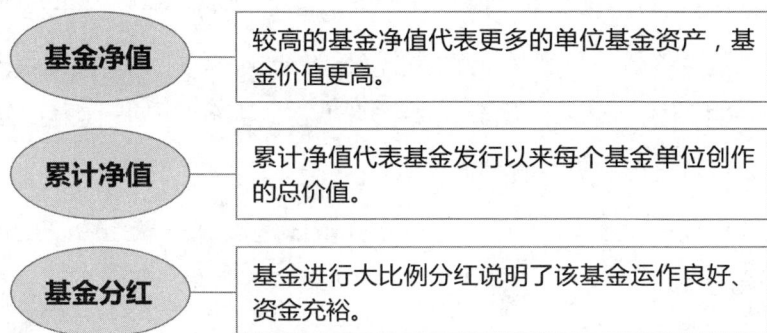

基金净值	较高的基金净值代表更多的单位基金资产，基金价值更高。
累计净值	累计净值代表基金发行以来每个基金单位创作的总价值。
基金分红	基金进行大比例分红说明了该基金运作良好、资金充裕。

图 11-4　基金业绩的参考指标

封闭式基金的净值和累计净值与开放式基金相同。基金净值与累计净值两个指标可以帮助投资者分析基金的盈利能力。较高的基金净值代表更多的单位基金资产，基金价值更高。

NO.004 封闭式基金的交易技巧

在考虑投资封闭式基金时，首先要树立正确的投资理念，虽然封闭式基金可以像股票一样随时交易，但它并不是适合短期交易的金融产品，反而进行封闭式基金的短线操作将面临更大的风险。

投资封闭式基金要有长期持有的耐心,同时做好市场长期波动的心理准备，封闭式基金的交易技巧主要有 3 点，如下所示。

①分清是折价还是溢价。

②明确价值何时可以兑现。

③控制投资风险。

封闭式基金的价格由市场供求关系决定，交易价格经常会与基金净值发生偏离。投资者购买封闭式基金尽量选择折价的基金，折价率越高蕴含的价值回归概率就越大。

想要将封闭式基金兑现比开放式基金还容易，只要像卖出股票一样将其份额卖出即可，但是封闭式基金不像开放式基金那样可随时将其实际的价值兑现。

封闭式基金的价值兑现是一个相对漫长的过程，只能到封闭期结束时才能完全体现。封闭式基金每一次分红都相当于将这部分价值提前赎回给了投资者，所以分红多的基金更具有投资价值。

在投资实战中，投资者应当构建多只封闭式基金的投资组合，这样才能达到分散风险的目的。

NO.005　查看封闭式基金的折价率

封闭式基金由于其封闭的特性，使其只能在二级市场上交易。当封闭基金在二级市场上交易的价格低于实际净值时就被称为折价，如果高于实际净值就被称为溢价。

折价率 =（净值 − 市场价格）/ 净值 ×100%。

封闭式基金出现折价是国际市场中的一个普遍现象。一般认为，折价主要受两方面因素影响：一是基金资产在变现过程中会产生冲击成本，二是由于单位净值只是交易的参照依据，不起决定性作用，基金还会受到市场供求关系的影响。一般折价率越大，说明离它本身的价值越远，也就是说被低估，那样就代表越有机会套利。所以在封闭式基金投资中，查看基金的折价率非常重要。

下面以同花顺软件为例，介绍封闭式基金折价率的查看方法。

实例分析
通过同花顺股票软件查看封闭式基金折价率

打开同花顺软件，在首页中单击"基金"按钮，进入基金板块，如图 11-5 所示。

图 11-5　单击"基金"按钮

在打开的基金首页中单击"封闭式基金"按钮，进入封闭式基金页面，如图 11-6 所示。

图 11-6　进入封闭式基金

在封闭式基金列表中选择感兴趣的封闭式基金，双击该基金进入基金详情页面，如图 11-7 所示，这里选择合润 B 基金。

	代码	名称	涨幅%	现价	涨跌	涨速%	净值	总手	换手%	量比	现手	开盘	昨收	最高	最低
1	184801	鹏华前海	-0.06	96.236	-0.053	+0.00	109.569	6	0.007	0.12	1 ↑	95.901	96.289	96.236	95.90
2	150008	瑞和小康	-0.52	0.953	-0.005	+0.00	1.003	1883	1.49	1.44	407 ↓	0.953	0.958	0.955	0.95
3	150009	瑞和远见	–	1.001	–	+0.00	1.001	0	0	0.00	–	–	1.046	–	
4	150012	中证100A	-0.10	1.015	-0.001	+0.00	1.029	442	0.149	0.40	140 ↓	1.015	1.016	1.015	1.01
5	150013	中证100B	-0.38	1.052	-0.004	+0.00	1.051	73	0.016	0.13	73 ↑	1.052	1.056	1.052	1.05
6	150016	合润A	–	1.000	+0.006	+0.00	1.000	530	0.131	0.18	20 ↑	0.984	0.982	0.988	0.98
7	150017	合润B	–	1.163	-0.001	-0.26	1.141	1352	0.222	1.04	2 ↑	1.167	1.164	1.167	1.15
8	150018	银华稳进	+0			+0.000	1.039	26653	0.116	0.17	320 ↑	1.030	1.030	1.030	1.02
9	150019	银华锐进	-1.51	0.976	-0.015	+0.00	0.993	110.4万	4.81	0.81	11832 ↓	0.992	0.991	0.995	0.97
10	150022	深成指A	-0.60	0.826	-0.005	+0.00	0.973	14.89万	0.588	0.84	7488 ↓	0.829	0.831	0.831	0.82
11	150023	深成指B	-0.86	0.231	-0.002	+0.00	0.096	37.43万	1.48	0.86	8342 ↑	0.234	0.233	0.234	0.23
12	150028	中证500A	-0.10	1.019	+0.001	+0.00	1.037	2000	0.941	2.27	350 ↓	1.019	1.018	1.019	1.01
13	150029	中证500B	-2.39	1.101	-0.027	+0.00	1.067	477	0.150	1.49	20 ↑	1.102	1.128	1.102	1.10
14	150030	中证90A	-0.38	1.041	-0.004	+0.00	1.043	1	0.001	0.19	1 ↓	1.041	1.045	1.041	1.04
15	150031	中证90B	-1.38	0.997	-0.014	+0.00	1.035	3	0.002	0.04	2 ↑	0.965	1.011	0.997	0.96
16	150032	多利优先	–	–	–	+0.00	1.032	0	0	0.00	–	–	1.018	–	
17	150033	多利进取	–	–	–	+0.00	0.745	0	0	0.00	–	–	0.800	–	

图 11-7　基金详情页面

在基金详情页面中单击左侧的"K线图"选项卡，进入基金的K线走势页面，如图11-8所示。

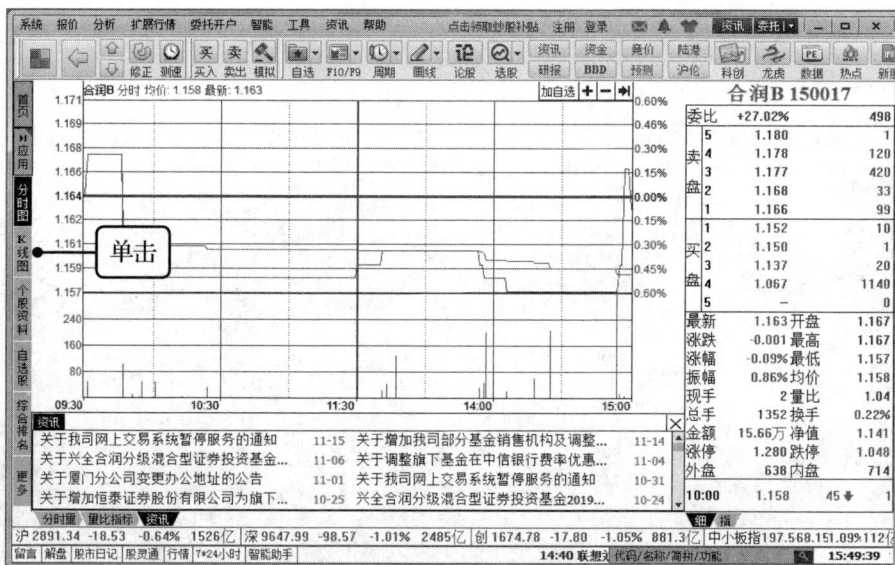

图 11-8　查看基金K线走势

此时，在页面的下方即可详细查看该基金的折价率走势变化信息，如图11-9所示。

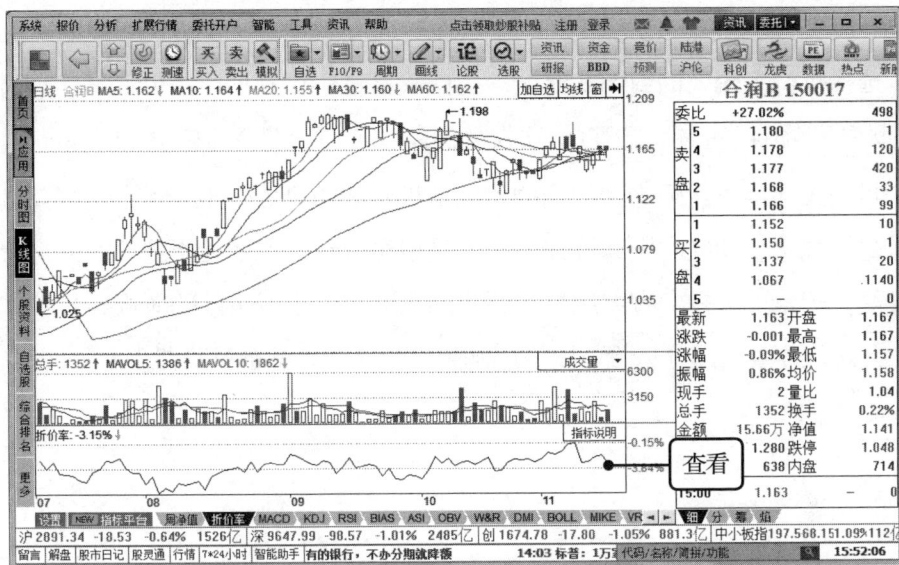

图 11-9　查看基金折价率

NO.006　封闭式基金的选择

封闭式基金的投资策略主要在于基金的选择，投资者要从多个方面来考察基金的质量，具体如下所示。

市场表现及换手率。分析封闭式基金二级市场表现和换手率变化，了解基金投资者的持有成本变化，可以更好地判断基金未来市场走势。

查看基金持有人的结构。封闭式基金投资以机构为主，分析持有人机构的变化，可以大致判断基金品种的特点和未来的可能变化。

基金历史净值增长水平及稳定性。历史净值增长情况和稳定性虽然不能完全说明未来的情况，但是基金投资思路的延续性和连贯性，必然影响未来收益水平。

查看基金未来分红派现的能力。基金分红必须满足两个条件"基金单位净值在 1.00 元以上"和"基金每基金份额可分配收益为正"，该指标主要考察基金净值持续增长情况。

选择折价率较大的封闭式基金。封闭式基金运行到期后是要按净值偿付或清算，折价率越高，相对运行后期收益就会越高。

封闭式基金虽然因为封闭期的限制给投资者的投资带来了一定的局限性，但是封闭式基金却经常中途分红，并且是现金分红的方式，当封闭式基金分红的时候，相当于给投资者继续折价买入的机会。当市场下跌的时候，折价率和分红会高效分散一部分风险，比按照基金净值买入该基金风险要小。

第 **12** 章

认识基金投资的风险

　　基金与股票、期货等相比，风险的确要小很多，但也绝对不是零风险，也可能因为投资管理不当，出现亏损。因此投资者在进行基金投资之前，应该对基金投资的风险进行简单了解，才能在投资过程中有更好的心态。

12.1 常见风险

任何的投资都会存在风险，收益与风险是并存的两个因素。股票的高收益，伴随着高风险；投资基金的稳定收益，则伴随着相对可控的风险。下面对投资基金的常见风险进行介绍。

NO.001 基金的市场风险

基金的风险主要是指基金管理人在将募集的资金投资于证券市场之后，由于收益的不确定性而导致基金的收益受损。

基金的风险来自多方面，其中最主要的是基金的市场风险、管理风险以及其他不可抗力因素造成的风险。

基金的市场风险可以分为两类：一类是系统风险，另一类是非系统风险。

◆ 系统风险

基金的系统风险是指金融市场由于各种原因遭受的风险。由于金融市场的风险对各种金融投资都会产生影响。因此，系统风险可以说是投资者和基金管理者也无法控制的风险。

基金的系统风险主要包括政策风险、政治风险、经济周期风险、利率和汇率风险、购买力风险等。对于投资者而言，投资基金最主要的风险就是系统风险。

基金的政策风险。由于国家宏观政策的变化，例如货币政策、财政政策等发生重大变化，例如降息降准、提高转移支付等。由此造成的市场价格波动，从而影响到基金收益。

基金的利率风险。指金融市场利率的波动会导致证券市场价格和收益率的大幅变动。利率直接影响着国债的价格和收益率，影响着企业的融资成本和利润。债券类基金受利率变化的影响尤其突出，股票市场也会受其影响。通常而言，利率与股价呈反比，即利率下降，股价上涨。

基金的汇率风险。由于我国人民币与外国货币之间市场汇率的变动而引起的投资收益的变动。基金的汇率风险主要存在于外国证券的投资交易之中。2015年前后,人民币正处于国际化的关键时刻,所以汇率是政府非常重视的一点,定然会以维稳为主。

购买力风险。又被称为通货膨胀风险,具体是指市场的物价变动影响到证券价格,从而产生的一种风险。因为基金的利润是通过现金的方式发放的,而现金可能因为通货膨胀的影响而导致购买能力下降。

基金的供求风险。在一段时间内,市场上可以供投资者持有的证券数量与入市资金量之间出现失衡而造成的风险。我国的证券市场正处于高速发展阶段,市场容量和入市资金量呈现同步增长趋势。在这个阶段内,很容易出现供求不平衡的情况。

基金的系统风险无法通过有效手段得以消除,所以投资者在对待基金的系统风险时,应该有充分的认识,也要有一定的心理准备。

系统风险的出现一般都比较明显,投资过程中一旦发生系统风险爆发,可以根据相关信息判断基金有可能受到系统风险的压力,那么可以选择迅速赎回,避免损失。

为了有效防范基金的系统风险,投资者要多关注基金市场与金融市场的相关新闻公告等信息,有大的政策变化,及时反应,迅速赎回,将损失降至最低。

◆ 非系统风险

基金的市场风险除了系统风险之外,还存在着非系统风险。基金的非系统风险又称为可分散风险,是指由于某些因素的变化而导致的个股价格或者相关金融产品价格的下跌,从而给持有者带来损失的可能性。

非系统风险是由企业的投资项目本身的一些不确定因素而引起的,仅与个别的投资项目或企业有一定的联系,因此基金的非系统风险是可以通过一些方法消除的。

　　基金的非系统风险主要包括基金的经营风险、操作风险和道德风险，具体内容如图 12-1 所示。

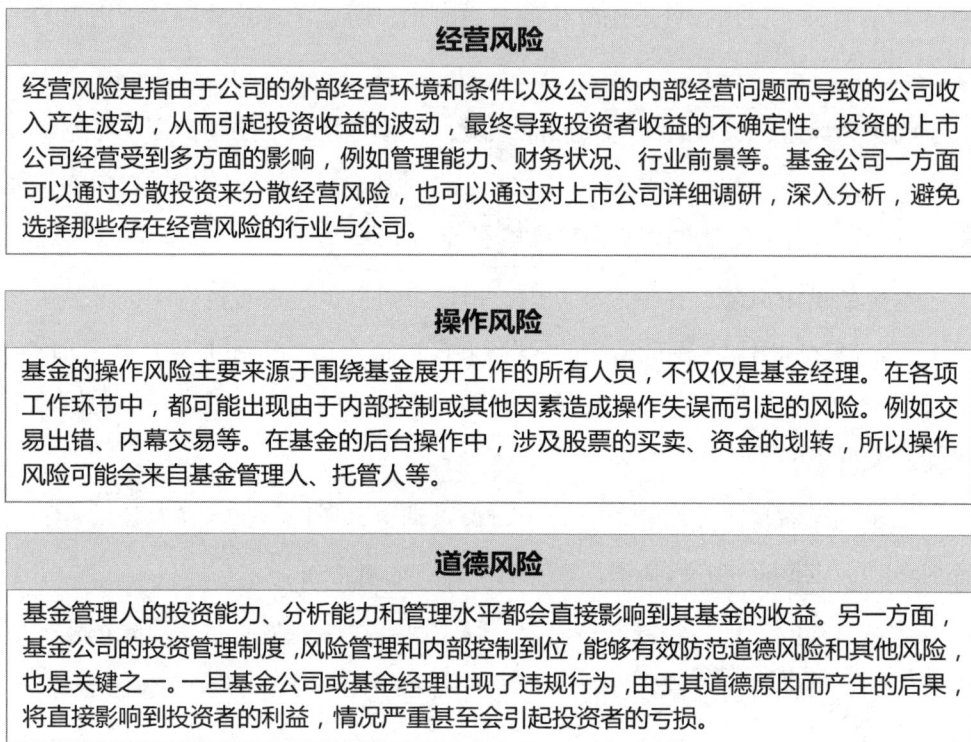

经营风险

经营风险是指由于公司的外部经营环境和条件以及公司的内部经营问题而导致的公司收入产生波动，从而引起投资收益的波动，最终导致投资者收益的不确定性。投资的上市公司经营受到多方面的影响，例如管理能力、财务状况、行业前景等。基金公司一方面可以通过分散投资来分散经营风险，也可以通过对上市公司详细调研，深入分析，避免选择那些存在经营风险的行业与公司。

操作风险

基金的操作风险主要来源于围绕基金展开工作的所有人员，不仅仅是基金经理。在各项工作环节中，都可能出现由于内部控制或其他因素造成操作失误而引起的风险。例如交易出错、内幕交易等。在基金的后台操作中，涉及股票的买卖、资金的划转，所以操作风险可能会来自基金管理人、托管人等。

道德风险

基金管理人的投资能力、分析能力和管理水平都会直接影响到其基金的收益。另一方面，基金公司的投资管理制度，风险管理和内部控制到位，能够有效防范道德风险和其他风险，也是关键之一。一旦基金公司或基金经理出现了违规行为，由于其道德原因而产生的后果，将直接影响到投资者的利益，情况严重甚至会引起投资者的亏损。

图 12-1　基金的非系统风险

NO.002　什么是基金的流动性风险

　　基金的流动性风险，即基金份额变现时面临的风险。对于开放式基金而言，基金管理人为了避免市场行情出现突然下跌，投资者集中大量赎回而损失基金投资过程中的收益，会在基金合同中规定有限赎回条款，条款中会规定当某日赎回金额占基金总资产净值超过规定比例时，基金公司有权暂停投资人的赎回。

　　因此在行情急转直下时，投资者想赎回基金无法实现；而对于封闭型基金而言，在行情不好，成交量萎缩时，也不容易卖出，这就是基金的流动性风险。

基金的流动性就是基金的变现能力，特别是对于开放式基金而言，因为开放式基金需要应对投资者日常的申购和赎回，因此保持良好的流动性是非常重要的，风险控制极佳的基金公司，会留存一定的现金或银行存款，以应对赎回压力。

NO.003　其他风险

基金的未知价风险主要发生在开放式基金申购和赎回时，具体是指投资者在进行基金申购或赎回时，所参考的基金单位净值是上一个基金开放日的数据，而申购或赎回时采用的是当日基金的最终单位净值，那么对于基金单位净值在前一交易日到当日的变化，投资者是无法预知的。

因此投资者在申购或赎回基金时实际上无法知道具体的成交价，这种风险就是开放式基金申购或赎回的未知价风险。

为了避免未知价风险，投资者在申购或赎回基金的时候，可以采用"14:30法则"。我国的金融交易市场是在15:00收市，那么在14:30左右，当日的基金净值就可以基本确定，投资者在此时进行基金的申购或认购时，就可以在一定程度上避免未知价风险。

投资风险，主要是针对投资者自身而言。不同类型的基金有着不同程度的风险，其中股票型基金比债券型基金的投资风险要高很多。股票型基金的投资风险主要受到上市公司的经营风险以及证券市场的波动影响；债券型基金的投资风险主要受到利率变动的影响。

对于投资者而言，不同的投资目标、不同的预期收益，所面临的投资风险相差甚远。在进行基金投资时，投资者应结合自己的风险承受能力，进行基金选择。

12.2 控制基金投资风险

投资总是伴随着风险，基金投资也是一样。在明确风险后，投资者要做的就是如何在实战中控制风险。掌握一定的技巧可以降低和控制基金投资过程中面临的风险。

NO.004 修正四种错误观念

投资者在开始接触基金时，总会先入为主地认为所有基金的风险都很低，收益都很稳定，并不知道基金也有亏损的情况。

投资者要想把基金投资风险控制在一定范围内，首先要认清自己的投资目标。投资者在基金投资过程中，通常表现出 4 种错误的观念，如图 12-2 所示。

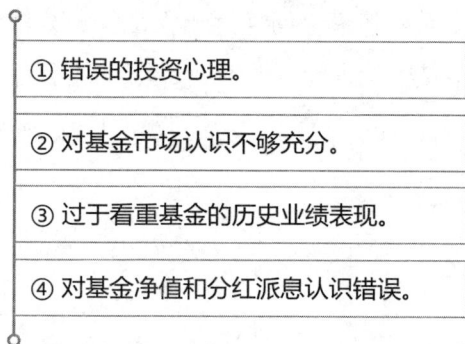

| ① 错误的投资心理。 |
| ② 对基金市场认识不够充分。 |
| ③ 过于看重基金的历史业绩表现。 |
| ④ 对基金净值和分红派息认识错误。 |

图 12-2　四种错误的观念

◆ 错误的投资心理：不少投资者都是抱着基金财富神话来的，为的是赚大钱。而基金的实际情况是很难在短期内实现暴富的，另一方面还需要承担一定的市场风险。投资者受基金业绩火爆的影响，将自己的全部积蓄投入到基金中，试图获取暴利。然而在市场出现波动时，投资者就会受到影响。

◆ 认识不够充分：基金投资风险比较重要的原因就是投资者对基金的认识程度不够深，往往仅停留在表面。多数投资者连股票型基金、指数型基金等概念都分不清楚。

◆ 过于看重基金历史业绩：基金的历史业绩是选择基金的重要参考，但不能过于看重。因为历史只能说明以前的业绩，未来可能有更多未知的挑战出现，基金能否在变化中保持稳定的业绩才是最关键的。

◆ 错误认识基金价格和分红：其实在选择基金时，基金的价格没有太大的参考意义。而基金的分红，只有在投资者特别看重定期分红的情况下才有意义。基金的分红会使基金价格下跌，实质上是将净值以现金的形式发放给投资者。

NO.005 绝不融资买基金

在证券市场行情向好时，很多投资者忍不住对财富的渴望，常常会出现向证券公司融资买入证券的情况，这类还属于合法合理的情况。更有甚者，将住房等固定资产进行抵押贷款，进行证券投资，有的投资者贪得无厌继续向配资公司进行配资，将投资杠杆提高到好几倍以上。一旦市场开始波动，投资者将被强制平仓，认亏出局。

2019年7月10号晚上10点左右，在长沙市某小区，一名32岁的男子从小区的22楼坠亡，接到报警之后，附近派出所、120迅速赶到现场处置。初步调查显示，该男子坠亡与他用四倍的融资杠杆重仓了一只股票，在股票连续跌停之后赔光了本金有关。

这起悲剧发生之后，一起关于侯先生的股吧迅速疯传网络，股吧信息显示，侯先生投入170万元本金加四倍融资，全仓了中国中车股票，6月9号和10号，该股票连续两天跌停，他的170万本金全部亏光，10号晚上意外发生。

据报道，侯先生跳楼前以ID名为"想挣钱的散户"在股吧留下一段话，"离开这世界之前我只是想说，愿赌服输，本金170万加融资4倍，全仓中车，没有埋怨谁，都怪我自己贪心，本想给家人一个安逸的生活，谁想输掉了所有，别了，家人，我爱你们，我爱这个世界。"

股市的火爆催生了大量的配资公司，通过网络查询，一家长沙的配资公司声称最多可以提供给股民10倍的杠杆资金，一千万的资金一天之内就能到位。股民只要将本钱打入配资公司的账户，配资公司就会根据股民的需要提供最高10倍杠杆的资金在股市博弈。本金扩大10倍之后，如果本金升值，那么股民将获得巨额的回报，但是股票一旦下跌，股民的钱在几天内就能亏光。

为了保证资金安全，配资公司会在平仓位强制平仓，股民血本无归，而且还要收取高额的利息。按照这样的规则，如果配资四到五倍，只需要两个跌停就会让股民赔光本金，如果使用十倍杠杆，则一个跌停板就会赔光，股民将承担巨大风险。

投资者进行基金投资也是一样的道理，基金无法给你带来一夜暴富，基金只是一种资金保值和增值的理财产品，用来提高投资者自己的闲置资金收益。

投资者如果通过抵押、融资、贷款等方式来进行炒股，其中的成本大幅提高，预期收益也将提高，即将面对的风险也是高额的。

NO.006 降低投资风险

基金的特点决定了它是一种收益共享、风险共担的集合投资工具。不同于银行存款与国债，一定能保证投资者可以获利。

基金投资的风险无处不在，在树立风险意识的同时，将规避风险的方法综合起来，也会起到不错的作用。

（1）试探性投资

新晋基金投资者在买入基金时，总是掌握不好买入的时机。在没有太大把握盈利的情况下，就将全部资金投入基金中，可能会遭受一定的损失。

投资者可以先将少部分资金作为购买基金的试探，以试探性投资的结果作为是否大量购买的依据。

试探性投资可以减少基金买入中的盲目性和投资失误，从而减少投资者面对的风险。

试探性投资时应当注意以下 3 点。

①选择在市场由坏转好时进行。

②试探性投资的资金占比不能太大。

③在获利的情况下果断加码买入。

（2）分散投资

进行基金投资时，也要坚持分散投资的原则，永远不要把鸡蛋放在同一个篮子里，分散投资是降低基金投资风险的好方法。

分散投资，就是在资金投入时不能过于集中。这里包括两方面含义，一是不要将资金过于集中地投入到一种或少数几种金融产品，要建立合理的投资组合，避免一招不慎，全军覆没，这也就是通常所说的"不要把鸡蛋都装在一个篮子里"；二是不要将资金在一个时间点上集中投入，因为股票的价格具有波动性，应将其分期分批地投入市场，使资金的投入在时间上有一定的跨度，在价格选择上留有一些余地，从而避免在最高价位上一次投入。分散投资的目的，也就是为了分散风险。

分散投资和集中投资没有明确的界限，就股票投资而言，分散投资指的是在多个行业多个股票中投资，但多少只股票及多少个行业算是资产配置或分散投资呢？

与资金的多少有关，巴菲特几百亿的资金却只投资于十几只不同行业的股票是集中投资，几万元的小散户投资于三只不同行业的股票就是分散投资了；从理财角度而言，分散投资是在股票、基金、债券、黄金等方面进行资产配置。

投资基金与其他投资一样，都存在着风险，尽管基金是由专业的投资人进行管理，也会建立一定的投资组合来分散风险。

但投资者仍不能把所有闲置资金投入到一只基金中，投资者也应建立自己的投资组合，尽可能分散风险。

12.3 投资基金的基本原则

金融市场变幻莫测，没有经验的投资者贸然闯进去，定然会头破血流。如果在入市之前，坚持一定基金投资的基本原则，就可以为基金带来更好的收益。

NO.007　重视价值投资

在股市处于震荡或下跌行情中，原来坚守价值投资信念的投资者也开始动摇，尽管价值投资曾经让他们在牛市中获利不少。

在这样的环境下，主打价值投资的基金也被投资者冷落，对这些价值投资基金在熊市中的表现非常不满。

价值投资的出发点在于挖掘价值，而价值的体现是需要时间来验证的，价值投资不等于在错误的时间里买入然后长期持有。

国内的基金产品自发展以来，就打着价值投资的旗号，但实际上多数基金经理都不曾按照价值投资理念进行操作。

2019年上半年的这一轮牛市，让价值投资发生了变化。在新时代新环境下，如果仍秉持着陈旧的价值投资理念，对低市盈率的股票青睐有加，而对那些几十，甚至过百市盈率的股票就置之不顾的话，在当前市场中是不可行的。

真正的价值投资不是关注市盈率，而是关注目标公司的盈利能力与持续盈利能力。

NO.008　保持长期投资

基金投资从一开始就是一项长期的投资理财活动，实质上是让专业的投资人员来帮助投资者进行投资。投资者的对象主要是市场中那些有成长潜力或者被低估的金融标的，无论是成长潜力还是价值回归，都需要时间进行验证。

即使是封闭型基金可以在二级市场中进行交易，但普通的投资者根本无法掌握市场行情的波动，频繁进行低买高卖实在不够明智。

股票、期货、外汇等理财产品的波动大，更加适合低买高卖的短线波段操作，而且手续费较低，短线投资成本低。

即使股票、期货投资，投资者花大量的时间和精力去操作交易，最后的收益多数都不如长期持有。

频繁买卖基金需要支付高昂的交易费用，而且基金的价格波动极小，所以进行短线投资是不可取的。

NO.009　认清自己

有的投资者可以在基金投资中盈利，而有的投资者在基金投资中也会出现亏损。同样是投资基金，为什么会出现这样的区别？除了投资对象的不同，还有投资者自己的原因。

◆　过度关心

投资者应该清楚，进行基金投资，是选择一个投资团队帮自己进行投资，所以与股票、期货、外汇等投资不同，不需要投资者时时刻刻关心净值走势。

投资者既然将资金交给基金公司，就应该选择相信他们的能力，所以不用每天去关心基金的行情趋势。过度关心，只会让投资者自乱阵脚。当基金收益下跌，投资者过于紧张甚至会做出错误的判断，盲目选择赎回，从而让基金投资以失败告终。

所以投资者在进行基金投资之前，应该具备良好的心理素质，做好长期投资的打算。

◆ 盲目跟风

为了加大基金理财产品的推广与销售，开放式基金的宣传营销方式与内容五花八门，甚至言过其实。投资者在没有对基金公司以及基金产品进行了解之前，就对基金产品青眼有加，并不明智。

有的基金在市场中热销，可能只是营销手段出色。投资基金与其他产品不一样，并不是购买者越多说明基金质量越好。

购买基金的人越多，基金的资金量越大，基金经理进行投资的难度越大，投资者所要面临的风险也就越大。

一旦基金成立，基金的运作状态却与营销大相径庭，基金经理也频繁更换，这些因素都会变得不稳定起来。

在购买时间上，投资者也容易盲目跟风。当股市行情已经走好一段时间以后，股票型基金让投资者竞相买入。当大盘指数在底部时，股票型基金则少有人问津。

投资者在认清自己身上的不良习惯后，应该在投资过程中不断改正，并在投资过程中形成正确的投资理念。

NO.010　关注老基金

老基金的成立时间早，基金产品线完善，几乎将所有类型的基金都覆盖完全。

衡量一个基金的好坏，不是一两年的事情。只有经历了一次完整的牛、熊市的投资者，才称得上是投资者。对于基金而言也是如此，只有在不同市场环境下有良好的表现，才能称之为好基金。

新成立的基金没有历史业绩可供参考，所以投资者去抢购新基金是不明智的选择。在市场行情处于持续看好的情况下，选择老基金为最佳，因为这些基金成立早，布局完善；而在市场处于震荡或转向的阶段，投资者可以适当关注新基金，因为这些基金比老基金更为灵活一些。

12.4 基金投资实际操作技巧

在基金投资中，可能会出现买得好不如买得巧的情况，不能根据市场行情变化进行基金买卖，比选择了不合适的基金更可怕。基金从申购到赎回，都需要掌握一定的操作技巧。

NO.011 把握合适的入市时机

对于股票投资者而言，好的买点和卖点是能否最终盈利的关键。但买卖时机是投资过程中最难把握的因素。除了普通投资者，即使是经验丰富的短线高手也无法完全准确地抓住最佳买卖时机。

基金作为一种长期投资产品，提供给投资者买点与卖点会更多，持续时间会更长，所以在一定程度上，投资者把握合适的入市时机是完全可行的。

在投资基金之前，要判断当前是否是合适的入市时机，需要投资者对宏观经济环境和证券市场运行趋势进行深入分析。

在选择入市时机的过程中，应该尽量选择在大盘指数的底部区域进入市场，但不能总想着在最低点入市。

当行情处于熊市中，投资者就应该更多地选择债券型、货币型等风险更小的基金产品。

一般而言，基金投资者需要抓住四大时机，具体内容如图 12-3 所示。

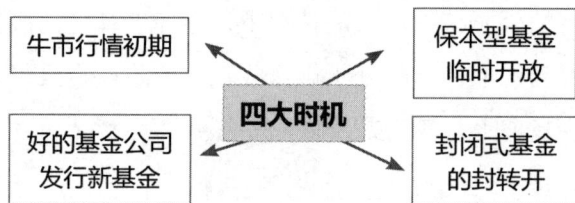

图 12-3　基金投资时机

①牛市行情初期。只要投资者坚信当前处于证券市场的牛市中，且牛市在短期内不会改变，就可以大胆进行基金投资。观察和了解证券市场大盘指数的变化，将有助于投资者对基金投资入市点的把握。

②保本型基金临时开放。不是所有的基金在任何时间都可以进行申购与赎回，特别是保本型基金，由于有保本周期的存在，为了保证基金公司的管理和运作，防止投资品种频繁地申购与赎回而影响到基金的稳定性与收益。保本型基金会根据市场情况，在合适的时间进行短期的申购与赎回，这对于投资者而言是不错的机会。

③业绩好的基金公司发行新基金。历史业绩优良、规模庞大的基金公司发行新基金，通常可以享受认购手续费的优惠，降低投资者进行基金投资的成本，也是不错的时机。这类新基金在基金公司原有的管理模式下，通常也会有不错的业绩。

④封闭式基金的封转开。为了不让封闭期到期的封闭式基金结束运行，基金公司通常要将其转换为可以申购和赎回的开放式基金。基金的封转开可以将它看作是新基金的发行，而且这类新基金是有历史业绩可查的，更加可靠。

选择正确的基金，是投资获利的前提，而把握合适的入市时机，则是基金投资最后获利的关键。

NO.012　基金建仓技巧

投资者在买入基金时，除了一次性买入之外，还可以分批次进行买入，买入方式可以分为金字塔建仓法、成本平均法等。

（1）金字塔建仓法

在股票投资中，投资者经常用到金字塔建仓法，用在基金投资中同样不错。当投资者判断基金投资的时机已经成熟，可以选择按照金字塔建仓法进行申购。

金字塔建仓法将资金分为不同大小的几份，例如一开始用1/2的资金进行申购，如果没有赚到钱，剩余的资金就不用追加进去。如果先前投入的1/2赚到了钱，可以将剩下资金的1/2进行追加买入。然后再根据行情变化进行操作，最终完成建仓目标。

使用金字塔建仓法，可以将最多的一份资金尽早投入到基金中去，如果行情判断正确，可以充分地享受到行情上涨带来的红利；即使行情判断错误，也可以最大程度地避免损失。

（2）成本平均法

成本平均法是一种以定期及定额投资去累积资产的方法，投资者因此便会在价格处于低位期间购入多些数量基金单位，而在价格处于高位期间购入少些数量的基金单位。

定期买入定额的基金或证券，当价格较低时，客户用同一金额可以购买较多基金单位或股数，而当下次价格较高时，客户用同一定额的投资，则购入较少单位的证券。在长线投资上，该投资者的投资组合账户内，单位平均成本较一般投资方法更低。且多次分开买进，可以分散单次买入点过高的风险。

成本平均法尤其是在先跌后涨，时间跨度长的市场中能得到比直接投入更好的报酬。

成本平均法对目标基金的资质要求非常高，要求其拥有长期的稳定的基金业绩。